大学生公共基础课系列教材

心理健康与自我成长

王　慧　主　编

邱晓雯　李　晓　副主编

电子工业出版社

Publishing House of Electronics Industry

北京·BEIJING

内 容 简 介

本书紧扣当代大学生适应和发展的主题，以心理健康普及教育为目的，充分考虑了大学生成长发展的实际心理需求和期待，选取了自我认知、人际交往、恋爱与性、网络心理、心理求助、生命教育等主题。在保证科学性和实践性的基础上，注重融入思政元素，引导大学生从责任感的高度去维护和增进心理健康，将理论认知和价值判断相结合，帮助大学生在多元中确立主导。每章还引用我国优秀传统文化中的心理学思想，引导学生从传统文化中汲取心理学养分，增强对自身文化价值的充分肯定和积极践行。

本书是心理健康教育的通识教材，适合我国高校各类专业学生在心理健康课程中学习使用，也可以作为大学生自我修养、心理保健的读本。

未经许可，不得以任何方式复制或抄袭本书之部分或全部内容。
版权所有，侵权必究。

图书在版编目（CIP）数据

心理健康与自我成长 / 王慧主编. —北京：电子工业出版社，2021.7（2023.7 重印）
ISBN 978-7-121-41375-9

Ⅰ．①心⋯ Ⅱ．①王⋯ Ⅲ．①大学生—心理健康—健康教育—高等学校—教材 Ⅳ．①G444

中国版本图书馆 CIP 数据核字（2021）第 114449 号

责任编辑：康　静
印　　刷：天津画中画印刷有限公司
装　　订：天津画中画印刷有限公司
出版发行：电子工业出版社
　　　　　北京市海淀区万寿路 173 信箱　邮编 100036
开　　本：787×1092　1/16　印张：13.25　字数：345.6 千字
版　　次：2021 年 7 月第 1 版
印　　次：2024 年 8 月第 7 次印刷
定　　价：45.00 元

凡所购买电子工业出版社图书有缺损问题，请向购买书店调换。若书店售缺，请与本社发行部联系，联系及邮购电话：（010）88254888，88258888。
质量投诉请发邮件至 zlts@phei.com.cn，盗版侵权举报请发邮件至 dbqq@phei.com.cn。
本书咨询联系方式：（010）88254609，hzh@phei.com.cn。

编写委员会

主　编：王　慧

副主编：邱晓雯　李　晓

编委会成员（按照姓氏笔画排序）：

　　　　朱书琪　张　晨　陈晓倩　金　鑫

　　　　金利川　孟婷婷　柴　浩　徐　舵

　　　　童媛添

前　　言

加强青少年和大学生的心理健康教育已成为当前全社会的共识。党的十八大以来，以习近平总书记为核心的党中央高度重视和关心广大学生的心理健康和成长发展，在党的二十大报告中提出要"重视心理健康和精神卫生"。教育部等十七部门联合印发了《全面加强和改进新时代学生心理健康工作专项行动计划（2023—2025年）》，习近平总书记做出一系列重要指示批示，要求要切实提高思想认识，以对国家和民族未来高度负责的使命感，以"时时放心不下"的责任感，紧密结合当前学生心理健康现状和发展趋势，全面加强和改进新时代学生心理健康工作。

"青年是国家的未来和民族的希望"，当代大学生肩负着时代的重任和国家的期望。大学生的健康心理和健全人格，不仅关乎个人成长，也关乎社会和谐、国家富强和民族振兴。维护和增进心理健康，不仅是大学生自身发展的内在需求，也是大学生社会责任的体现。

大学阶段是人生发展中一个重要且特殊的阶段，大学生们面临着自我接纳、社会适应、人际交往、亲密关系、职业规划、社会责任等一系列重要的心理发展课题。坚持育心与育德相统一，培育健康心理，养成健全人格，促进学生道德品质的提升、智力因素的发挥、身体素质的提高、社会关系的和谐，以及综合素质的协调发展，为培养合格的社会主义建设者和接班人，培养国家和社会建设急需的创新人才提供强大的心理素质支持，这是时代赋予高校心理健康教育工作的新内涵。

正是在这样的理念指导下，结合浙江工业大学《心理健康与自我成长》课程思政建设的探索与实践，我们编写了本书。本书充分考虑了大学生成长发展的实际心理需求和期待，选取了自我认知、人际交往、恋爱与性、网络心理、心理求助、生命教育等主题，在保证科学性和实践性的基础上，注重融入思政元素，促进育心与育德的融合。

一是强化"心理健康是一种社会责任"的意识，引导大学生从责任感的高度去维护和增进心理健康，提高行为的自觉性和主动性；二是将理论认知和价值判断相结合，特别是在交往观、婚恋观、生命观等多元的内容上，以社会主义核心价值观为大学生提供醒目的价值坐标，帮助大学生在多元中确立主导，提高价值判断能力；三是大量引用我国优秀传统文化中的心理学思想，凸显中华民族的智慧禀赋和文化价值，引导学生从传统文化中汲取心理学养分，增强对自身文化价值的充分肯定和积极践行，增强文化自信。

本书由王慧、邱晓雯和李晓统筹，第一章到第十章分别由王慧、李晓、童媛添、孟婷婷、陈晓倩、金鑫、张晨、柴浩、邱晓雯和金利川编写，朱书琪、徐舵完成了一系列整理和校对工作。在编写过程中，我们参阅和引用了大量的文献资料和专家学者的研究成果，谨此一并致谢。由于本书编写尚处于不断积累经验的过程，加之我们的学术水平的限制，本书一定还存在着诸多的不足和问题，热忱欢迎广大师生对本书提出批评意见，以便我们不断修改完善。

编者

2021 年 5 月

目　　录

第一章　心理健康与大学生的成长 1
第一节　心理健康是一种社会责任 1
第二节　心理健康的概念与标准 3
第三节　大学生的心理健康 8

第二章　自我意识 17
第一节　自我意识概述 17
第二节　大学生的自我认识与自我体验 24
第三节　大学生的自我调控与自我实现 32

第三章　人际交往 41
第一节　人际交往概述 41
第二节　人际关系的建立与维系 47
第三节　人际冲突的处理 53

第四章　情绪与压力 61
第一节　情绪概述 61
第二节　压力概述 69
第三节　情绪管理与压力调节 74

第五章　学习心理 82
第一节　学习与学习的意义 82
第二节　大学生的学习 85
第三节　科学的学习策略 92

第六章　恋爱与性心理 ····· 104

第一节　爱情概述 ····· 104
第二节　大学生常见恋爱心理问题 ····· 110
第三节　大学生性心理 ····· 116

第七章　网络心理 ····· 123

第一节　网络心理与行为 ····· 123
第二节　大学生网络心理健康 ····· 128

第八章　心理障碍与危机 ····· 141

第一节　什么是心理障碍 ····· 141
第二节　克服心理危机，预防心理障碍 ····· 154

第九章　心理求助 ····· 166

第一节　认识求助与心理求助行为 ····· 166
第二节　专业心理求助之心理咨询 ····· 174
第三节　心理咨询的注意事项 ····· 182

第十章　生命意义 ····· 189

第一节　生命概述 ····· 189
第二节　大学生的生命困惑 ····· 191
第三节　大学生生命意义的实现 ····· 198

第一章　心理健康与大学生的成长

青年是整个社会力量中最积极、最有生气的力量，国家的希望在青年，民族的未来在青年。

——习近平

大学阶段是个体从青年期向成人期转变的重要阶段，青年大学生们在走向成熟、迈向独立的过程中面临着一系列重要的心理发展课题，如适应大学生活、求职择业、交友恋爱、经济和生活压力等。积极提高心理健康水平，形成自尊自信、理性平和、积极向上的社会心态，是大学生们高效地学习和工作，更好地适应和发展的有力保障。

本章主要讨论以下三个问题：
（1）心理健康是一种社会责任；
（2）心理健康的概念与标准；
（3）大学生的心理健康。

通过本章的学习，你将认识到心理健康不仅是个人的一种需求，更是一种社会责任，维护和增进自身的心理健康应该成为每个大学生自觉的行动；你将了解什么是心理健康，什么样的人是心理健康的；此外，你还将了解大学生常见的心理行为问题，并懂得维护自身心理健康的途径。

第一节　心理健康是一种社会责任

当前，我国正处于经济社会快速转型期，人们的生活节奏明显加快，竞争压力不断加剧，个体心理行为问题及其引发的社会问题日益凸显，引起社会各界广泛关注。

2016年12月30日，国家卫生计生委等22个部门共同印发《关于加强心理健康服务的指导意见》（国卫疾控发〔2016〕77号），强调"心理健康是影响经济社会发展的重大公共卫生问题和社会问题……是健康的重要组成部分，关系广大人民群众幸福安康、影响社会和谐发展"。

一个人的心理健康，不仅关系到个人的幸福，也关系到社会心态稳定和良好道德风尚的形成，还关系到经济社会的协调发展，甚至关系到国家的长治久安。从这个意义上说，心理健康不仅是个人的一种需求，更是一种社会责任。

一、维护和增进心理健康是大学生个体发展的重要任务

大学阶段是大学生逐渐走向成熟、迈向独立的重要阶段，大学生们面临着一系列重要的心理发展课题，如适应大学学习生活、求职择业、交友恋爱、经济和生活压力等。而大学生的心理尚未成熟，常常不能妥善处理和应对这些问题，容易产生心理矛盾、心理困惑甚至心理障碍。因此，维护和增进心理健康是大学生个体发展的重要任务。健康的心理和良好的心态能优化大学生个性品质、提高心理素质、发掘心理潜能，帮助大学生科学地应对心理压力，预防和克服发展中可能出现的各种心理问题，顺利完成学业、择业、发展等人生重大课题，促进自身的全面发展。

二、维护和增进心理健康是新时代大学生成长成才的重要保证

现代社会发展迅速，竞争激烈，价值文化多元，生活和工作节奏加快，对人才的心理素质提出了更高的要求。作为承载着社会、家庭、自身高期望值的一个特殊群体，大学生的心理素质将直接影响社会的发展和进步。维护和增进心理健康是时代对于大学生成长成才的重要保证。具备良好的心理素质和健康的心理状态不仅有助于大学生高效地学习和工作，也是大学生更好适应环境和社会的有力保障，能有效帮助大学生解决成长过程中面临的各种困惑，积极应对未来社会的竞争和压力，更好地获得个人成功，从而为社会发展做出贡献。

三、维护和增进心理健康是当代大学生社会责任的体现

心理健康不仅关乎个人幸福，也是一种社会责任。当前，高校学生中心理行为异常和有精神障碍的人数逐年增多，个人极端情绪引发的恶性事件时有发生，成为影响社会稳定和公共安全的危险因素。大学生应该增强心理健康是一种社会责任的意识，充分认识到每个人都是自己心理健康的第一责任人，在日常生活中有意识地营造积极心态，预防不良心态，学会调适情绪困扰与心理压力，积极自助，在成长和发展过程中不断促使自己向认知合理、情绪稳定、行为适当、人际和谐、适应变化的状态努力。

一位大学生的课程学习体会

我相信大多数同学和我一样，在没上心理健康课前，担心自己有心理问题，更不会主

动去做心理咨询，担心被人指指点点。学习了这门课后，我才明白，心理问题和其他身体上的疾病并无不同，也是正常的现象。我们应该正视，而不是和自己较劲、讳疾忌医，那是对自己的不负责任。心理健康是我们每个大学生都应该关注的问题，是对自己负责，我们只有拥有健康的心理，才能正常地读书、学习、生活、工作、社交。从社会层面来说，心理健康也是一种社会责任的担当，只有心理健康，人才能积极做事，社会贡献才能落到实处。我们努力提高自己的心理素质，也是为了日后步入社会时更加从容，具有更强的抗压能力，更快地适应新的工作或生活环境。这些也反映出一个人的核心竞争力，这样的人更有机会为社会出力，为祖国做出贡献。

在当前"健康中国"建设规划的实施进程中，我们已经对健康的重大意义达成了共识：健康不仅是民生问题，也是重大的政治、经济和社会问题。同样的，作为其重要组成部分的心理健康，也具有重大的战略意义。对于肩负时代重任的当代大学生而言，应当从自身做起，从增强社会责任感的高度来认识和对待自身的心理健康，增强心理健康意识，自觉维护自身和他人的心理健康，用实际行动来促进社会整体心理健康水平的提高。

用青春书写华彩篇章——习近平对当代大学生的期待

📖【课堂实践活动】

结合本节内容，围绕"心理健康是个人需求，更是社会责任"为主题，以如何做一个自尊自信、理性平和、积极向上的大学生，担当时代赋予的大任为主要内容写下你的感想和体会。

_____
_____
_____
_____

第二节　心理健康的概念与标准

什么是心理健康呢？有人说，每天都开开心心没有烦恼就是心理健康；有人说，没有心理疾病就是心理健康；也有人说，吃得下睡得着就是心理健康，这些都代表了日常生活中一部分人对心理健康的认识。那么这些认识是否正确呢？

一、心理健康的概念

心理健康是健康的重要组成部分

"我非常相信一句话:健康的一半是心理健康,疾病的一半是心理疾病。"

——中国工程院院士钟南山

作为全球知名的呼吸病专家,2020年3月18日,钟南山院士在电视直播中分享了自己保持健康的三要素。钟南山表示,首先要加强自身身体的锻炼,"健康是一个人干事情的本钱"。其次要保持一个良好的心态。此外,钟南山还强调,不要吃太饱,早餐非常重要,不能忘记吃早餐。

正如钟南山说:"健康的一半是心理健康",世界卫生组织是这样定义健康的:"健康是一种在身体上、精神上的完美状态,以及良好的适应力,而不仅仅是没有疾病和衰弱的状态。"这就是人们所指的身心健康,也就是说,一个人只有在躯体健康、心理健康、社会适应良好和道德健康四方面都健全,才是完全健康的人。心理健康是健康不可或缺的重要组成部分。

关于什么是心理健康,国内外许多专家学者进行了研究和论述,虽然迄今为止关于心理健康的定义尚未形成共识,但较为普遍的观点认为心理健康是一种持续且积极发展的心理状态。

早在1946年,第三届国际心理卫生大会指出:"所谓心理健康,是指在身体、智能及情感上与他人的心理健康不相矛盾的范围内,将个人心境发展成最佳状态。"《简明不列颠百科全书》则将心理健康解释为个体心理在自身及环境条件许可的范围内所能达到的最佳机能状态,但不是十全十美的绝对状态。世界卫生组织对心理健康的定义是:个体在认识自身能力的基础上,有效应对日常生活中的压力,发挥潜能有效工作,为社会做贡献的状态。

因此,我们可以认为心理健康的本质是一种内外协调、适应良好的最佳状态。回到我们的现实生活中,心理健康的人应该对自己有适当的了解,能够悦纳自己,情绪稳定,情感协调,不做无谓的忧怨;应该有社交、有朋友、与现实环境保持良好的接触,并能从中体验到乐趣;能有效地适应环境,对生活中出现的各种问题,能以切实的方法加以处理,而不是企图逃避;努力发挥身心潜能高效地学习和生活,从而为社会做出一定的贡献。

二、心理健康的标准

在现代生活中,压力无处不在。随着压力而来的,是时常爆发的糟糕情绪,是偶尔控制不住地与他人的摩擦,还有在某些难过时刻冒出的对自我的怀疑和否定。这些情况正常吗?会不会是心理不健康的表现呢?这些问题就涉及心理健康的标准。

心理健康的概念其实就包含着心理健康的标准，由于心理健康的概念尚无定论，因此关于心理健康的标准也是见仁见智。一般而言，心理健康标准的划定有两种原则，一是众数原则，二是精英原则。

众数原则假定社会成员中绝大多数人的心理行为是正常的，偏离这一正常范围的心理行为可视为异常，它集中体现了常态分配标准。目前的心理测验的编制大多遵循这一原则。

持"精英原则"的心理学家坚持心理健康标准应该根据自我实现者的心理品质来确定，即以自我实现者所共有的那些心理特点作为心理健康的标准。其中最有代表性的是美国心理学家马斯洛（Abraham H. Maslow）和米特尔曼（James H. Mittelman）提出心理健康的10条标准，主要包括：

（1）具有适度的安全感；
（2）具有适度的自我评价；
（3）具有适度的自发性与感应性；
（4）与现实环境保持良好的接触；
（5）能保持人格的完整与和谐；
（6）善于从经验中学习；
（7）在团体中能保持良好的人际关系；
（8）有切合实际的生活目标；
（9）适度地接受个人的需要；
（10）在不违背团体的原则下能保持自己的个性。

我国学者也提出了心理健康的划定标准。如黄希庭和徐凤姝提出心理健康的5条标准，王登峰和张伯源提出心理健康的8条标准，马建青提出心理健康的7条标准，江光荣认为心理健康的人具有4个特征。

我国学者提出的心理健康标准

国学大师的"三个关系"

一个人活在世界上，必须处理好三个关系：第一，人与大自然的关系；第二，人与人的关系，包括家庭关系在内；第三，个人心中思想和感情矛盾与平衡的关系。这三个关系，如果能处理很好，生活就能愉快；否则，生活就有苦恼。

——季羡林

国学大师季羡林曾经提出要想生活能愉快，需要处理好"三个关系"。同样的，我们认为，一个心理健康的人，也要处理好以下三个关系。

（一）和自我的关系

心理健康的人和自我的关系是和谐的，或者说有更强的自我功能，主要体现在三个方面：一是具有现实准确的自我认识，对自己的认识是全面而丰富的，不歪曲自己的特性，不夸大或缩小自己的长处或短处，知道自己想要什么，清楚自己想成为怎样的人；二是其自我价值感更多依赖于自己内在的支持，而不是外在的标准，既不会盲目地用他人的标准来衡量自己，也不会一味地迎合他人的需求，明白不是为了别人而是为了"我自己"而成为那样的人；三是有稳定的自尊并积极悦纳自我，能够认识到"我不是最好的，但我是足够好的"。不会用完美的标准来要求自己，或者说能够接纳自己的不完美，乐于做这个独特的"我"，而不是苛求自己十全十美。

（二）和他人的关系

一个心理健康的人，和他人交往时常常是友善的、开放的、信任他人的，而不是倾向于冷漠、敌对或者回避。因为在他们眼里，周围的大多数人都是善良的、可以交往的好人，和他们的交往是安全的、快乐的。同时，他们具备一种重要的心理能力——共情，也就是一种能深入他人主观世界，准确体察别人的思想、愿望和感受，了解别人的看法和态度的能力，因而常常能从他人的立场去考虑和看待问题，关注他人，而不是以自我为中心。此外，他们能恰当地表达自己、展现能力，具有良好的人际交往技能，能够建立适宜的人际关系，能较好地建立并享受亲密关系。

（三）和世界的关系

一个心理健康的人具有较为完整、协调的价值观和世界观，他们热爱生活，充满活力，积极主动地投身于学习、工作、事业和家庭之中，不断丰富生活经验，不断提升对世界的认识，在现有的生活上持续增进快乐和欣喜。他们具有较强烈的个人成长与发展的愿望，总是自发地、自然地、愉快地改变自己，积极投身更高水平的发展，致力于自我完善，追求自我实现，提升生命质量。他们还具有充分运用自己优势的各种能力，发挥自身的潜力，勤于实践，敢于创新，有正确的人生价值目标和积极的人生态度，能主动追求个人价值与社会价值的统一，通过学习和工作积极为社会做出贡献。

三、关于心理健康含义与标准的再认识

（1）从"心理健康"到"心理不健康"是一个连续体，大多数人处在过渡带，心理不健康和极端心理健康的都是少数。"心理健康"和"心理不健康"之间并没有绝对清晰的界限。人的心理健康水平大致可以分为四个等级，从严重的心理疾病、轻度的心理障碍、心理健康状况一般到心理健康状况良好，这几个等级之间只存在程度上的差异，并不是非黑即白的。因此，我们可以理解为从良好的心理状态到严重的心理疾病之间有一个广阔的"过

渡带",大多数人都处于这个"过渡带"当中,这些人的心理是健康的,只是有的人心理健康水平高,有的人心理健康水平低。因此有了心理困扰和问题,不要轻易给自己或他人扣上心理不健康的帽子。

(2)心理健康是一个动态的过程,维护心理健康应成为自觉的行为。心理健康的实质是一种状态,不是静态的,而是一个在"平衡—不平衡—平衡"中不断发展的动态过程。受躯体疾病、环境改变、生活变故等许多因素的影响,心理健康状况也始终处于动态变化之中。即使一向心理健康的人,在极端恶劣的情境下,也可能呈现出一些不健康的状态和行为。因此,如果人们不注意心理保健,经常处于焦虑、抑郁的心理状态,那么心理健康水平就会下降,甚至患上心理疾病。反之,如果当心理有了困扰或出现失衡时,能及时进行自我调整和寻求专业帮助,就能很快恢复到心理健康良好的状态。对于每个人来说,维护心理健康应成为自觉的行为。

(3)心理健康的人并不是没有心理问题,心理问题是普遍存在的。对照心理健康的标准,我们不难发现,几乎没有人能全部满足所有的标准。要求一个人在现实生活中始终以积极有效的心理活动、平稳正常的心理状态,来应对社会、自然和自我的变化,这几乎是不可能的,每个人都会在面对消极事件或身处不利情境时,出现一些悲观想法、消极情绪或异常行为,如学业或事业受挫后消极郁闷,蒙受不白之冤后愤怒失望,痛失至亲后悲伤恍惚,这些可以称为"正常的"负性情绪,具有明显的偶发性和暂时性,只需脱离了诱发情境即可恢复正常。这样的心理问题是非常普遍的,可以说人人都有,也恰恰表明这个人的心理是有弹性的、灵活的。因此,我们不要掩饰或回避心理问题,而应以客观的态度去积极面对,清晰完整地了解自己的问题,才能准确地找到最有效的解决之法。

【实践与思考】

一天,大一女生小婷收到这样的信息:"我们寝室有个同学最近总是在晚上熄灯后打电话,虽然已经很小声了,可我还是睡不着。我忍了好几天,好想吼她两句啊,可是为什么别的同学不说,要我说啊,她肯定就会把矛头对准我一个人的。这几天,那个同学好像突然对我很冷淡,她不会是知道我心里对她不满吧?这样一想,感觉又像是我做错了什么。我该怎么办啊?我好烦啊,我是不是心理有病,我好害怕自己得精神病了!"

发信息的是小婷的高中好友小琼,她在另一所大学上学。如果你是小婷,你会如何回应呢?

第三节　大学生的心理健康

大学阶段是人生中一个特殊的阶段，不仅仅是从一所学校走向另一所学校，更不是高中阶段的简单延续。全新的生活环境、学习环境和人际环境等一系列变化是大学生们需要去面对和适应的。对于刚刚从高考的激烈竞争中走出来的大学生们来说，一下子面对这样的挑战，难免会有这样或那样的心理困惑，出现心理失衡和不适应，这些都是正常和较为普遍的现象，也是大学生活中的必修课。

一名大一新生写的诗
那年，高考、蝉鸣与蛙声，如期而至
结束，竟也没有想象中那般疯狂
甚至有些平静，些许的恍惚
就这样，我们各奔东西
高中时，我们总是憧憬着大学的校园生活
也单纯地被老师那句"上大学你们就轻松了"
"忽悠"了三年
到了大学才发现，并不是所有事情
都如想象般那么美好
有时，甚至会让人怀念高中

这首诗非常形象地反映了大一新生在适应阶段的典型心理，究其原因，是对大学生活缺乏准确客观的认识，没有做好充分的心理准备。那么，与中学生活相比，大学生活到底发生了哪些变化呢？

一、大学生活的新变化

（一）生活环境的变化

进入大学，大学生们离开父母独立生活，许多同学远离家乡，衣、食、住、行、学等日常生活都要靠自己安排，对生活、学习、理财等各方面的自理能力都提出了更高的要求，自理能力强的同学能应对自如，而自理能力弱的同学，则可能顾此失彼，手忙脚乱。高考压力下的高中生活领域狭窄而简单，进入大学生活后，生活领域突然极大地被拓宽，党团组织、学生会、学生社团等，丰富多彩的大学生活大大拓展了大学生们参加各种社会活动的机会，但是也会让一部分学生应接不暇，或者在学习和社会活动的选择之间手足无措。此外，饮食的差异，气候的变化，同学之间生活习惯、兴趣爱好和消费水平的差异，都可能造成心理失衡。

（二）学习环境的变化

大学阶段的学习和中小学阶段截然不同，学习目标、学习内容、授课方式、教学环境都发生了很大的变化。在高中阶段，高考是学习的终极目标，学生们按部就班地跟着教师的节奏学习，无须也无暇做出更多自主思考。而到了大学，学习的自主性大大增加，学些什么，怎么学，这些都由学生自己决定。这一方面给了大学生们在学业规划上的充分的自主权，另一方面对大学生们的学习能力和主观能动性提出了更高的要求，如果盲目地将以往惯用的听课为主、被动接受知识灌输的学习方法套用到大学学习中，是无法适应大学学习环境的变化的。

（三）人际环境的变化

大学的人际环境也有很大的变化。首先，因为大学生与中学生来源的不同，个体间的差异大大增加。中学生大多在家乡当地就读，同学间更为同质，而大学生来自全国各地，其语言、个性、生活习惯有较大差异，在人际交往中出现摩擦的可能性增加。其次，在大学以前同龄人的交往常常建立在主动选择的基础上。比如，合得来的就交往，合不来的就不来往。但是，大学是步入社会前的缓冲阶段，人际交往也建立在需求的基础上，无论你愿不愿意，喜不喜欢，都要学会和不同的人和谐相处。独立主动地与各种人交往、掌握人际交往的方法与技巧、提高人际沟通能力成为个体发展的需求。

二、大学生常见的心理行为问题

大学生仍处在人格的发展和完善阶段，心理尚不成熟，受环境、情绪和社会等因素的影响，容易出现各种心理行为问题。一般来说，大学生的心理行为问题分为发展性问题和障碍性问题两类。

觉得自己"很差劲"的小敏

小敏上中学时因为成绩优秀深得老师的信任，让同学羡慕，还与同班一女同学有一段初恋感情。而进入大学后，他发现自己失去了在中学时的优越地位，尽管自己已经很努力了，但始终无法在学习上赶上同学，计算机、英语等学科学起来尤其吃力。不仅如此，他感觉自己在其他方面也处处不如别人，如外形不够帅、服饰不够潮、知识面不够广，也没啥特长和爱好。慢慢地，往日的自信消失殆尽，取而代之的是"我很差劲"的想法。他逐渐产生了严重的自卑感，在人际交往方面也开始回避和退缩，不仅在大学没有交到一个知心朋友，与中学同学的联系也逐渐减少，那个曾经的初恋女孩也和他失去了联系。种种失意让他觉得非常郁闷，做什么事都打不起精神，班里的集体活动一点也不想参加，书也看不进去，唯一的消遣就是打打网络游戏。有一天，他来到心理咨询室，希望能够得到帮助。

以上案例中的小敏面对的就是一系列的发展性问题。发展性问题就是在大学这个特定的发展阶段所遇到的各种困扰，通常伴有消极情绪和行为偏差，是大学生最主要的心理行为问题。比如，大学生的适应问题、情感问题、学业问题等方面的困扰，在大学生群体中非常常见。这类问题不属于心理疾病，未达到心理障碍的诊断标准，通常通过积极的自我调适和寻求心理咨询的帮助等途径可以获得较大的改善，但如果不能及时有效地处理与应对，也可能出现更严重的问题。

无法停止洗手的小华

小华是一名大三的男生，他认为这个世界上有很多病菌，总是担心自己会染病而频繁洗手，直到自己认为干净为止。有时一天最多可达100次，洗一次手要用整块香皂洗两小时，洗得手上的皮都掉了。他的东西从来不允许他人碰，别人碰过的他都会扔掉，甚至将自己认为不干净的纸币都扔掉。他也从来不和人握手，担心一不小心就会被感染。小华说，自己也知道这种行为很可笑，但实在无法自控，他成了同学眼中的"怪人"。

发生在小华身上的问题就属于障碍性问题。障碍性问题是指各种不同程度的心理障碍，如抑郁症、强迫症、焦虑症和精神分裂症等，这些心理异常长期存在，会对学习、生活造成严重的困扰和混乱，导致大学生无法有效地适应日常生活。这部分相关内容将在第八章具体展开。

相比而言，在大学生群体中更常见的是发展性问题，我们把大学生的发展性问题分为以下几类。

（一）生活适应问题

在大学一年级的新生中，生活上的不适应较为普遍。多数学生首次远离父母，面对独立安排自己生活的压力，而且在全新的生活环境中又容易出现水土、气候、饮食等的不适应，这不仅会带来躯体上的不适感，还容易造成心理上的焦虑和担忧。当这种应激超过限度时，就会出现失眠、食欲不振、注意力不集中，以及烦躁、严重焦虑不安、头疼、神经衰弱等，导致环境适应更加困难。

（二）人际关系问题

大学阶段人际交往与中学时代相比，变得复杂、广泛、更具社会性。大学生一方面渴望真诚的友谊，另一方面又因为缺乏人际交往的能力和技巧而常常陷入困惑之中。大学生常见的人际关系问题主要表现在因自卑而不敢交往、因缺乏技巧而不善交往、因敏感多疑而不愿交往等。大学生一旦在人际交往的过程中受挫，就可能表现为自我否定而陷入痛苦与焦虑之中，或因企图对抗而陷入困境，并由此产生心理行为问题。

（三）学业问题

大学的学习特点和高中时有明显的不同，许多同学进入大学后容易出现学习上的不适应，如学习目标不明确，没有了高考的指挥棒和老师与家长的监督，变得迷茫而不知所措；学习动力不足，对所学专业不感兴趣，缺乏主动学习的热情；学习方法不当，老师教什么就学什么，缺乏主动思考的能力，成绩下滑严重。面对这些学业问题，有的大学生就会出现焦虑、自卑、逃避学习甚至厌学的情绪，进而就会引发一系列的心理行为问题。

（四）恋爱与性心理问题

大学生处于青年中后期，性发育成熟是这个阶段的重要特征，恋爱与性是这个阶段被高度关注的话题。大学生的内心向往爱情，渴望与异性交往，但有很多大学生在恋爱中存在情感和性的困惑，出现单相思、感情纠葛、失恋等心理挫折，如果处理不好，容易造成心理失调，严重的甚至在短时期内出现自杀或报复等极端行为，同时，婚前性行为、校园同居等问题也极易引起恐惧、焦虑、担忧等不良情绪，使大学生受到心理困扰。

（五）性格及个人成长问题

大学阶段是人格发展的关键时期，也是完善个性心理品质的重要阶段。有的学生很自卑，遇到一些挫折或者遭到别人拒绝，就容易产生心理问题；有的学生性格内向，不善言辞，遇到问题不善于表达和沟通，而是都闷在心里；有的学生性格孤僻，不与其他人交往，很难与同学相处融洽；还有的学生对未来很迷茫，找不到人生的价值和意义，反复追问人活着究竟是为了什么。这些问题如不能积极应对和改善，时间长了就会产生严重的心理问题。

（六）网络心理问题

随着信息科学与网络技术的飞速发展，互联网已成为现代社会不可缺少的组成部分，也深刻地影响着大学生的生活和心理状态。网络给大学生带来了浩瀚信息和高度便捷的同时，也对大学生的行为模式、价值取向、心理发展等产生了巨大的冲击。不少大学生对网络过分依赖，忽视了现实社会中的人际交往，忽视了身边的亲情、爱情、友情，在情感上封闭自己，甚至拒绝社会交往，出现人际交往障碍；也有部分大学生沉溺于网络而不能自拔，网络的虚幻性使得他们意志消沉，精力涣散，导致学习效率下降、记忆力下降、思维能力下降，由此产生网络心理障碍。

三、维护和增进心理健康的途径

（一）探索自我，认识自我

自我同一性是社会心理发展理论中的一个非常重要的概念，当一个人形成了自我同一性，他就会对自己有一种相对稳定且持续的认知（Shaffer & Kipp, 2013），他摆脱了迷茫、焦虑和空虚，非常清楚地知道自己是谁，知道自己想要成为怎样的人，知道如何更好地平衡社会期待与自身意愿。大学生正处于自我同一性发展的关键时期，那么如何探索自我同一性呢？本书第二章将带领读者从心理学的视角了解自我，掌握自我探索的方法，提升自我价值感，获得自我同一性，完成这个重要的心理发展任务。

（二）掌控情绪，应对压力

情绪是心理健康的重要指标，也是影响心理健康的重要因素。一般而言，情绪的目的性恰当、反应适度，没有幼稚的、冲动的特征，符合社会规范的要求，就是情绪健康。大学生的情绪活动丰富，情绪体验强烈，情绪波动较大，因此提高情绪管理能力至关重要。本书第四章将带领读者了解情绪和压力的内涵与种类，认识大学生的情绪与压力特点，掌握管理情绪及压力调节的方法，培养积极健康的情绪及良好的压力应对策略。

（三）适应社会，发展人际

建立和谐的人际关系是社会适应的重要体现，当交往需要得不到满足，身心健康会受到极大挑战，甚至出现心理病态。大学生渴望通过建立人际关系来满足自身的各种需求，面对全新的人际环境，如何发展良好的人际关系成为这个阶段的重要发展任务。本书第三章将带领读者深入理解人际交往，了解大学生人际交往的特点，掌握人际关系建立、维系的技巧及人际冲突的应对方法，提高建立和维持有效的人际关系的能力。

（四）立足发展，学会学习

大学生的本质是学习者，学习是大学生适应环境的一种方式，学习既是行为倾向、能力和个性相对比较持久的改变，也是认知或经验的重组，更是个体潜能的一种激发。大学学习与高中学习截然不同，学习适应不良常常引发各种心理困扰。掌握大学的学习方法，学会学习也是大学生维护心理健康的重要内容。本书第五章将带领读者了解大学学习的特点，分析大学生常见的学习心理问题，掌握科学的学习策略，积极有效地适应大学学习，培养优秀的学习品质。

（五）走近两性，体验爱情

恋爱和性问题是每一个成长过程中的大学生无法回避的问题。正确认识爱情和性，发展爱的能力也是大学生个体成长的任务。著名的人本-存在主义心理学家罗洛·梅的重要著作《爱与意志》中提到，健康的爱是健康人格的一部分。只有树立正确的爱情观、婚恋观，学会科学的性心理知识，获得经营亲密关系的能力，才能促进大学生人格的健康发展。本书第六章将带领读者了解什么是健康的爱情观、婚恋观，什么是爱情的本质，分析大学生常见的恋爱问题和性心理问题，并学会如何经营亲密关系，如何提升爱的能力。

（六）科学上网，防止沉迷

随着互联网和计算机的不断普及，网络以其大信息量、交互性、平等性、匿名性、安全性等特点，对大学生形成了强大的吸引力，同时也对大学生认知、情感、人格、人际交往等方面，特别是心理健康发展产生了深刻的影响。网络心理健康问题成为新时代的产物。只有科学使用网络，规范自身网络行为，对大学生常见的网络心理问题有正确的认知，增强自控性和自律性，才能防止网络心理问题的产生。本书第七章将带领读者了解什么是网络心理及网络行为与心理的关系，分析大学生常见的网络心理健康问题，并学习如何有效应对。

（七）直面障碍，维护健康

大学生仍处在健全人格的发展和完善阶段，加上人生观、世界观尚未完全成熟，在面对新的生活环境、人际环境和学习环境时，容易产生挫折感、失落感、迷茫感等不同程度的心理困扰，如不及时求助，出现心理异常并发展为心理障碍的也并不少见。本书第八章将带领读者了解如何识别心理异常和心理障碍，了解大学生常见的心理障碍，以及如何预防与求助。同时还将帮助读者认识大学生在逆境下的心理危机，以及如何有效应对以完成自我成长，为自己心理健康保驾护航。

（八）勤于自助，善于求助

求助是人们在特定情境下为解决当前困境而主动向外寻求援助、建议或支持的行为。求助是一个人在困境中的积极行为，善于寻求帮助从来都是一种智慧的选择。对于大学生来说，在心理上、情绪上有痛苦和烦恼时，通过自身努力采取切实可行的方法来自我调适是一种应对方式，而寻求外在的帮助，有效解决日常心理行为问题，维护和达到心理健康，也未尝不是一项必备的生存技能。本书第九章将带领读者了解什么是心理求助行为、心理咨询的过程是怎样的、如何在心理咨询中获得帮助等,帮助读者理解心理求助的方法和意义。

（九）热爱生活,珍爱生命

对生命的珍爱与敬畏是心理健康的表现,也是每一个个体被赋予的神圣的职责。如何对生活充满热情,对自己的生命负责,让生命变得更加有意义和有价值,是每个大学生都需要思考的问题。这不仅是一种选择,更是把责任和成长融入人的生命历程之中。"知道为什么而活的人,便能生存",人们活着是为了寻找生命的意义,这也是人们一生中被赋予的最艰巨的使命。本书第十章将带领读者认识生命,了解大学生常见的生命困惑,学习探究生命价值和意义的方法。

四、学习本书的建议

什么才是心理健康教育的真正目标,是心理健康知识的增长,情感、态度和价值观的改变,还是心理调适方法的习得?抑或行为的改善与人格的优化?

相比而言,在诸多目标中最容易实现的是知识的增长,相信广大读者通过阅读本书就可以获得一部分知识。但如果仅仅停留在此,那只是无意义的学习,人本主义心理学家罗杰斯称之为"颈部以上的学习",它还没有对人的心理和行为产生影响,更不用说心理健康水平的提升和成熟人格的形成。

因此,我们建议本书的学习者除了获取知识,还要多实践。促进维护和增进自身的心理健康是一项实践性的活动,人格的完善、个性的优化及幸福生活的收获,都是有行动取向的,只有在实践中才能得以实现。此外,还需要认识到,这种持续改变与不断实现的过程是艰难的,也是漫长的,仅仅依靠书本阅读或者有限的课堂教学是难以达到的。只有积极地把心理健康知识加以内化,进而在实践层面表现为个体的行为模式或生活方式,才能真正实现行为的改善与人格的优化。

心理健康不仅关乎个人,更是一种社会责任。在维护好自身健康的同时,大学生们还要积极传递心理健康理念,提高心理健康素养,推广心理健康方法,共同促进全社会心理健康水平的整体提高。

【自检自测】

一般健康问卷(GHQ-12)

指导语:这是一份用来了解人们一般心理健康状况的问卷。共有 12 条文字,请仔细地阅读每一条,然后,根据你最近一个月的实际情况,和你平时的状况相比,圈出最合适的回答。每一条只能圈一个回答,不要多圈,也不要漏圈。				
1. 因为担忧而睡眠太少	毫不	与平时差不多	比平时少些	比平时少很多
2. 总是感到精神紧张	毫不	与平时差不多	比平时多些	比平时多很多

续表

3. 做事情时能够集中注意力	比平时好	与平时一样	比平时差	比平时差很多
4. 感到你在各方面起着有用的作用	比平时有用	与平时一样	比平时少	比平时少很多
5. 能够敢于面对你的问题	比平时多一些	与平时一样	比平时差	比平时差很多
6. 感到对一些事情能够做出决定	比平时容易	与平时一样	比平时难	比平时难很多
7. 感到无法克服你的困难	毫不	与平时差不多	比平时多些	比平时多很多
8. 碰到事情有合情合理的愉快感	比平时多一些	与平时一样	比平时少些	比平时少很多
9. 喜爱你的日常活动	比平时喜爱	与平时一样	不如平时喜爱	比平时差很多
10. 感到不高兴和压抑	毫不	与平时差不多	比平时多些	比平时多很多
11. 对自己失去信心	毫不	与平时差不多	比平时多些	比平时多很多
12. 感到自己是一个没用的人	毫不	与平时差不多	比平时多些	比平时多很多

说明：一般健康问卷（GHQ）是应用较为广泛的自评量表，主要用于精神卫生问题的筛查。各单项分别评定以下症状：睡眠减少、精神紧张、注意不能集中、无用感、不能面对问题、做决定困难、不能克服困难、愉快感丧失、兴趣丧失、抑郁、自信心丧失、无价值感。

统计指标和结果分析：

（1）每一项按 0-0-1-1 计分，其结果分为 0 分和 1 分两级。0 分为无具临床意义的症状，1 分为有症状。

（2）总分为 GHQ 的最主要的统计指标，总分越高，心理健康水平越差。总分的范围为 0～12 分，原作者推荐分界值为 3 分。

📖【推荐阅读】

心理学与个人成长 作者：（美）克里，王晓波译 出版社：中国轻工业出版社 出版时间：**2015 年 9 月**

　　该书从专业的心理学角度出发，就年轻人特别是大学生如何应对成长中的种种烦恼提供了全面的、让人受益的建议。内容涵盖了回顾童年、独立、身体与健康、应对压力、爱、亲密关系、理想、性、工作、孤独、死亡、人生意义与价值等丰富主题。作者是美国著名心理咨询大师，该书至今已更新至第十版，依然畅销不衰。该书能让读者理解和体会到，只要找准方向，在任何艰难的选择面前，我们都能够有所作为，开创属于自己的人生价值。

深夜树洞 作者：姚玉红 出版社：同济大学出版社 出版时间：**2020 年 8 月**

　　该书是同济大学心理健康教育与咨询中心的心理咨询师们所编写的，他们在书中对大学生们的匿名来信中的烦恼，进行了专业的解答。内容涉及情感问题、人际冲突、家庭困扰、自我成长等多个方面。咨询师们对这些真实而鲜活的烦恼，采用书信问答的形式，嵌入专业的理论知识，并提供理解和建议。这本书中的每一个成长烦恼，都可以给大学生们带来共鸣，每一个专业解答，也可以给读者带来启发。

📖 【主要参考文献】

[1] 林崇德. 发展心理学[M]. 北京：人民教育出版社，2009.

[2] 江光荣. 大学生心理健康[M]. 武汉：华中师范大学出版社，2018.

[3] 樊富珉，王建中. 当代大学生心理健康教程[M]. 武汉：武汉大学出版社，2006.

[4] 马建. 大学生心理健康教程[M]. 杭州：浙江大学出版社，2012.

[5] 黄希庭. 大学生心理健康教育[M]. 上海：华东师范大学出版社，2004.

[6] 蔺桂瑞，杨芷英. 大学生心理健康与人生发展[M]. 北京：高等教育出版社，2009.

[7] 王晓刚. 大学生心理健康与发展[M]. 北京：高等教育出版社，2016.

第二章　自我意识

这么大一个国家，责任非常重、工作非常艰巨。我将无我，不负人民。我愿意做到一个"无我"的状态，为中国的发展奉献自己。

——习近平

"无我"是一个极具中国哲学色彩的概念，反映了中国传统文化对积极自我的认识。"我将无我，不负人民"是一种"忘我"，是全心全意为人民服务的宝贵精神，表达了对人民的深厚情怀。"无我"是自我发展的最高境界，是自我认识、自我悦纳和自我实现的高度统一，而要达到这一境界，必须从了解自我开始。"我是谁？""我从哪里来？""我要到哪里去？"心理学家同样关注这三个一直困扰人类的古老哲学问题，为我们进行自我探索提供了理论与方法。

本章主要关注三个问题：
（1）如何正确地认识自我；
（2）如何提升自尊自信水平进而悦纳自我；
（3）如何不断调控自我努力实现自我。

通过本章的学习，你可以从心理学的视角了解自我，掌握自我探索的方法，提升自我价值感，实现自我认同，更加清晰地理解自己所肩负的社会责任和时代使命，以奉献自我、成就自我，真正成为担当民族复兴大任的时代新人。

第一节　自我意识概述

每一位大学生都需要具备自我教育、自我管理和自我服务的能力，只有具备这三种能力的大学生才能在大学的舞台上张扬个性、放飞自我，尽情享受自主发展带来的乐趣。实现自我成长是大学生活的主旋律，而与"自我"和谐相处是这一主旋律中最重要的音符。与"自我"和谐相处必须树立健全的自我意识。什么是自我意识？树立健全的自我意识对大学生的成长发展有什么意义？这是我们首先必须回答的问题。

一、自我意识的内涵

自我意识（Self-consciousness）即自我，简单地说就是个体对"自我"的意识。自我意识是一个人在社会化过程中逐步形成和发展起来的，对自己的身心状态及对自己与客观世界关系的自觉的心理活动过程的总和。每个人对自己的意识不是一生下来就有的，人们首先认识客观世界和他人，其次是认识自己。

自我意识一般包括两个方面，即作为意愿和行为主体的"主我"（I）及作为他人的社会评价和社会期待代表的"客我"（Me）。个体的自我意识就是在主我、客我的辩证互动的过程中形成、发展和变化的。"主我"是形式，"客我"是内容。"客我"可以促使"主我"发生新的变化，而"主我"反过来也可以改变"客我"。

（一）自我意识的结构

自我是人类所独有的一种把自己与他人及周围环境区分开来的多维度、多层次的心理系统。从知、情、意三个方面分析，自我意识的结构包括自我认识、自我体验和自我调控。

1. 自我认识

自我认知属于自我意识的认知成分，即自己对自己身心特征的认识，包括自我感觉、自我观察、自我分析和自我评价，主要涉及"我是一个什么样的人"的问题。自我认识是自我意识的首要成分，也是自我调节控制的心理基础，对个体的情绪体验、行为应对及协调人际关系都有重大影响。"知人者智，自知者明；胜人者有力，自胜者强。"（老子《道德经》）、"认识你自己，就能认识整个世界。"（印度谚语）、"认识你自己"（苏格拉底），古今中外的名言警句一再告诉我们认识自己和自己生存状态的重要性。

一位大学生的自述

我是一个坚强、乐观、有追求、有幽默感、上进、乐于助人、争强好胜、不太自信、疾恶如仇、缺乏自制力的大学男生。

在父母眼中：我是一个比较懂事、不用父母操心、乐观的、不乱说话、喜欢拖延的男孩。

在朋友眼中：我是一个人缘好、乐于助人、上进、有些距离感、不愿被束缚的人。

在老师眼中：我是一个成绩优秀、自制力强、懂事、有理想的学生。

在恋人眼中：我是一个包容、有责任心、有幽默感、值得信赖的好男人。

这是一个大学生的自我描述，也是自我认知的一部分，我们可以将自我描述整理出来，然后和自己的家人、朋友、同学、恋人等进行沟通交流，听听他们的意见，了解他们对于你的自我评价是否认同，这也是自我过滤的过程。先写出自己的优点，得到大家的认同后，再写出自己的缺点，请大家提出意见，这正是自我认识不断提升和深化的过程。

2. 自我体验

自我体验是自我意识的情感成分，即个体对自己的态度和体验。个体作为自我评价的主体会依据一定的价值标准对作为客体的自我或自我的某一属性进行评判，评判结果会对自我或自我的某一属性做出真善美与假恶丑的区分，这一过程会伴随着主体我的情感体验。自我体验具体表现为自尊、自信、自卑、自负、自责、自豪感、成就感等情感体验，涉及"我接受自己吗""我喜欢自己吗"及"我对自己满意吗"等问题。习近平同志强调，"培育自尊自信、理性平和、积极向上的社会心态"。对于大学生来说，自尊自信与否关乎个人成长、国家富强、民族振兴。由此可见，增进积极的自我体验对大学生成长和发展意义重大。

3. 自我调控

自我调控是自我意识的意志成分，即个体对自己的心理、行为和态度等方面自觉而有目标的调整和控制，主要包括自主、自立、自律、自我检查、自我监督和自我控制等方面，主要涉及"我怎样调整自己""我如何改变自己""我怎样成为理想中的自己"等问题。自我调控是自我意识中直接作用于个体行为的环节，是个体自我教育、自我发展的重要机制。

（二）自我意识的分类

斯芬克斯之谜开启了人们对"我是谁"的永恒追问，但是自我非常复杂，到底有多少种"自我"呢？心理学家基于各自的理论，对"自我"进行了分类，通过对自我分类的了解，我们也可以更好地认识自我。

1. 生理自我、社会自我、心理自我

这是从内容上对自我进行的划分，所谓生理自我是指个体对自己身体特征的认识和体验，包括个体对自己的身高、外貌、性别、体能，如"我是一个身材中等的男生"。社会自我是个体对自己社会特征的认识与体验，包括个体对自己在客观世界及社会关系中的角色、地位、权利、义务、责任、人际关系等方面的意识，如"我有责任帮助学习有困难的同学"。心理自我是个体对自己心理特征的认识与体验，包括对自己的感知、记忆、思维、能力、气质、性格、兴趣、需要及行为表现等方面的意识，如"我是一个性格开朗的大学生"。生理自我、社会自我和心理自我并不是同时形成和发展的，生理自我最先发展，随着社会交往的加深，社会自我产生，心理自我也随之出现。在现实生活中，生理自我、社会自我和心理自我是密切联系，相互影响的，它们包含着不同的自我认识、自我体验和自我调控，构成了个体意识的差异性和多样性。

2. 本我、自我和超我

精神分析学派的创始人西格蒙德·弗洛伊德（Sigmund Freud）提出了本我、自我、超我的人格结构说。本我遵循"快乐原则",由先天的本能、原始的欲望所组成,它是人格中最难接近,但又是最有力的部分。自我遵循"现实原则",它派生于本我,不能脱离本我而单独存在,是人格中理智的、符合现实的部分,它在本我与现实之间、本我与超我之间起调节整合作用。超我遵循"道德原则",是社会道德的化身,是人格中最文明、最有道德的部分,它总是与享乐主义的本我直接冲突和对立,力图限制本我的私欲,使它得不到满足。弗洛伊德把"自我"比喻为三个暴君统治下的臣民,它要尽力满足专横的本我的欲求,要应付严酷的现实环境,还要遵从超我严厉的规范。自我在三者之间周旋、调停,力图使三者的要求都得到满足。如果"自我"不够强大,不能协调与本我、现实和超我的关系时,便会产生焦虑。焦虑是一种由紧张、不安、忧郁、惊恐等感受交织在一起的情绪体验。为了缓解焦虑,个体会采用一种策略——自我防御机制来应对。比如,个体可以通过"压抑"这种自我防御机制帮助自我阻止激起焦虑的那些念头、情感和冲动,从而达到意识水平。

心理防御机制首先由西格蒙德·弗洛伊德提出,后由安娜·弗洛伊德详细阐述。心理防御机制是自我用来应付本我和超我压力的手段,当自我受到本我和超我的威胁而引起强烈的焦虑和挫折感时,焦虑和挫折感将无意识地激活一系列防御机制,以某种歪曲现实的方式来保护自我、缓和或消除情绪上的不安和痛苦。心理防御机制有两个特点:它们是无意识的,即人总是不知不觉地、无意识地采用它们。它们往往否定、歪曲或虚构实际情况,具有与现实相脱离的特性。同时心理防御机制作用具有二重性:积极的心理防御机制有助于适应挫折,化解困境;消极的心理防御机制只能起到暂时平衡心理的作用,并不能解决问题,甚至还会埋下心理变态的种子。

下面主要介绍几个心理防御机制:

(1)否认(Denial)。否认是最常见的防御机制,它是指扭曲个体在创伤情境下的想法、情感及感觉来逃避心理上的痛苦,大学生时常会否定在学习生活中遇到的不愉快事件,或当作它根本没有发生,来获取心理上暂时的安慰。

(2)投射(Projection)。投射是把自己所不能接受的性格、特征、态度、意念和欲望转移到别人身上,以免除自责的痛苦,如校园中有些不良少年,别人无意中看他一眼,他就会动手打人,认为别人瞧不起他,这都是投射作用使然。

(3)转向自身(Turning Against the Self)。我们借助转向自身防御机制来挣脱痛苦的折磨,如我们遇到不愉快的事情时,会跟自己生闷气,或者采取一些措施惩罚自己,尽管这听起来令人不解,但是伤害自己,和自己发脾气的确可能成为一种防御行为。

(4)升华(Sublimation)。升华是指一个人将受挫后的心理压抑向符合社会规范的、具有建设性意义的方向抒发的心理反应。例如,有打人冲动,大学生可以通过健身锻炼或者参加体育类社团活动等方式来满足;想要吵架,可以通过写作等方式来抒发心中的不悦。

(5)退行(Regression)。退行是指人们在受到挫折或面临焦虑时,放弃已经学到的比较成熟的适应技巧或方式,而退行到早期生活阶段的某种行为方式,以原始、幼稚的方法来应付当前情景，以此来降低自己的焦虑。但是如果我们总是利用自己的退行来获得他人的同情和照顾，以避免面对现实问题而痛苦，那就成了心理问题了。

（6）合理化（Rationalisation）。合理化是指当某一个追求目标不能实现时，会找某些理由为自己开脱，使自己心理上得到安慰，有时也会找出一些借口来掩饰自己的行为和不愿承认的事实，如"酸葡萄"的故事。

（7）理智化（Intellectualization）。理智化和合理化机制差不多。它是指用一些从感情上看来不是很强烈的说法来思考本能性的愿望，而且不付之于实际行动。例如，有的大学生很想出去旅游，但是觉得旅游的时间和金钱成本都太大。所以，会转而研究一些与旅游有关的东西，如看一些跟旅游相关的书或电影等。

（8）反向作用（Reaction Formation）。反向作用是指我们的行为与最初的想法截然相反。我们也称之为"过度补偿（Overcompensating）"。例如，当我们被自己的同学吸引而感到尴尬时，我们可能不愿承认自己的情感甚至对这个人变得刻薄，对其恶言相向。

（9）转移（Displacement）。转移是将我们渴望的行为（通常是带有侵略性的）转移到其他的个体上（通常是人）。例如，当我们在学校中受到了委屈或者被同学、老师误会时，回家后将情绪发泄到家人身上。

（10）幻想（Fantasy）。幻想是指当事人通过将自己从现实剥离来回避问题。这可以体现在我们许多的日常生活场景中，如发呆，读小说和看电影等。我们通过这些方式将自己从纷杂之处传送到安逸之所。这让我们能够暂时地从问题和顾虑中解脱出来。

3. 真实自我、现实自我和理想自我

卡伦·霍妮没有沿用弗洛伊德的本我、自我、超我的人格结构理论，而是把人格看成完整动态的自我（Self），指人自身。自我有三种基本的存在形态。现实自我（Actual Self）指个体在此时此地所拥有的和表现出来的一切存在的总和。它包括身体的和心理的，无论是正常的还是神经症的，意识和潜意识的，都是个体经验的集合。真实自我（Real Self）指个体的潜能，是个体得以生长发展的主要内在力量。人的一切力量或成就，都是从真实自我发展来的，它是人性成长的根源，是一个人获得幸福、自由意志、才能和潜力的真正中心，又称为可能自我（Possible Self）。理想自我（Idealized Self）是指个体为了逃避内心冲突，寻求合理统一，而凭空在头脑中设想的一种不合理的自我形象，纯粹是虚幻，是不可能实现的。理想自我实际上是一种病态的自我，霍妮认为它是形成神经症或变态人格的主要原因。理想自我又被称作不可能的自我（Impossible Self）。霍妮将自我比喻为一个复杂系统，我们要了解自我，就要知道如何去经营和管理我们自己的力量，制订自我改善的计划。在自我结构中理想自我是一个人用以安排自己一生，以求实现的目标。健康的人其理想自我的确立是以真实自我为基点的，随着真实自我不可避免的变化，理想自我也会发生变化。同样，随着理想自我的实现，新的理想会取代旧的理想。所以，健康人的理想自

我是既符合实际又具有动力的。

小芳的"烦恼"

小芳来自农村,家境非常贫困,相貌平平,个子矮小,这使她从内心产生一种自卑感。在大学期间,她不仅学习非常刻苦,还常常要为生计奔波。日常生活中,她与周围的人相处非常融洽,看起来是一个开朗且聪敏的人。但她说这不是真正的她,真正的她是自卑的脆弱的,而那个坚强开朗的她只不过是一个假象。后来,她通过努力考上了研究生,但这也并没给她带来喜悦,她依然在学业、生活中拼搏,以此来减轻自卑感。她喜欢上一个男生,但她一直没有勇气向那个男生表白。

小芳的"烦恼"是自我意识误区的表现。她无法统一外在的"我"和内在的"我",认为那个坚强开朗的"我"只不过是一个假象,认为那个自卑的自我形象才是真实的。所以,无论现实中她有多优秀、多成功,她都不能从心理上真正地认同那个外在的"我",因为她的内心深处仍然是自卑的。这样的自我意识误区导致她自始至终都无法摆脱那个自卑的"我",致使她无法形成正确的自我概念。

心理测试:自我和谐量表

下面我们可以通过一个心理测试来探索自我与经验之间的关系,包含对能力和情感的自我评价、自我一致性、无助感等。

二、大学生自我意识提升与完善的意义

自我意识是一个人在社会化过程中逐步形成和发展起来的,对自我及自己与周围环境关系的多方面多层次的认知、体验和评价,是个体关于自我全部的思想、情感和态度的总和。青年大学生的自我意识趋于成熟,但也存在不少偏差,因此大学生自我意识的提升和完善对大学生成长和发展而言具有重要意义。

(一)促进自身心理健康的需要

健全的自我意识是大学生心理健康的必要条件。正确的自我认识、良好的自我体验和有效的自我调控是构成健全自我意识的标准。大量研究也表明,大学生的自我意识与心理健康密切相关,能客观地认识自我、恰当地评价自我、积极地悦纳自我、有较强的自尊和自信心,可以调节和控制自己的行为朝向既定的目标努力。自我意识如何影响大学生的心理健康?概括地说,在成长发展过程中,个体形成自我意识;同时,已经形成的自我意识也影响着个体的生活。自我意识为理解有关我们自身的信息提供的参考框架,影响着我们对信息的加工和解释,从而影响着我们的生活质量,幸福感乃至心理健康水平。因此,大学生自我意识的提升与完善有助于促进自身的心理健康水平,为"成为更好的自己"奠定心理基础。

（二）努力"成为最好的自己"的需要

自我意识提升与完善是大学生发现自身优势、弥补自身不足、实现自身价值，进而"成为最好的自己"的需要。大量研究表明，大学生的自我意识与心理健康密切相关，能够客观地认识自我、恰当地评价自我、积极地悦纳自我、有效地调节和控制自我，对学习、生活和工作有积极的推动作用。自我意识提升与完善是大学生通向自我实现的途径，人本主义心理学家马斯洛（Maslow）认为人人都有自我实现的需要和可能，但是为什么全世界只有1%的人才能成为自我实现者呢？他认为，"约拿情结"阻碍了自我实现的可能，它是人类普遍存在的一种心理现象，既渴望成长却又因为某些内在障碍而害怕成长。自我意识的提升与完善是大学生成长的一部分，成长意味着挑战自我，离开原来安全的地方，这对已经习惯某种"自我"模式的个体而言确实是一件困难而痛苦的事情。在马斯洛看来一个自我实现者总是"做出成长的选择，而不是畏缩的选择"，因此我们善于完善自我、勇于完善自我。

如果大学生意识不到自我的特点与偏差，就可能找不到自己人格完善的方向，找不到"成为最好的自己"的突破口。自我意识的提升与完善意味着重新认识自我、整合自我和发展自我，打破僵化的自我，增强自我的灵活性，科学合理地规划自我生涯，把"小我"融入"大我"，努力"成为最好的自己"。大学生要有时代担当的勇气，勇于自我教育、自我革新和自我挑战，因为自我意识的提升与完善不仅关乎个人发展，也是一种社会责任。

（三）更好地担当社会责任的需要

如果把大学生自我意识的提升与完善作为一种社会责任，就必须处理好"小我"和"大我"；"私我"和"公我"的关系。

"小我"和"大我"及"私我"和"公我"是有些类似而又有差别的概念。"公我"代表公家或公共利益的我，"私我"代表私人或小集团利益的我。所谓"小我"是指个体为了自己的欲望和行动，即代表少数人甚至个人利益的自我，而"大我"是指对周围社会及整个人类的关心，即代表大多数人利益的自我。儒家思想提倡牺牲"小我"，完成"大我"，并主张通过修身、齐家、治国、平天下的途径，来实现"小我"与"大我"的统一，而"无我"则是两者统一的最高境界。大学是大学生走向社会的最后一站，是接受高级专业知识的地方，大学生作为社会中最富有朝气、最活跃和最具发展潜力的群体，要通过提升完善"小我"，为成就"大我"做好准备，为投身社会、奉献自我不断锤炼"小我"，应当努力把自己塑造成"担当民族复兴大任的时代新人"。

📖【实践与思考】

首先，请以"我……""我是……""我喜欢……""我要……""我曾……""我不……"

"我可以……""我想……"等句型写下 20 个描述自己的句子。

其次，在每个句子前的括号内填上阿拉伯数字 1~20，1 代表最重要、最不可或缺的描述，以此类推。

最后，请观察自己是从哪些方面来描述"我是谁"的，又是如何给这些描述打分的。

例：

（　）我_____

（　）我_____

第二节　大学生的自我认识与自我体验

认识自我是人类进步发展的必然选择，正确的自我认识是培养健全的自我意识的基础。一个人必须全面客观地认识自我，才能对自己做出合理的评价，更好地接纳自我，成为心理健康的个体。

一、大学生如何认识自我

如何认识自我，以及如何在自我认识的基础上对自己做出恰当的评价是大学生自我意识提升与完善的首要任务。

传统文化中的自我认识思想

中国传统文化也蕴含了丰富的自我认识的思想，如"见贤思齐焉，见不贤而内自省也"，这是《论语·里仁》中记载的孔子说过的一句话，意思是要取他人之长补自己之短，又要以他人的过失为鉴，不重蹈覆辙。又如《论语·述而》中，孔子还有"三人行，必有我师焉。择其善者而从之，其不善者而改之。"这样的表述。所谓择善而从，就是"见贤思齐"；不善者而改之，就是"见不贤而内自省"。从这里我们可以看出，先贤们既讲了如何自我认识，又教给我们自我改进的方法指导。

（一）大学生自我认识的方式

自我认识可以从不同层面、不同角度展开。通常，我们可以采用比较法、自省法、他人评价法和测量法等方式来了解和认识自我。

比较法：通过与同龄人在处事方法、对人对事的态度、情感表达方式等方面进行比较，可以发现自己的优势与不足。另外，选择的比较对象非常关键，我们不能只是与不如自己的人做比较（向下比较），也不能总拿自己的不足与别人的长处进行比较（向上比较），这两种方式都会让结果有失公允，大学生应兼顾两种比较的结果，更好地认识自我。

自省法："吾日三省吾身"，我们在现实生活中，常常会通过自我反思来寻找自己的优势或不足。通过反思个体成长过程中的成功或失败经验，可以帮助我们更深入地了解自己。

他人评价法：人在认识自我的时候，仅仅通过自我反省的方式是不够的，有时候我们可以从身边的人（尤其是重要他人）对我们的态度和评价来了解自己，特别是了解自己没有觉察到的、潜意识层面的行为和观念。对待他人的评价，也要建立在完整的自我认知的基础上，不可以盲目听信，要客观公正。

实践法：实践可以反映一个人的性格、能力上的优劣势。一个人如果只是坐在那里思考而不动手实践，那么他很难能正确、完整地认识自己。

测量法：心理测验是一种标准化、力求客观的测量手段，心理学上已经有大量用于测量人的各种心理品质的心理测验，科学性较好，虽然结果并非绝对正确，但是可以被用来辅助了解自己。

<h3 style="text-align:center;color:red">过度自信的小梅</h3>

小梅，大二女生，身高1.68米，是学校舞蹈队队员。她认为自己长相非常出众且能力很强。在学校她积极地参加各种活动，经常炫耀自己的舞蹈技巧，认为没有人能与她相媲美。她穿着非常新潮，瞧不起同学，觉得他们没有品味，很老土。她还喜欢指使别人做事，对别人的意见却视而不见、听而不闻，认为自己永远是对的。后来，她向班里的一个男生表白，确立了恋爱关系，但是不久之后，那个男生提出了分手。她非常不解："那么多人喜欢我，为什么他还要提分手？而且，他后来的女朋友一点都比不上我啊！这到底是怎么了？"

小梅同学的问题在于高估自己及过度的自信，对自己的肯定有些不切实际。放大自己的长处，同时放大他人的短处，忽略自己的不足，甚至把自己的不足也看作优点。她的人际交往模式是"我能，你不能""我可以，你不行"。我们大学生应该在肯定自己的能力和价值的同时，对自己的优点和不足能客观公正地进行评价。

（二）大学生如何认识自己的人格

"人格"一词的英文Personality源于拉丁文persna，其本意是指舞台上的演员为了表现剧中人物的角色和身份所戴的面具，因此人格主要包括两层含义：一是个人在生活舞台上表演的各种行为，即表现于外的给人印象的特点或公开的自我；二是个人蕴藏于内、外表未显露的特点，即被遮蔽起来真实的自我。心理学上人格类似于我们所说的个性（Individuality），它既有先天的气质基础，又有后天性格刻画的结果。下面，我们将通过介绍气质、性格的相关内容，帮助大家更好地认识自己的人格特点，进而了解自己的优势。

1. 气质及其类型

气质（Temperament）就是我们通常所说的"脾气"，是不以活动的动机和内容为转移的，表现在心理活动强度、速度、稳定性和指向性方面的动力特征，是推动个体进行活动的心理原因。人生下来就表现出一定的气质特征，有些婴儿喜欢吵闹，不怕陌生人；有些婴儿喜欢安静，害怕陌生人。所谓"江山易改，禀性难移"，一个人的气质及其类型是相当稳定的。正如一个急性子的人不可能在短时间内变成慢性子一样，一个容易急躁的人也不可能一下子变成沉稳的人，但是气质又具有可塑性。许多研究和实践都表明，气质在教育和社会实践的影响下能够发生缓慢的变化。

气质一般可以分为四种类型，每一种气质类型都有不同的特点。多血质的气质特点是活泼、好动、敏感、反应迅速、喜欢社交、注意力不集中、兴趣容易变换，具有外倾性，但是往往缺乏耐心和毅力，稳定性差，见异思迁。黏液质的气质特点是安静、稳重、反应缓慢、沉默寡言、情绪不易外露，注意力集中且难以转移，善于忍耐，具有内倾性，但是行为主动性差。胆汁质的气质特点是热情、直率、精力旺盛，具有外倾性，但是情绪不稳定、易于冲动，常常感情用事。抑郁质的气质特点是孤僻、行动迟缓、体验深刻、心细，具有内倾性，但是孤僻离群、胆小软弱、不善交际。

不同气质类型的人，对同一件事情的反应是完全不一样的。苏联的一位心理学家曾形象地描绘了四位不同气质的人去剧院看戏，都迟到时所表现出的不同行为。多血质的人看到楼下检票员很严，马上会想方设法另寻门路，结果他从楼上的门进去了；胆汁质的人会和检票员争吵，并不顾阻拦闯入剧院；黏液质的人会很循规蹈矩地等在大门外，等幕间休息时再进去，并自我安慰"第一场戏总是不太精彩的"；抑郁质的人则会叹息自己倒霉，接着便掉头回家。

要注意的一点是，气质本身没有好坏之分，但是临床研究也表明，胆汁质和抑郁质气质的人，往往容易发生心理健康问题。因此，这两类气质类型的大学生要特别注意自我心理保健。

心理测试：
气质测验

如何了解自己的气质类型？人的气质类型可以通过一些方法来测定。但只属于某一种类型的人非常少，大多数人的气质类型是介于各类型之间的，即混合型，如多血-黏液质，胆汁-多血质等。下面我们通过一个气质测验来了解自己的气质类型。

2. 性格及其特征

性格（Character）是指个体在生活中形成的对现实的稳定的态度和与之相适应的习惯性的行为方式。人对事物的态度不同，由态度决定和支配的行为方式自然也有差异，因而形成了诸如诚实或虚伪、勇敢或怯懦、谦虚或骄傲等不同的性格特征。性格是一种与社会相关最密切的个性心理特征，一旦形成便相对稳定，且具有可塑性。性格是十分复杂的心理现象，性格的特征涵盖了四个组成部分：性格的态度特征、性格的意志特征、性格的情绪特征和性格的理智特征。

性格的态度特征是指一个人如何处理生活中各个方面关系的性格特征，即他对社会、对集体、对工作、对他人，以及对自己的态度的性格特征。例如，公而忘私—假公济私、认真—马虎、谦虚—骄傲。

性格的意志特征是指一个人对自己的行为或心理活动自觉地进行调节的方式和水平方面的性格特征，包括对行为目的明确程度的特征，如目的性或盲目性、纪律性或散漫性；对行为自觉水平的特征，如主动性或被动性、自制力或冲动性；在长期工作中表现出来的特征；在紧急或困难情况下表现出来的特征，如沉着镇定或惊慌失措。

性格的情绪特征是指个体在情绪表现方面的心理特征，以及对自己情绪控制方面的能力。善于控制自己的情绪是良好的情绪特征，而不良的情绪特征容易引起情绪反应，有的人经常情绪饱满，处于愉快的情绪状态；有的人则常常郁郁寡欢。例如，内向—外向、冷漠—热情、沉静—好动、喜怒于色—不动声色等。

性格的理智特征是指个体在认知活动中表现出来的心理特征。在感知方面，能按照一定的任务主动地观察，属于主动观察型，容易受外界环境的影响，属于被动观察型；在想象方面，有广泛想象型与狭隘想象型；在记忆方面，有形象记忆型与抽象记忆型；在思维方面，有独立思考型与依赖他人型等。

在上述各个方面的特征中，态度特征尤为重要，因为它直接表现一个人对事物特有的、独特的倾向，也是对人的本质属性和世界观的反映。而且上述四个方面的特征也不是孤立的，而是相互联系着、在个体身上结合为整体。

目前关于性格的理论主要有两种，一种是性格类型论，另一种是性格特质论，前者涉及的是一类人与另一类人的差异，反映群间的性格差异，是以一组独立的类别将人的性格进行分类，如内向型—外向型。而后者涉及的是一个个体和另外一个个体表现出来的差异，反映的是个体间的性格差异，如不同的人在外向型特质上的程度是不同的。心理学家卡特尔通过研究发现人的 16 种性格特质，并开发了得到广泛应用的测量问卷。目前关于性格的测量有许多方法，有兴趣的同学可以咨询学校心理健康中心。

总之，气质和性格是密切联系而又各有特点的，但是无论是在日常生活中还是在心理学文献中都很难把气质和性格这两类心理特征严格区分开来。因为人的发展是生物因素和社会因素相互作用的结果。我们不能排除生物因素对性格的形成和发展的影响，也不能排除社会因素对气质的塑造。不过，对气质和性格的认识可以帮助我们更好地了解自己的内在特征。

二、大学生如何增进自我体验

自我体验是伴随自我认识而产生的内心体验，其中自尊心、自信心是自我体验的核心内容。自尊心是指个体在社会比较过程中所获得的有关自我价值的积极评价与体验。自信心是对自己的能力是否适合所承担的任务而产生的自我体验。自信心与自尊心都是和自我评价紧密联系在一起的。下面我们将先介绍如何提升自尊心和自信心，然后谈谈大学生如何悦纳自我。

（一）大学生自尊心的提升

1. 自尊心的影响因素

（1）家庭和早期经验。自尊形成在很大程度上依赖于早期的成长经验。婴儿时期，个体通过与父母建立的依恋关系，获得足够的安全感，从而奠定自尊的心理基础。自尊与父母积极的教养方式呈正相关，与消极教养方式呈负相关。

（2）学校和同伴关系。学业成绩在很大程度上影响着学校和社会对一个学生的评价，从而影响到学生的自尊水平。而个体不仅是知识与技能的学习者，他们还会与老师、同伴产生情感联结和行为互动。积极的同伴关系和被集体接纳有助于青少年缓解压力和消极情绪的影响，从而促使青少年产生积极的自我评价。

（3）社会支持。自尊是对自我价值的稳定判断，是一种社会的建构，来自他人的积极关注形式即社会支持。同伴的情感支持对青少年自尊的提升有积极的作用。高社会支持的个体自尊水平较高，低社会支持的个体自尊水平较低。

2. 大学生如何提高自尊水平

（1）适当地自我披露。适当地自我披露可以使他人更好地了解你。而他人的接纳同时又会促进你自尊的提高，因为自尊的建立需要他人的积极反应。但过度的自我披露会遭到他人的排斥和拒绝，所以自我披露的同时也要把握合适的尺度。

（2）了解自己的长处。了解自己的长处能够有效提高自尊。你可以尝试这样的小组练习：首先，列出组内的每一位成员的优点，其次，小组成员对每一个人的这份清单进行评论。这时你有可能会发现某个曾经没有察觉到的自己身上的长处，并通过小组其他成员的描述和讨论来加强对自己长处的认同，从而提高自尊。

（3）减少干扰合理自我欣赏的因素。在我们的学习和生活中经常会出现一些干扰合理自我欣赏的因素。如果你能减少这些情况的发生，就会有效地避免自己出现无力感，因为无力感的出现会让人降低自尊。但并不能对所有让你出现无力感的情况都视而不见，一味地回避负面评价会让人意识不到自己的不足，导致自尊降低。

（4）重视亲密关系与社会支持。有研究表明，个体对社会支持的利用度越高，自尊的程度就越高。为了获得他人及社会正向的评价，青少年往往会按照重要他人（如父母和同伴）对他们的期望而进行相应的行为。亲密关系的建立、社会支持的获得及重要他人的期望往往都会影响他们的行为，如深厚的友谊、与父母亲密的情感联结或其他个体的帮助等，都可以弥补精神支持上的不足。

下面我们可以通过一个心理测试来测量自己的自尊水平。

心理测试：自尊量表

（二）大学生自信心的提升

1. 自信心的影响因素

（1）成功的经验。第一，自己过去的成功经验。这是激发自信心的最重要的因素。那些通过自己的艰苦奋斗和不懈努力而取得成功的经验，对自信心的形成有很大的影响。第二，他人的成功经验，即榜样的作用。当看到与自己有相同经历的人通过自己的努力而获得成功时，可以让人建立自信心，相信自己；相反，看到与自己相似的人的失败，可能会使人失去自信，从而怀疑自己。

（2）家庭环境。家长采用的教养方式会影响青少年的自我认知。无论是"狼爸狼妈"的教养方式，还是无休止地溺爱孩子，最终都会伤害孩子的自信心。家庭气氛、家庭结构也会对青少年自信心的形成产生影响。一般来说，和谐、民主的家庭气氛，完整、稳定的家庭结构更有利于孩子自信心的养成。

（3）生理和心理唤醒。在评估自己的能力时，我们首先会通过自己生理和心理上的感受来做出评判。这一因素在个体进行自己能力评估时产生的影响力最大。我们往往会有这样的体验：当心情不好或者身体不舒服时，自信心会受到明显的损害；相反，就会增强我们的自信心。

（4）他人评价。当我们在完成某件事情缺乏自信时，有地位或有能力的他人的鼓励会增强个人的自信心。而负面的评价，甚至只是非言语的手势或者眼神，都可能会损害一个人的自信心。而他人真诚的、客观的评价会对自信心的形成非常有帮助。

2. 大学生提升自信的策略

（1）自我肯定，自我接纳。提升自信最简单直接的方法就是给予自己正面的肯定。如果你常常感到自卑，可以尝试无条件地接纳自己。当人缺乏自信心或在做某件事感到胆怯时，可以用积极正能量的语言来激励自己，如我是最棒的！我肯定可以的！我是一个自信的人！正面的心理暗示与自我肯定能慢慢坚定我们的信念，而坚定的信念是自信心提升的基石。

（2）正视失败，面对现实。那些经常失败却还不断坚持尝试的人比较有能力面对困难与挑战，他们从失败中总结经验，并运用不同的策略不断尝试，最终获得成功。坦然接受自己的失败，并对自己加以鼓励，继续为此奋斗，真正令人兴奋的是不管你遭遇怎样的结果，你都将获得更好的知识与领悟，这就是自信。

（3）不必事事追求完美。完美主义是一种建立在不完美之上的，极度追求完美的想法，是由于处于极端的环境中，缺乏沟通和安全感而形成的。世界上本就没有完美的东西，事事追求完美会导致自己对于完美的标准越来越低，不利于自身的发展。

事事追求完美的小风

小风曾是班干部，经常积极参加学校里的各种活动，学习成绩也总是名列前茅，每次考试不是第一就是第二，他常常引以为傲，并要求自己处处都要达到高标准，事事追求完美。然而在一次考试中，他仅排在第十名，这个名次对他造成不小的打击。此后，他一度变得沉默寡言，不愿意与同学和老师交流，也很少再主动参加校内活动。后来，经医院诊断，他患了严重的抑郁症。

小风的主要问题在于对自己有过高的要求，要求自己时刻保持完美，但是他没有考虑到自己的实际状况。他不能容忍自己出现一点失误，对自己不完美的部分过分看重，把每个人都会遇到的问题看作自己"不完美"的表现。

美好的大学时代，很多大学生都会对自己的未来有一个美好的构想，尽量追求完美。追求完美本身并没有错，可以在一定程度上让自己得到进步和提升，但如果事事追求完美，不能有一点的失误和挫败感，这样的要求会使人陷入难以自拔的困境。

（三）大学生自我悦纳的方法

健康的心理要求个体对自己保持一种接纳的态度，而且是要积极地接纳自己。所谓积极地悦纳自己，就是在正确认识和全面评价自我的基础上，欣然接受自己的一切，包括好的、差的、优势和劣势等各个方面。

1. 无条件地接纳自己

很多人从小就受到他人各种有条件的关注，导致他们认为只有具备别人关注的那些条件，如卓越的学习能力、优秀的社交能力、漂亮的外在形象等，才能获得他人和自己的接纳。每个人都是有价值的，都应当得到爱，包括自己对自己的爱，无论我们是什么样子、做了什么、是否能够得到他人的肯定，我们都应学会欣赏自己的独特性，接纳自己的不完美，不断地鼓励自己，无条件地接纳自己。

2. 调整成功的期望值

一个人的自我体验直接受到他对自己的期望值的影响。期望值是指个体在完成某项任务前，预估自己所能达到的目标和所能获得的成绩。大学生正处于挖掘自己人生价值的时期，成就动机普遍较强，但过强的成就动机会导致他们心态失衡，不利于其自我意识的健康成长。因此，大学生应该把自我期望与现实情况紧密地结合起来，正确地认识自己的能力，调整自己的期望值，建立切实可行的目标，才能更好地发展自我，为将来更从容地适应社会打好基础。

3. 停止否认或逃避自己的负面情绪

如果产生了负面情绪，不要否认或逃避它，也不要责备和怀疑自己。生活中出现负面情绪是很正常的，它只是在提醒你要重新审视当前的状态，并考虑是否需要做出改变。当负面情绪出现时，首先要接纳它，然后努力找出引发负面情绪的根源问题，最后再通过合理的方式去解决。

4. 拥有自我肯定的勇气

由于大多数时候我们并不完美，因此要接受一个不完美的自我也并不是一件容易的事情，甚至需要"勇气"。存在主义心理学家罗洛·梅（Rollo May）提出一个"自我中心性"的概念，他认为每一个存在着的人都是以自我为中心的，每个人都是独特的个体，人们为了形成独特的自我而不断地对自己进行督促、激励和鞭策，而"自我肯定"就是人们保持自我中心（自我独特）的勇气，这是"成为自我的勇气"，罗洛·梅认为，人有保持自我中心的需要，人的存在依赖于自我肯定的勇气，个体有了自我肯定的勇气，才能在自我发展的过程中激发潜能、实现自我。

总之，自我悦纳是自我意识健康发展的至关重要的因素，是自我意识中的最高境界，当你快乐地接纳了自己，你的整个心胸便会变得更加开阔和包容，接纳自己的同时也会变得更加容易接纳他人。作为一个大学生已经比一般的青年具有更多的优势，不要局限于个别群体比较的差异，开阔自己的视野，也就意味着敞开心胸，这样才能容下更多，收获更多，以便更好地了解他人、认识自己。因此，一个人只有在正确的自我认知基础上，才能积极地自我悦纳，适当地自我体验，有效地自我调控。

【实践与思考】

优点大爆炸

寝室成员组成一组，每个成员轮流让别人指出优点，每个人只对被谈论者指出一个确实存在的优点，被谈论者只允许静听，不能做任何表示。

被谈论者注意体会被大家指出优点时的感受，并思考以下问题：

（1）被大家指出优点时有何感受？

（2）是否有一些优点是自己以前没有意识到的？

（3）指出别人的优点时你有何感受？

第三节　大学生的自我调控与自我实现

有效地调控自己、不断实现自我，是大学生自我意识提升和完善的主要任务。自我调控在大学生活中具有重要的意义，自我调控能力好的大学生在学业、工作和社会活动中表现也更为突出，能够促使大学生更好地适应大学生活，更少出现心理问题。

一、大学生如何有效调控自我

（一）大学生自我调控的方式

自我调控的一般模型关注个体选择做什么及他们如何努力达成他们的目标，一般包括三个组成部分：目标选择、行动准备和行为控制环路。

1. 目标选择

目标选择是自我调控过程的第一步，个体必须选择一个目标，确定自己想干什么，目标既可以是精确具体的，也可以是广泛抽象的，但是总的来说，用精确而具体的语言描述的目标更有价值。一般而言，人们设定的目标是围绕自己想要成为的人展开的，常常是生命中最有价值的目标。那么什么是你的价值观？你生命中最有价值的模板是什么？

2. 行动准备

行动准备是自我调控过程的第二步。在这个阶段，个体会收集信息、根据可能的结果构建情境，并通过设计计划、实施行动来实现目标的达成。

3. 行为控制环路

行为控制环路是自我调控模型的第三阶段，是指个体如何利用环境来调控自己的行为以达成目标。比如，个体为了跑一千米设定了一个时间，以下描述了实现目标时间所需要经历的阶段。

构成实际时间与目标时间的几个步骤

（1）初始行为（跑1千米）。
（2）观察行为（自己为自己掐时间）。
（3）与某些标准做比较（将实际时间与目标时间做比较）。
（4）期望（对未来行为的期望会减少实际时间与目标时间之间的差距）。
（5）情绪反应（因为成绩和目标之间的差距而表现出情绪）。
（6）行为调节（继续努力或放弃）。

有效的自我调控是一个意志过程，是个体为了实现预定目的、克服困难，调节自己行为的心理过程。意志品质是现代大学生不可缺少的重要心理素质，尤其是随着社会各个领域的竞争加剧，一个意志薄弱的人，很难在竞争如此激烈的社会中立足，难以在事业上有所作为，更不用谈什么自我实现或者成为更好的自己。

（二）大学生自控力的提升

大学生要进行有效的自我调控，除要提升意志力外，还必须提升自我调控力量——自控力。所谓自我调控力量是指能够阻止或改变一些因生理、习惯、学习因素或压力而产生的不当反应的心理内部资源。大学生如何提升自控力呢？

（1）像锻炼肌肉一样加强自控力训练。自我调控力量是一种可以消耗的有限资源，但是通过锻炼自控力可以变得更加坚韧，就像是持续的身体锻炼能使我们的肌肉更加强劲有力一样。大学生进行自控力锻炼的途径有很多，总的来说就是需要在一段时间内坚持一种状态（或坚持做一件事情），通过一段时间的持续坚持可以提升自控力的坚韧性。

（2）激活更多的积极个性因素代替自控力的作用。也有研究表明，面对有限的自控力资源，人们为了在日常生活中进行尽可能多地自我控制，也为了解决有限的资源与无限的需要之间的矛盾，可以通过激发积极的个性因素来代替自控力的作用，如形成强烈的动机、形成积极的情绪、建立行动意向、学习先进事迹以形成榜样启动等策略来减轻自控力消耗的效应。由此可见，面对有限的资源仅仅"节流"是不够的，最好的出路是"开源"。这里所谓的"开源"是调动除了意志力、自控力以外，其他个性因素的积极作用。

总之，进行积极的有规律的自我调控锻炼、合理的休息和睡眠、积极的情绪体验都是增强和恢复这一有限资源的途径。

自控力的挑战

小凯是一名大学一年级的学生，他特别爱吃甜食，没有哪种糖是他不喜欢的，但是吃太多的糖对他的身体产生了一系列不良的影响，如肥胖、蛀牙等。他为此非常苦恼，所以希望可以提高自己的自控力，从而改变这个不好的习惯，他在自己的桌子上放了一个装满自己喜欢的糖果的盒子，这样他每次坐在桌前的时候都能看到它。而他给自己制定的规矩是不能吃盒子里的糖，以此来锻炼自己的自控力和意志力。一开始他很担心这种看得见的诱惑会耗尽他的意志力，但后来他发现，每当他拒绝了糖果盒时，他都会觉得自己动力十足，不知不觉中自己的自控力也在逐渐提升，短短的一个星期便可以完全不在意面前放着的这一盒糖果。这让他觉得很惊喜，他没想到自己曾以为完全控制不了的事竟能在短时间内有了改变。而他做的不过是给自己制定了一个小小的挑战目标而已。

小凯通过给自己制定了一个小小的规矩来锻炼自己的自控力，从而获得了不错的成果。

如果我们想要在生活中改变一些不良的习惯，可以先找一种简单的方法来训练自控力、提高意志力，而不是设定一个过高而不切实际的目标。

二、大学生如何自我实现

（一）形成自我同一性

1. 自我同一性是大学生自我发展的主要任务

新精神分析学派代表人物埃里克森（E.H.Erikson）把人的自我意识发展分为八个阶段，其中第五个阶段是"自我同一性对角色混乱"（这一阶段对应的是 12~18 岁的青少年）。大学生正好处于这个阶段，这一阶段的主要任务是发展自我同一性。自我同一性也称为自我认同，是个体统整过去我、立足现在我、发展未来我的一种心理倾向。在整合过去经验的基础上，个体不断调和自我与自我、自我与重要他人及自我与环境的关系，逐渐对"我是谁""我从哪里来""我要到哪里去"等人生哲学的根本问题，以及对"我想选择什么专业""我想从事什么职业""我想和什么样的人成为终身伴侣"等日常问题有了比以往更为清晰的认识。自我同一性是对自我有深层认知后产生的一种"熟悉自己的感觉""知道为什么而活的感觉"。自我认识的最终任务是由表及里、由浅入深地认识自我，最终确定自我认同。

尽管绝大多数大学生在年龄上已经超过十八周岁，但劳伦斯·斯滕伯格（Laurence Steinberg）指出：在前几代人中，"身份危机"主要发生在青春期。然而，随着青春期的延长，身份认同所需要的时间也随之延长。因为大多数青少年知道他们会上大学，而且很多青少年希望在学校待的时间更长一些，因此一些青少年在进入大学的早期阶段，可能还没有完全投入各种尝试和探索中。因此，即使是到了青春后期的大学生时代，对于大学生而言，"他的身份认同仍然悬而未决"。

2. 大学生自我同一性类型及特点

每个大学生都会经历同一性危机（Identity Crisis），以及在建立自我同一性的过程中所遭遇的种种自我怀疑、自我否定而导致的担忧、焦虑和恐惧等负面情绪。自我同一性危机带来最大的问题是个体没有方向感，不知道自己是谁，不知道自己想做什么事情，处于一种茫然而不知所措的状态。能否顺利地解决自我同一性危机问题，取决于一个人的自我是否足够强大。如何应对自我同一性危机，有很多方法，有人会向生命中的重要他人寻求帮助和指点，有人会通过阅读名人传记寻找答案，也有人会搁置对答案的寻找给自己一个"合法延续期"（Psychosocial Moratorium）来进行自我提升和探索。对大学生而言，要积极投身实践，不断认识自我和反省自我，抓住各种成长的机会，利用大学校园提供的资源和平台，确定合理的、适当的自我同一性。

在同一性探索过程中的四种大学生类型

（1）成功型自我同一性是指通过对各种现实选择的考虑与尝试，个体已采取行动并追求目标的完成。大学生中很少有人能达到该阶段，绝大多数人要持续几年后才能做出相对稳固的承诺。这类大学生有明确的目标，主动进取，乐观自信，喜欢竞争和冒险，对新事物保持开放的心态。

（2）早闭型同一性是指个体过早地停止对同一性的探求，而认同于他人（通常是父母、社会团体或宗教群体）的目标、价值观及生活方式。这类大学生对新经验开放程度低，传统保守，缺乏主见，缺乏反思和主见，过分尊重"权威"意见。

（3）弥散型同一性是指个体没有形成清晰的自我同一性。他们没有明确的人生取向，对自我价值、人生观及职业选择等问题往往采取逃避的态度，不肯加以认真思考，他们不知道自己是谁、不知道自己想做什么，没有明确的发展方向。这类大学生孤僻被动、消极悲观、冷漠疏远、不思进取、情绪不稳定。

（4）延迟型同一性是指大学生广泛尝试各种价值观念、人生取向及职业选择，而把对自我确定的生活方式的思考与选择推迟一段时期。虽然延迟是正常的，且大部分是健康的，但是这类大学生情绪反应较为敏感，耐受性低，有较多的负面情绪，情绪稳定性低，有不切实际的目标追求，容易感到矛盾和挫折感。总体来说，随着年龄的增长，大学生的自我同一性由较低状态向较高状态显著性地转变。

（二）不断走向自我实现

1. 自我实现者的特征

自我实现是人本主义心理学的核心主题。马斯洛认为，自我实现（Self-actualization）就是一个人力求变成他能变成的样子，即"成为你自己"。他把自我实现分成健康型自我实现（Healthy Self-actualization）和超越型自我实现（Transcendental Self-actualization）。前者主要指更务实、更能干的自我实现者，他们除具有一般自我实现的特征外，还能够以务实的态度待人接物和处理问题。后者指经常意识到内在价值、生活存在水平或目的水平，而且有丰富超越体验的人，他们除具有一般自我的特征外，还有一些超越自我的特征。那么什么是自我实现者的一般特征呢？经过广泛的观察和整体分析，马斯洛概括出自我实现者15种共同的人格特征。

（1）准确和充分地认知现实。
（2）悦纳自己、他人和周围世界。
（3）自然地表达自己的情绪和思想。
（4）超越以自我为中心，而以问题为中心。
（5）具有超然独立的性格。
（6）对自然条件和文化环境的自主性。

（7）清新隽永的鉴赏力。

（8）常有高峰体验。

（9）真切的社会感受。

（10）深厚的人际关系。

（11）具有民主风范，尊重他人意见。

（12）具有强烈的道德感及伦理观念。

（13）具有哲理气质和高度幽默感。

（14）具有创造力，不墨守成规。

（15）对现有文化具有批判精神。

2. 大学生自我实现的路径

那么，通达自我实现的路径是什么呢？马斯洛同样做了精辟的概括，他说要达到自我实现的理想境界，除要具备客观条件外，还需要通过个体的主观努力才能完成，他在《人性能达到的境界》（1971）一书中，提出了通向自我实现的八条路径：①无我地体验生活，全身心地献身于事业。②做出成长的选择，而不是畏缩的选择。③承认自我存在，要让自我暴露出来。④要诚实，不要隐瞒。⑤能从小事做起，要尊重自己的志气与爱好、勇气与选择。⑥要经历勤奋的、付出精力的准备阶段。⑦高峰体验是自我实现的短暂时刻。⑧发现自己的先天本性，使之不断成长。由此可见，高峰体验既是自我实现者的重要特征，也是自我实现的重要途径。那么高峰体验是什么状态呢？大学生又如何获得高峰体验呢？

高峰体验（Peak Experience）是马斯洛于 1962 年首创的一个极为重要的概念，马斯洛认为，高峰体验可以发生在任何人身上，由任何情境所引起，如一种需要的满足、一个心愿的实现、一项目标的达成，都可以带给人们高峰体验。而后者是广义的高峰体验，指健康型和超越型自我实现者所拥有的一种宁静和沉思的心境。高峰体验是一个人孜孜奋斗和拼搏的结果，而作为新时代大学生，应该在"忘我学习""忘我工作"和"忘我奉献"的奋斗和努力中不断体验高峰体验。

而"忘我"原本是指意境交融、物我一体的优美境界，这种境界通常出现在艺术鉴赏的时候。当欣赏者忘却了自我，不需要耗费资源进行自我监督时，个体就会处于一种积极的沉浸状态，更能与外在对象融为一体，进入一种很高的境界，美感也随之产生。但是，心理学家发现"忘我"不仅产生于艺术欣赏，也出现在其他更多领域。芝加哥大学（University of Chicago）心理学教授米哈里·齐克森米哈里最先提出"心流体验"这一概念，"心流体验"（Flow）也称"福乐"，是指我们在做某些事情时，一种全神贯注、投入忘我的状态，并由此获得内心的秩序与安宁，一种极大的满足感悄悄地潜入了你的心，使你感到无比的愉悦。

<u>"心流体验"的特征</u>

（1）具有挑战性的活动，且完成活动需要技能，但是尚未困难到无法完成的程度。

（2）个体强烈地把注意力集中在当前从事的活动上，意识与正在从事的活动合二为一，会忘记生活中不愉快的事情。
　　（3）活动有明确的目标。
　　（4）能够得到明确的反馈，知道自己是否达到目的。
　　（5）自我意识暂时消失，由于全神贯注，注意力集中于活动和目标，以致无法考虑关于自己的事或忘记了自己的社会身份。
　　（6）完全的控制感，能意识到自己有能力掌控当前所做的行为活动。
　　（7）丧失时间感，感觉时间过得比通常情况要快。

　　要达到"心流体验"的状态是不容易的，如果大学生想有更好的自我控制，进而实现自我，对于学业和事业的专注是必不可少的。正如米哈里举例，一位攀岩选手这样描述自己的感受："越来越完美的自我控制，产生一种痛快的感觉。你不断逼身体发挥所有的极限，直到全身隐隐作痛；然后你会满怀敬畏地回顾自我，回顾你所做的一切，那种佩服的感觉简直无法形容。它带给你一种狂喜，一种自我满足，如果能够在这场战役中战胜自己，那么人生中其他的挑战，也就变得容易多了。"
　　无论是"高峰体验"还是"心流体验"，都具有"忘我"的特点，全身心地投入、不受干扰，而又是高峰体验的基础。"心流体验"所指的"忘我"更多的是一种认知或艺术鉴赏层面的"忘我"，而非价值观层面的。大学生要从认知层面或艺术鉴赏的"忘我"迈向价值层面的"忘我"甚至"无我"，就必须不断进行道德修养、投身专业学习和社会实践，在实现自己人生价值的过程中不断提升自己的人生境界。
　　"忘我"是中国文化所倡导的一种精神境界，也是马斯洛所说的自我实现的途径之一。马斯洛指出"自我实现意味着充分地、活跃地、无我地体验生活，全神贯注，忘怀一切"。也就是说，在通往自我实现的过程中，往往是逐渐地减少自我意识、自我关注的成分，完完全全地献身到一项事业中去。因此，个体应该经常全身心地专注于某一件事情、某一项使命，彻底忘记自己的伪装、拘谨和畏缩，进而达到一种"无我"的状态，或者尽可能从"小我"走向"大我"的境界。
　　大学生的自我实现是一个漫长和艰辛的过程，是一场自我成长之旅，自控力、专注力是必不可少的心理素质基础，同时我们还要有健全的自我，以及科学合理的生涯规划，积极投身社会实践，才能勇立潮头为社会、为时代做出自己的贡献和努力。

📖【实践与思考】

请用下面这个评定标准来测评你对每个方面重要性的判断：
3=这个对我非常重要；2=这个对我有些重要；1=这个对我一点也不重要。
欣赏大自然　　　　　　　（　　）　　　　　　爱人和被人爱　　　　　　　　（　　）

拥有亲密关系	( )	参与娱乐活动	( )
享受家庭生活	( )	爱护和保护环境	( )
安全感	( )	勇气	( )
工作和事业	( )	笑和幽默感	( )
智慧和好奇心	( )	接纳不同的文化和经历	( )
为了改变勇于冒险	( )	愿意服务他人	( )
能够改变别人的生活	( )	独立和自主	( )
互相依靠和合作	( )	掌控自己的生活	( )
财务状况良好	( )	有独处时间进行思考	( )
高效并且成功	( )	得到他人的赞同	( )
敢于面对挑战	( )	有同情心，关爱他人	( )
勇于竞争	( )		

思考：

（1）在赋分3的选项中，再选出三个你认为最看重的方面，你会选择哪三个？

（2）这三个方面如何成为你日常生活中非常重要的部分？

（3）对你所列的这几个方面，你可以随时体验到吗？

（4）是什么阻碍你随时做自己想做的事？

（5）你能采取哪些具体的行动来使你的生活更有意义？

【自检自测】

个人意志力自测量表

指导语：下面20道题目，请你逐题认真读一读，是否同意题目所说，如果你觉得非常同意，该题就选择A，如果觉得比较同意，该题就选择B，如果觉得处在可否之间，就选择C，如果觉得不太同意，就选择D，如果觉得不同意，就选择E。

（1）我很喜欢长跑、远途旅行、爬山等体育运动，但并不是因为我的身体条件适合这些项目，而是因为它们能使我更有毅力。

（2）我对自己订的计划常常因为主观原因不能如期完成。

（3）如果没有特殊原因，我能每天按时起床，不睡懒觉。

（4）预订的计划应有一定的灵活性，如果完成计划有困难，随时可以改变或撤销它。

（5）在学习和娱乐发生冲突的时候，哪怕这种娱乐很有吸引力，我也会马上决定学习。

（6）当学习和工作中遇到困难的时候，最好的办法是立即向师长、同学求援。

（7）在长跑中遇到生理反应，觉得跑不动时，我常常咬紧牙关坚持到底。

（8）我常因读一本引人入胜的小说而不能按时睡觉。

（9）我在做一件应该做的事之前，常常能想到做与不做的好坏结果，而有目的地去做。

（10）如果对一件事不感兴趣，那么不管是什么事，我的积极性都不高。

（11）当我同时面临一件该做的事和一件不该做却吸引着我的事时，我常常经过激烈斗争，使前者占上风。

（12）有时我躺在床上，下定决心第二天要干一件重要事情（如突击一下学外语），但到第二天，这种劲头又消失了。

（13）我能长时间做一件重要但枯燥无味的事情。

（14）生活中遇到复杂情况时，我常常优柔寡断，举棋不定。

（15）做一件事之前，我首先想的是它的重要性，其次才想它是否使我感兴趣。

（16）我遇到困难情况时，常常希望别人帮我拿主意。

（17）我决定做一件事时，说干就干，绝不拖延或让它落空。

（18）在和别人争吵时，虽然明知不对，但我却忍不住说一些过分的话，甚至骂其几句。

（19）我希望做一个坚强的有毅力的人，因为我深信"有志者事竟成"。

（20）我相信机遇，好多事实说明，机遇的作用有时大大超过人的努力。

计分方法：

凡单数题（1、3、5、7……），每题后面的五种回答，从 A 到 E 依次记 5、4、3、2、1 分，凡双数题（2、4、6、8……），从 A 到 E 依次记 1、2、3、4、5 分。81～100 分：意志很坚强；61～80 分：意志较坚强；41～60 分：意志力一般；21～40 分：意志较薄弱；0～20 分：意志很薄弱。

【推荐阅读】

成为更好的自己：许燕人格心理学 30 讲　　作者：许燕　　出版社：机械工业出版社　　出版时间：2020 年

本书作者许燕教授是中国心理学界享有盛誉的著名心理学家，中国社会心理学会前任会长，曾任北师大心理学院院长，是集聪慧与美丽于一身的女神教授，教授人格心理学 30 余年。本书是许燕教授 30 年人格研究的精华提炼，通过帮助大学生破译人格密码，更好地认识自我，了解自我，理解他人，塑造健康人格，展示人格力量，获得更佳成就。

自控力　　作者：（美）凯利·麦格尼格尔　　出版社：文化发展出版社　　出版时间：2013 年

本书作者凯利·麦格尼格尔教授是斯坦福大学备受赞誉的心理学家，也是医学健康促进项目的健康教育家。她为专业人士和普通大众开设的心理学课程，包括"意志力科学"（The Science of Willpower）和"在压力下好好生活"（Living Well with Stress）。《自控力》一书为读者提供了清晰的框架，讲述了什么是自控力，自控力如何发生作用，以及为何自控力如此重要。

📖【主要参考文献】

[1] 许燕. 人格心理学[M]. 北京：北京师范大学出版社，2009.

[2] 郑雪. 积极心理学[M]. 北京：北京师范大学出版社，2014.

[3] 沈德立. 大学生心理健康[M]. 北京：高等教育出版社，2013.

[4] 陈刚，刘曼曼. 大学生心理健康"微"教程[M]. 北京：电子工业出版社，2015.

[5] 熊璟. 大学生心理健康导论[M]. 广州：世界图书出版广东公司，2014.

[6] 王金凤. 大学生心理健康课程[M]. 北京：人民邮电出版社，2020.

[7] 黄希庭，郑涌. 心理学导论[M]. 北京：人民教育出版社，2015.

[8] 马建青，王东莉，王晓刚等. 大学生心理健康教程[M]. 杭州：浙江大学出版社，2012.

[9] 沈德立. 大学生心理健康[M]. 北京：高等教育出版社，2013.

[10] 王慧芳. 大学生心理健康实用教程[M]. 北京：中国林业出版社，2020.

[11]（美）乔纳森·布朗，（美）玛格丽特·布朗著. 自我[M]. 2版. 王伟平，陈浩莺译. 北京：人民邮电出版社，2015.

第三章　人际交往

人的本质并不是单个人所固有的抽象物。在其现实性上，它是一切社会关系的总和。

——马克思

社会交往是人类社会最基本的活动形式，"花间一壶酒，独酌无相亲。举杯邀明月，对影成三人"，李白月下独酌，看似自得其乐，却有无限凄凉。不知大家是否有过这样的疑惑：为什么你不喜欢和人交往，却又很害怕孤独？为什么你自以为享受孤独，却仍会被孤独折磨？的确，有时独处是生活的调剂品，但失去与他人联结的独处将会是痛苦的孤独。人类是为各种关系而生的，从出生到死亡，关系是我们生活的核心所在。

我们和他人的关系是人生其他成分赖以存在的背景，一个人所拥有的关系的质量，在绝大程度上也决定着一个人的生活质量。大学是许多学生离开家庭独立生活的第一步，面对周围陌生的人群，如何开始并发展全新的人际关系成为大学生的一个重要任务。因此，了解如何有效应对人际关系，成为大学生的迫切需求。

本章主要关注三个问题：

（1）何为人际交往，了解人际交往的意义及大学生人际交往的特点；

（2）掌握人际关系建立、维系的技巧；

（3）熟悉人际冲突的应对，提高自我的人际效能。

通过本章学习，可以增进你对人际交往的理解，提高人际交往的技能。本章中的观点、建议及工具可以帮助你管理与他人的互动，建立并维持有效的人际关系。

第一节　人际交往概述

"虽有兄弟，不如友生。"古往今来，人际关系在中国文化中一直是备受讨论的议题。《论语》《孟子》《抱朴子外篇》等经典著作都对"人际交往"进行过深入探讨。中国古人对人际交往的主张至今仍备受推崇。那什么是人际交往？为什么要进行人际交往？大学生人际交往有何特点？本节将对这些问题展开阐述。

一、人际交往的含义

人类的交往活动可分为广义的社会交往和狭义的人际交往。在《马克思恩格斯选集》中,"交往"一词涵盖很广,其指个人、社会团体、民族、国家间的物质交往(物质的生产、交换与消费)和精神交往(各种信息的传递),即社会交往。人际交往,是指人们运用语言或非语言符号交换意见、传达思想、表达感情和需要的交流过程。而由此产生的心理关系,我们称为人际关系,它反映着人与人之间的心理距离。

人际交往的本质是人的社会实践活动,是一项不以人的主观意志为转移的实践活动。它包含交往认知、交往情感、交往行为三个方面。交往认知是人际交往的前提条件,交往主体基于人际知觉形成对交往主体自身及他人的认知而建立一定的心理关系。交往情感是人际交往的调节因素,交往主体在人际交往过程中基于交往动机、心理品质的基础上表现出的情绪情感状态,制约着人际关系的亲密程度、稳定程度。交往行为是人际交往的主要手段,交往主体在交往过程中所表现的行为直接关系着交往能否顺利进行。认知、情感和行为是人际关系中三个相互联系、相互影响的心理因素。交往主体间的认知是否一致、情感是否相容、行为是否协调,共同影响着人际关系的质量。

二、人际交往的意义

如果有人问你:"是什么让你的生活有意义?""是什么让你的生活幸福?"你会怎样回答?诸如此类的调查,收到最多的反馈往往都与"关系"相关,如"婚姻家庭""朋友知己"。人活着就是要接触他人。人类在关系中孕育,在关系中生活,在关系中自我实现。我们要依赖他人获得生命、维持生存、满足需求;在与他人的交往中认识自我、完善自我;在与他人的合作中实现价值、升华人生。

(一)满足心理需要

在现实社会生活中,人类的各种需要离不开人际交往。美国心理学家马斯洛提出了需求五层次理论。他把人的需要由低到高分为生理的需要、安全的需要、归属和爱的需要、尊重的需要及自我实现的需要。这些需要都要在人际交往中获得满足。例如,新生儿的饥饿需要母亲的喂养,而母亲喂养时给予的温暖、舒适的联结帮助孩子感知到安全;孩子的生理、安全需要不断得到满足从而获得归属感;当我们的能力和成就得到了他人的认可,即获得尊重的需要,从而感知到我们活着的价值,并继续努力实现潜能,即自我实现的需要。人际交往的发展取决于双方的社会需要的满足程度。如果交往双方满足了彼此的需求,那么彼此的关系是友好而融洽的;反之则退缩、厌恶而疏远。

（二）保持身心健康

我国心理学家丁瓒指出，人类的心理适应，最主要的就是对人际关系的适应，人类的心理病态，主要是由于人际关系的失调而造成的。当人类的交往需要得不到满足，其身心健康也会受到极大挑战。不论年龄、种族、民族，与他人保持联结的人要比孤独的人更长寿。有研究发现，那些有着与他人密切联系的社会联结者，其平均寿命要比缺乏社交的社会孤立者长 3.7 年。

此外，与他人的互动交往也可以改善个体的心理健康水平。积极的人际关系可以为个体提供丰富的社会支持，感知到关心与信任；遇到困境时可获得解决问题的资源，也可帮助缓解压力、应对消极情绪。而缺乏社会交往的个体，往往更易产生严重的焦虑、抑郁、愤怒、攻击及药物滥用、犯罪行为等。所以，良好的人际关系有利于保持个体的身心健康。

（三）促进个性发展

人际交往的重要性绝不只是维持生存、保持健康而已，它也是我们个性发展和完善自我的必要方式。我们对自我的认同源自我们与他人的互动。我们是睿智抑或平庸，是漂亮抑或普通，是灵巧抑或笨拙，答案皆需来自他人对我们的回应。以他人为镜、以群体为镜是认识自我的基本途径。《礼记·学记》中言："独学而无友，则孤陋而寡闻。"如果剥夺了与人交往的权利，我们将无从得知自己是谁。

个体需通过与他人的交往、比较，来获取对自己、对他人的认识，看到自己的优缺点，认识自己在社会中的角色、价值。随着个体交往面的拓宽，交往深度的增进，个体对自己的认识越来越深刻，对他人和环境的认识也越来越完整，从而形成个体的自我概念。

（四）利于成长成才

人类是一个社会性物种，其进化和成功都是建立在合作基础上的。早期人类能够在残酷恶劣的环境中幸存，这与人类的人际交往能力息息相关。人类在人际往来中分享资源、相互交流、携手抵御危险，让自己幸存并不断繁衍后代。

当今社会，分工越明细，就越需要协作。丰富的学识、杰出的业务能力是个体成长成才的基础，但真正让你获得事业成功的是人际交往的能力。有研究表明，当人们为同一目标共同努力时，其生产效率远高于相同数量的个体各自工作。

总之，人际交往能力越强，越能促成与他人的合作，共同应对复杂的外部环境，由此个体的事业成功性越大。如今靠身居斗室，孤军奋战，已难成就大业。

三、大学生人际交往的特点

（一）交往动机强烈

德国心理学家斯普兰格曾言："在人的一生中，没有任何人会像青年那样深陷于孤独之中，渴望着被人接近与理解；没有任何人会像青年那样站在遥远的地方呼唤。"青年学生在历经激烈的高考后，进入氛围相对宽松的大学校园，对人际交往抱有极大的期望。他们迫切需要了解别人，也迫切需要被人了解。在全新的环境中，他们渴望通过建立新的人际关系来认识世界、交流学识、获得友谊，以满足自身的各种需求。

（二）交往内容丰富

大学生的兴趣爱好广泛，生活丰富多彩。他们热衷关注各种自然现象、社会现象，希望自己读万卷书，交八方友。在他们的交往过程中会涉及专业学习、文体娱乐、社会实践、公益活动、个人情感等广泛领域。但大学生往往阅历尚浅、思想单纯，面对内容丰富的交往活动应加强自我保护意识。

（三）交往方式多样

计算机、互联网、视频游戏和移动电话之类的数字媒体已是人类生活中的自然构成部分。如今的"00后"可称得上是"数字土著"。数字技术已经占据了他们生活的中心位置。人际交往方式也由线下向线上转移。微信、微博、QQ、手机、网络游戏等都成为大学生热衷的交往方式。网络人际社交是作为过去人际交往的一种促进和补偿，还是成为替代而致削弱传统的人际交往能力，因人而异。但"数字土著"一代逐渐倾向于在社交媒体上表露自我，获取网络社会支持。

四、大学生人际交往的问题

（一）社交焦虑

一些大学生在进入某个社交情境与他人交往时，他们的内心会被一种恐惧感所充斥。他们担心自己表现得不好，害怕自己的行为会给他人留下不好的印象。这种担心使他们对交流的结果产生负性的预期，负性的预期又会随着他们的担心而不断被强化。在社交情境中，他们可能会出现出汗、颤抖、心率过快等现象，这些不适感会让他们想要逃离当前社交情境，在社交中回避、退缩。

（二）自我中心

大学生人际交往过程中往往会出现重"自我"现象，以自己的需要和兴趣为中心，只关心自己的利益得失。自我中心者常常固执己见、唯我独尊，不顾及他人感受，故而在交往中盛气凌人、苛求责备。自我中心的交往态度会使他人敬而远之，让自己处于自我封闭的状态中。他们对待交往双方的心理语言是"我好，你不好；我行，你不行"。

（三）被动单调

被动等待、活动单调是大学生人际交往中的另一问题所在。他们渴望交往，会积极回应他人的联络，但不会去主动建交，总希望对方能主动走向自己。他们乐于活动但范围狭窄，总局限在寝室、班级内交往互动。这种被动等待的模式使得个体难以根据自己的兴趣爱好结识如意知己，也无法拓宽自己的交际圈子，丰富关系类型。

二人世界

依依和舍友小乙都喜爱运动，小乙邀请依依每周一、周三一起跑步，依依欣然答应了。二人因为夜跑，关系也变得越来越亲密，彼此间也逐渐谈论一些个人隐私话题。然而，最近小乙开始邀请班上另一名同学——子琪加入夜跑。子琪家境优越，跑步装备齐全，对跑步也颇有心得。子琪常向二人介绍跑步的技巧，并在夜跑时分享很多个人趣事。对此，依依闷闷不乐，觉得自己比不上子琪，似乎小乙更喜欢和子琪聊天。依依对于子琪影响到自己和小乙的"二人世界"耿耿于怀。于是，依依向小乙吐露了自己的心声，"子琪的加入让我们失去了一对一谈心的时间，希望能恢复到之前的夜跑模式"。但是小乙不以为然，"我没看出有什么问题，我们还是有很多时间一起聊天的呀"。

案例中的依依在收到小乙的邀请后，很开心地和小乙交往，并将小乙视作自己的密友。但依依只局限于和小乙的"二人世界"甚至排斥和其他同学的往来。依依的这种"被动单调"交往模式使得其无法打开自己的交往局面，以至于特别依赖和小乙的关系，并对二人的友谊抱着"独自占有"的心态。这种交往方式，会让依依特别害怕其他同学的加入，也就难以收获长久有效的人际关系。

（四）过分理想化

大学生的人际交往具有浓厚的理想色彩。他们因生活阅历较浅，缺乏对事物本质的把握能力，易把可能性等同现实。他们用理想的标准来要求交往的对方，对人际交往的模式、结果都过于理想化。诸如，一些大学生认为朋友之间应该"无话不谈"，应该"形影不离"，若自己所交的朋友并非如此，"友谊的小船，说翻就翻"。他们对人际关系的复杂多样性缺乏足够的认识和心理预期。

📖【实践与思考】

爱在指尖

团体成员分成相等的两组，一组成员围成一个内圈，再让另一组成员站在内圈同学的对面，围成一个外圈。内圈成员背向圆心，外圈同学面向圆心。即内外圈的成员两两相视而站。成员在领导者口令的指挥下做出相应的动作。

当领导者发出"手势"的口令时，每个成员向对方伸出1~4个手指：

（1）伸出1个手指表示"我现在还不想认识你"；

（2）伸出2个手指表示"我愿意初步认识你，并和你做个点头之交的朋友"；

（3）伸出3个手指表示"我很高兴认识你，并想对你有进一步的了解，和你做个普通朋友"；

（4）伸出4个手指表示"我很喜欢你，很想和你做好朋友，与你一起分享快乐和痛苦"。

当领导者发出"动作"的口令，成员就按下列规则做出相应的动作：

（1）如果两人伸出的手指不一样，则站着不动，什么动作都不需要做；

（2）如果两个人都伸出1个手指，那么各自把脸转向自己的右边，并重重地跺一下脚；

（3）如果两个人都伸出2个手指，那么微笑着向对方点点头；

（4）如果两个人都伸出3个手指，那么热情地握住对方的双手；

（5）如果两个人都伸出4个手指，则热情地拥抱对方。

每做完一组"手势—动作"，外圈的成员就分别向右跨一步，和下一个成员相视而站，跟随领导者的口令做出相应的手势和动作。以此类推，直到外圈的同学和内圈的每位同学都完成了一组"手势—动作"为止。

思考以下问题：

（1）刚才自己做了几个动作？握手和拥抱的亲密动作各完成了几个？为什么能完成这么多（或为什么只完成了这么少）的亲密动作？

（2）当你看到别人伸出的手指比你多时，你心中的感觉是怎样的？当你伸出的手指比别人多时，心里的感觉又是怎样的？

（3）从这个游戏中你得到什么启示？

在人际交往中，我们总是喜欢和喜欢我们的人交往，而疏远先疏远我们的人。我们有一个共同的倾向——希望别人能支持自己、接纳自己、喜欢自己。但是任何人都不会无缘无故地喜欢我们、接纳我们。别人喜欢我们也是有前提的，那就是我们也要喜欢他们、接纳他们。因此在人际交往中，我们应首先主动敞开心扉，接纳、肯定、支持、喜欢他们，保持在人际关系的主动地位，这样别人才会接纳、肯定、支持、喜欢我们。

亨德森-津巴多害羞问卷

第二节　人际关系的建立与维系

要开始、发展并维系一段积极的人际关系并非易事。人际关系本身复杂多变，积极情感的建立需要时间却又易于破裂。因此，建立和维系一段关系需要我们做大量的工作并具有一定程度的交往技巧。本节将阐述人际关系建立发展的一般过程；讨论是什么让我们与一些人建立关系，而不是其他人，以及如何深化、维持一段积极的关系。

一、人际关系的建立与发展过程

一般而言，与他人的交往是一个相识相择、获得信任、积极经营的长期复杂的心理过程。

传统文化中关于人际关系维系的观点

《抱朴子外篇·交际》记载，"吾闻详交者不失人，而泛结者多后悔。故囊哲先择而后交，不先交而后择也"。《礼记·中庸》记载，"诚者，天之道也；诚之者，人之道也"。古人常言："人生难得一知己，千古知音最难觅。"

一段积极、有建设性的关系的建立与发展需要经过定向、情感探索、感情交流和稳定交往四个阶段。

（一）定向阶段

大千世界中人与人的往来始于注意。那些具有某些特质的个体引起了我们的关注，进而发起互动，即成为自己交往的对象。若交往双方互相关注时，双方就进入了互相选择环节。在彼此选择后，双方会试图与对方建立某种联系，以获得对对方的初步了解。初步的沟通实际上是对是否继续深化关系的尝试。因此，定向阶段包含着对交往对象的注意、抉择和初步沟通等心理活动。

（二）情感探索阶段

交往双方在历经初步沟通后彼此产生好感，产生继续探索的兴趣。但该阶段交往相对正式，主张"和而不同"。交往双方通过角色性接触，如问候、聊天、工作学习上的交流或生活中的帮助等，探寻彼此是否具有共同的兴趣领域。这一阶段一般不涉及对方的私密性领域，其自我暴露的程度也相对较浅。双方致力于不断发现和挖掘各自的共性和特长，向对方逐步表露自我。

（三）感情交流阶段

在该阶段，双方已找到共同的情感领域，并取得彼此的信任，故而双方关系发生实质性变化。双方开始谈论一些相对隐私的话题，涉及更多的自我暴露，有着更深的情感卷入。彼此也能提供更多的评价性反馈和建议，进行真诚的赞赏和批评。但如果交往关系在这一阶段破裂，会给个体带来较大的心理压力。

（四）稳定交往阶段

随着双方交往频率的增加，彼此情感联结也越来越密切。交往双方在心理上的相容性也会不断增加。此时，双方可以允许对方进入高度私密的个人领域，分享个人的精神、物质空间。但一般而言，能够达到该阶段的人际关系不多。

二、建立人际关系的技巧

生活总是种瓜得瓜，种豆得豆。你想获得尊重，就需尊重别人；你想结交朋友，就需要先成为别人的朋友。然而，当缔结友谊的良机出现时，我们必须具备一些交往的技巧。著名人际关系学家戴尔·卡耐基撰写的《如何赢得朋友及影响他人》一书，自1937年问世以来，被翻译成三十余种文字，成为人类历史上最持久的畅销书之一。由此可见，如何获得他人的接纳和喜爱，是一个需要后天学习的过程。

（一）巧用接近法则增进好感

两个人能否成为朋友，空间距离的接近性是一个强有力的预测源。俗话说，"近水楼台先得月""远亲不如近邻，近邻不如对门"。莱比锡大学的米迪亚·贝克及其同事证实了这一点。他们在第一次班会上给学生随机安排座位，然后让每个人对全班同学进行简短的自我介绍。一年后，学生们报告与那些碰巧就在第一次班会时挨着坐或附近的人有更多朋友关系。接近的特质首先表现在易得性和交往性，因地理距离的接近和身体上的接近而产生的好感。所以，网络社交的情感传递不及传统的见面交往。另外，接近性引发的喜欢不仅是因为接近性能产生相互的交往，还因为熟识和曝光。心理学家铁钦纳曾言："我们对于熟识的事物会有一种莫名其妙的如沐春风的感觉。"研究者查荣茨在1968年做过一个实验，他给被试者提供了一些陌生人的照片，但其中一些照片被呈现的次数较多，一些照片被呈现的次数较少，结果发现，人们倾向于喜欢那些呈现次数多的照片。

（二）巧用相似法则获取吸引

在熙熙攘攘的世界里，是什么让我们和一些人建立关系，而不是其他人？用中国古语来说，叫作"物以类聚，人以群分"。从现代社会心理学的角度而言，则是人际吸引中的相似法则。兴趣、价值观、背景经历相似的人更易引发好感，形成亲密的人际关系。相似性法则已被大量的实验研究所证明。社会心理学家西奥多·纽科姆曾以大一新生为研究对象进行过一项观察实验。他向参加研究的同学免费提供16周的公寓住房。入住前，纽科姆对研究对象的兴趣、价值观、个性等心理特征进行了测验，并根据测验结果分配了一部分特征相似的学生合住，一部分特征相异的学生合住。然后定期测量他们对一些事情的态度、对舍友的喜欢程度。研究的最后阶段让这些学生自由选择后续合住对象。结果发现，入住初期，空间距离会较大程度影响彼此交往频率；但入住后期，彼此的兴趣、个性、价值观超越了空间距离的重要性，心理特征相似的学生分歧更少，更易相互接受和喜爱。所谓"英雄所见略同"，更易发展友谊。

（三）巧用互补法则强化关系

相似者互相吸引在现实生活中确实得到大量的验证，但我们似乎也见到很多外向者和内向者的配对。我们听过很多民间传说中牛郎爱上织女的故事。现实中的伴侣，也常有一方"刚毅果决"，另一方"优柔寡断"，却相处甚好。这就是"对立的吸引"，它与相似性并不矛盾。研究发现，人们因为需求、社会角色、人格特性上的相互扬长补短、互相满足而形成人际吸引。但值得注意的是，互补性吸引是双方缺乏但又彼此期待的特质，而非仅仅彼此缺乏。即我们喜欢那些具有我们自身不具备但又渴望具备的特征的人。有研究比较了婚龄超过二十年的成功和不成功的伴侣关系，结果发现婚姻成功的伴侣之间既有足够的相似性让对方感到满意，又有足够的互补让关系保持趣味性。成功的伴侣往往会找到方法来平衡彼此之间的相似之处和不同之处，以适应关系中出现的各种变化。

（四）巧用首因效应提升形象

首因效应又称第一印象，是指最初获得的信息所形成的印象对人们以后的行为活动和评价的影响。研究表明，与一个人初次见面第一印象在45秒内即可形成。曾有一项实验，实验内容为让参与者从三位候选人中选择一位来造福世界：候选人A，笃信巫医和占卜家，有两个情妇，有多年吸烟史，且嗜好马提尼酒；候选人B，曾经两次被赶出办公室，每天要睡到中午才肯起床，读大学时曾吸食鸦片，每晚要喝一夸脱白兰地；候选人C，曾是战斗英雄，保持着素食习惯，从不吸烟，只偶尔喝点啤酒。结果发现，绝大多数的参与者选择候选人C。然而，上述对三位候选人的描述分别为罗斯福、丘吉尔和希特勒。首因效应一方面会使人际认知具有表面性，会受到对方的外貌、表情、姿态、谈吐等方面的影响，从而"以貌取人"；另一方面会使人际认知具有片面性，会因第一印象深刻而起到定向作用，从而"先入为主"。因此，我们在交往中要特别警惕第一印象所隐藏的认知偏差，也要充分利用第一印象的心理效应。

（五）巧用近因效应管理印象

近因效应与首因效应相反，是指新近获得的信息比原来获得信息影响更大。在交往过程中，我们对他人最新的认识占了主体地位，掩盖了之前形成的评价。首因效应中的"以貌取人""先入为主"并非不能改变，如若两次获得的信息中间间隔时间较长，首因效应的作用则可能让位于近因效应。因为原来的印象会随时间的推移而淡忘，近期的事件会改变我们的态度和看法。此外，首因效应的影响更多发生在交往初期，交往后期近因效应的影响会愈加突出。

马克思和恩格斯的相遇

提起马克思，就一定不能忽略他的伙伴恩格斯。他们出生在不同的城市，不同的家庭背景，有着不一样的求学经历，但最后却有着高度相似的价值观。那究竟是怎样的机缘让他们建立了如此伟大的友谊？

马克思出生在一个叫特利尔的古城。这座古城深受法国大革命的影响，充满了对封建专制的憎恨和对自由平等的追求。摩泽尔河谷葡萄农苦难的生活让马克思从小就感受到现实的残酷和艰辛。但家境不富裕的马克思一直接受着良好的教育，有着活跃的思想。柏林大学的学习，更是激发了他对人生、社会更多的思考，也激起了他的革命精神。他对自己的发展规划日渐清晰，对于职业发展的考虑越来越成熟。

恩格斯出生在一个商人家庭，父亲是个精明的生意人，母亲满腹诗书、富有教养。恩格斯从小也接受着良好的教育，加上天赋异禀，他对语言表现出了不同寻常的才能。只是他没有同马克思一样一直读到博士，中学未毕业就如其父所愿进入商界。作为一个生意人，他热衷于民主主义政治家、法国和德国思想家的作品。虽然读了不少书，写了不少文章，但"纸上得来终觉浅"，促使恩格斯下定决心要揭露社会生活黑暗面的是他亲身经历与亲眼所见的工厂主对工人的残酷。在对现实生活理解不断加深的过程中，马克思、恩格斯逐渐意识到现实斗争的重要性。

虽未蒙面，但逐渐成长的马克思和恩格斯在革命民主主义道路上已越来越高度一致。1842年10月，马克思移居科伦，担任《莱茵报》的主编。1842年11月，恩格斯前往欧门，恩格斯在英国曼彻斯特的纺纱厂实习经商，途中访问了科伦的《莱茵报》编辑部。但是二人的初次会面由于一些误会并不理想。当时，或许他们自己都未曾想到日后会成为在精神上高度默契的"黄金搭档"。

马克思、恩格斯两个经历完全不同的人，却因看到相同的社会现状，对无产阶级悲惨命运产生共鸣。他们因信念的相似而相互吸引；也因为彼此经历的不同，才让学术积累与实践经验得以互补。马克思的理论素养与恩格斯的实践经验恰好为引导无产阶级革命斗争提供了重要理论与实践来源。从这个角度来看，他们注定要成为相伴一生的挚友。

三、维系人际关系的策略

一段关系能否得以运转抑或中途夭折，很大程度上取决于我们的维系和经营。就像花园需要照料，汽车需要检修，身体需要锻炼。面对不同的交往对象，不同的交往场合，如何更好地让他人了解自己、信任自己并喜爱自己，这需要一些关系维系的策略。

（一）适度自我表露

自我表露是指这段关系的参与者愿意与对方分享自己的性格、经历、观点、感受及对当前情境的反应。自我表露能够让交往双方逐渐了解彼此，发现彼此共同的目标和相同的需求、兴趣及价值观。随着双方表露增多，彼此可能从最初的谈谈天气，到讨论学习、工作、家庭、梦想、烦恼甚至隐私。如果一个人对另一个人表露的内容非常少，那他从对方那得到的表露也不会太多，也就难以和他人产生亲密的关系。试想如果对方不了解你，对你知之甚少，又何谈关心你、信任你、喜爱你呢？健康的关系需建立在自我表露的基础上。自我表露不但能够开始一段关系，并提高关系的质量，验证你对现实的认知，增加自我觉察，还能够帮助你处理压力，释放自己。当然，自我表露也需要讲究时机并保持适度，保证表露的频率和深度适合这段关系及所在场合。

（二）增进人际信任

自古以来，中国文化就推崇"民无信不立"（《论语·颜渊》），信任是关系的基本要素。信任包括两个部分，愿意去信任与值得被信任。愿意去信任是指人们在不确定的情况下做出的继续交往的选择。例如，你把笔记本电脑借给同学，这个行为就包含了信任。你可能会得到他的感谢，也可能有笔记本电脑被弄坏的风险，结果完全取决于对方。但你还是借给他笔记本电脑同时希望他能保管好它。值得被信任是指当对方愿意冒着风险分享其对当前情境或对你的看法、感受时，你以接纳、支持与合作的方式给予回应，并且投桃报李地向对方开放自我，你们之间的信任也就建立了。有大量研究表明，理解、接纳及合作的回应会大大提高彼此间的信任度，即使交往双方有未曾解决的冲突。反之，用嘲讽、无礼或拒绝表露自我的方式回应对方的坦诚开放会降低彼此间的信任。人与人之间的信任就是在这样的冒险和互相肯定的过程中建立起来的，而在冒险和互相否定的过程中被摧毁。对于持续性的关系来说,信任度是一个很重要的因素。它能让我们对他人的言辞和行为产生信心,让彼此之间的互动更简单。然而,我们也并非要一直对他人充满信任,对于行为表现非常不靠谱的个体,我们需要审时度势,做出明智的判断。

(三)准确倾听表达

想要维系一段良好的关系,倾听并回应他人的方式非常重要。你的倾听和回应方式既可能让双方关系疏远,也可能让彼此更为亲密。如果你准确地听到了对方的话并做出了非评价性的回应,那么你传递给对方的信息是"我很愿意听你说,也很希望能理解你"。如果你没有准确倾听对方且所做的回应不当,那么你向对方传递的信息则是"我对你说的内容不感兴趣,我也不想明白它"。准确倾听的基本原则就是释义,即用你自己的语言将对方说的话、表达的感受和潜在意思进行再编排。诸如:"这个双语培训既浪费钱又浪费我的时间,糟糕透了""听上去你很生气是因为觉得这个双语培训听起来很棒,但实际却没什么作用,对吗?"通过释义可以让当事人知道你在认真对待他说的话,并反馈出你对信息的理解到了哪种程度,同时避免了过早地对说话者进行评价、分析。准确的倾听加上一个充满理解的回应,不但能增进彼此的信任,还能减少说话者的担心和防备,让他更有勇气深入地探讨某个重要话题。

(四)熟练非言语行为

你的行动和你的语言哪个更有力?据沟通专家梅拉宾的研究,一次普通谈话中93%(声调占38%,身体语言占55%)的沟通效果是由非言语信息传达的,语言部分仅占7%。例如,某人对你说"欢迎你",但语调冰冷、神情倦怠,你会更相信哪个部分?又如,某人嘴上说"我不在乎",却泪光闪烁、声调哽咽,你又会更相信哪个部分?所以相比口中的语言,人们更倾向于相信非言语行为。为有效地与他人沟通,熟练使用非言语沟通可能比流畅的语言表达更重要。诸如,我们向对方表达接纳和喜爱时,要避免耷拉脑袋、眼光下垂(这是抑郁、失望的标志),可身体前倾、眼神聚焦(这是热情、愉悦的信号)。我们的穿着、姿态、表情、眼神、身体动作、语音语调都不可避免地在人际交往中起作用。非言语的编码和解码能力对沟通者的受欢迎程度有很强的预测力。因此,培养对不同的非言语形式的正确解读和有效表达,让你的言语信息和非言语信息保持一致十分重要。

📖【实践与思考】

5分钟和陌生人成为朋友

请设想你正在参加一个联谊舞会,舞会上你谁都不认识。你觉得这里好像除了你之外,大家似乎都彼此认识。而此时,你身边有三个人正在交谈,你会怎样加入进去呢?请组成四人小组进行角色扮演。

以下是一些可供参考的小提示。

（1）巧用肢体语言拉近彼此距离。肢体语言经常是在我们开口说话之前就表达出了我们的感觉和态度，反映了我们对他人的接受度。请看下列图片。你可以使用眼神交流、点头微笑、身体前倾，向说话者传达："我对你说的很感兴趣，很愿意继续听下去。"一般而言，当说话者发现你对他的发言感兴趣，他会开始将你也列入听众范围。

（2）当说话者停顿时，你可以对他所说的做出回应，插入你的评论或问题。注意评论须轻松或积极，提问需要是易回答的。例如，"这真不可思议"或"怎么会那样？"或"这是什么时候的事？"

（3）把握说话者停顿的合适时机，进行自我介绍。在加入小组谈话时，你等待得越久，他人感觉越不自在，所以自我介绍需把握时机，尽早开始。停顿时机出现，你可以说"顺便说一句，我叫×××，您贵姓？"或"哦，对了，我自我介绍一下，我叫×××，我在×××工作"。对方做出相应回应时，你可微笑回应，"很高兴认识你"。

（4）在一些陌生的聚会中，需要有意识地变被动交往为主动交往，成为先说"你好"之人。询问一些封闭式或开放式的礼节性问题，如"你是什么时候到的？从哪里来？"谈论天气也是破冰的常用方法。

人际信任测试

封闭式肢体语言发出这样的信息：
"离我远点！我宁愿一个人待着！"

资料来源：5分钟和陌生人成为朋友

第三节　人际冲突的处理

中国的传统文化中与人交往讲究"和为贵""谦和待人"；推崇"内睦者家道昌，外睦者人事济""君子和而不同，小人同而不和"；甚至将"人和"视作高于天时、地利的因素

（天时不如地利，地利不如人和）。因此，对绝大多数人而言，"冲突"成为一个让人生畏之词。然而，任何一段略有深度的关系都包含冲突。无论之前的关系多么亲近，当彼此的想法、需求和目标出现分歧时，冲突就产生了。本节将介绍人际冲突的必然性，人际冲突的管理策略及如何有效地应对人际冲突。

一、人际冲突的必然性

人际冲突是生活中自然存在的一部分，它就好比天气系统中的风暴，是必然存在且不可避免的。只要人们在为实现共同目标而参与分工合作却又相互依赖彼此的资源时，即可引发人际风暴。例如，你和同学一同看电影，你想看喜剧影片，她选择看科幻电影；周末你想睡个懒觉而你的舍友喜欢一早起来晨练。曾有研究表明，大学生每周与人争执的频率约为7次，且大多数是为同一话题与之前的争执者继续争论。一项针对家庭的调查也发现，家庭成员间平均每顿晚餐对话过程中会产生3.3个冲突情境。可见，生活中的人际冲突频率远超过我们的想象。冲突学专家多伊奇（Deutsch，1973）这样说道："当一个人实现自己目标的行为阻止、妨碍或干涉了另外一个人实现目标时，即冲突发生。"乔伊斯·霍克尔（Joyce Hocker）和威廉·威尔莫特（William Wilmot）将冲突定义为：至少两个相互依赖的个体在实现他们目标的过程中，察觉到彼此目标的互不相容、资源不足和来自另一方的阻挠，并通过斗争的形式表达出来。综上所述，人际冲突具有必然性，是一直存在的。

虽说冲突不可避免，且具有瓦解关系、伤害情感的风险，但它也并非毫无益处。相反，如若有效地化解冲突能让原先的关系变得更加强韧。例如，婚姻家庭领域的大量研究已证明，夫妻双方处理冲突的方式是影响婚姻幸福感的重要因素。低幸福感的伴侣会更多地使用"破坏性"的争论方式，他们会更关注自我防卫而非解决问题；高幸福感的伴侣则更多地选用"解决问题"的方式，他们会考虑对方的需求，也更愿意觉察自己的需求和不足。就破坏性而言，冲突确实会制造愤怒、敌意、痛苦、难受和持久的仇恨甚至暴力；但冲突中蕴含着需求，它可以让你更好地探索自我、了解自己的价值所在，可以帮助你理解他人。社会学家吉布森·温特（Gibson Winter）在《爱与冲突》一书中写道："今天的大多数家庭需要多一点的真实冲突，少一点情感的压抑……合适的时间和机会可以留给冲突……爱与冲突密不可分。"因此，我们要做的是在冲突产生之时妥善地处理它们，并通过冲突的解决来反哺关系。

二、人际冲突的管理策略

每个人或许都有自己习惯化的冲突处理方式，但是我们默认的冲突处理方式并非放之四海而皆准。当我们卷入冲突的时候，首先需要做两个基本判断。

（1）目标的重要性。对你而言，这个目标的实现有多重要？我们之所以会陷入冲突，就是因为我们目标的实现与他人目标的实现相互阻碍。因此，思考目标的重要性关系到我们的决策。

（2）关系的重要性。于你来讲，维系这段关系有多重要？有的关系只是短暂存在，而有的则需长期维系。在目标的实现过程中，我们需要考量关系的代价。对目标和关系重要性的判断，可以让我们最终得出应该采取哪种冲突管理策略的结论。

根据关注自我和关注他人两个维度，可将冲突管理分为五种策略：回避、安抚、竞争、妥协和谈判合作。

冲突管理的五种策略

（1）回避是指一个人把自己的目标和关系一并放弃，在回避他人的同时也在回避问题。回避看起来是一种双输的结果，但在一些特定的情境下也有存在的意义。例如，为了一个不重要的问题和陌生人冲突，既浪费时间又浪费精力，这时选择回避不失为明智之举。

（2）安抚是指我们为维持高水平的关系而放弃个人目标的方式。例如，当目标对我们而言不及关系重要，我们可以成为利他主义者，安抚对方，让其实现目标。

（3）竞争是指我们站在个人利益角度思考问题，不管所采取的行为是否会损伤关系。当面对非常重要的目标而难以顾及关系时，我们可能会用咄咄逼人的方式强迫对方如己所愿。

（4）妥协是指目标和关系对我们而言都是中等程度重要，我们放弃部分目标，同时牺牲部分关系以达成协议。当彼此势均力敌且各自坚持目标时，这时候我们可能会选择妥协的方式来结束冲突。

（5）谈判合作是指目标和关系都很重要时，冲突双方既考虑和维护自己的要求和利益，又充分考虑和维护对方的利益，寻求一份能够让共同利益最大化的协议。

上述五种冲突管理策略我们都需要掌握。在决定采用哪一种策略时，除考虑目标与关系外，还需结合特定的情境。冲突管理策略如下图所示。

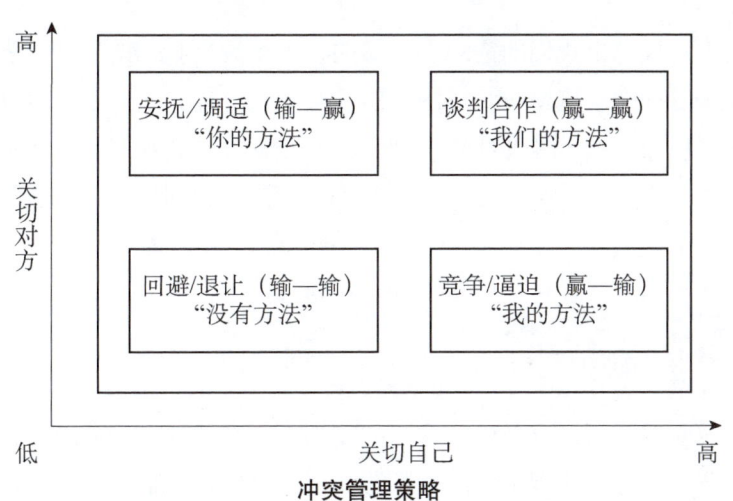

冲突管理策略

资料来源：《沟通的艺术》（美）罗纳德·B. 阿德勒、拉塞尔·F. 普罗科特

三、建设性地处理人际冲突

当我们面对冲突时，很多时候会习惯性选择竞争。我们一直误认为要赢就必须打败对手；而且在冲突中，我们的情绪往往会剑拔弩张，进入不断升级的防卫性螺旋。"输—赢"式的谈判也就油然而生。然而，生活中只有很少的时候，我们的交往对象是再也不打交道的人；大部分时候，都是一些需要长期维系的关系。因此，试图与某人就一个我们既有共同利益也有对立利益的问题达成共识，即谈判合作，成为我们人际交往中不可或缺的技能。

懂得如何进行谈判合作能大大增加我们在人际交往中的自我效能，但是要做好谈判合作也并非易事。具体谈判过程可参考如下步骤。

（一）描述你的需求

冲突是需求的表露，引发冲突往往是我们某个部分的需求没有得到满足。我们通过斗争的方式，一方面是在宣泄自己的情绪，另一方面是企图唤醒对方对我们需求的重视。然而，我们每个人都有权利去追求自己的需求，但他人也有权拒绝满足我们的需求。为了寻求双方利益最大化的方案，我们需要彼此公开且具诚意的沟通，需要用一种诚实、得体且尊重彼此的方式描述我们的需求，描述他人的目标和行为是如何妨碍我们的需求，从而成为问题的一部分。同时，我们也要认真倾听他人的需求，将冲突定义为需要解决的共同问题。当被定义为需要解决的问题时，即使是严重而困难的冲突也会变得可解决。如果用对抗性的输赢方式去定义，小的冲突也会变得很严重而难以解决。

（二）描述你的感受

在冲突解决中，只说出我们的需求是不够的，还得说出我们的感受。表达并控制自己的情绪是冲突解决过程中最重要也是最困难的环节之一。冲突中，双方可能都会有愤怒、伤心、焦虑等情绪体验，我们需要准确识别自己的感受，并让他人理解他们的行为是如何影响我们的情绪的。我们需要敢于坦诚并表达自己的感受，同时也要认真倾听他人的情绪，向他人反馈我们对他的情绪的理解。当双方能感知到彼此的情绪时，通常能暂时放下自我的防御机制，增加沟通的信任，更倾向于寻求共同利益的合作。

（三）交流各自背后的理由

当双方结合彼此的需求、感受后将冲突定义为小而具体的共同问题时，彼此就该进一步交流各自立场背后的想法或理由了。为了达到这个目的，我们可以参考以下步骤。

（1）向对方表达你的合作意愿，强调对彼此长期关系的重视。

（2）表达你的需求和感受后，给出你的需求和感受背后的理由。例如，晚上九点，你关掉了宿舍的大灯而你的舍友又重新打开了它。你仅仅告诉对方"我现在要睡觉了，你不让关灯我很生气"是不够的，你还需要说"我明天有一个很重要的面试，需要早起"。

（3）重点关注需求和利益，而非各自的立场。例如，"你要关掉大灯，她要开着大灯"你们的立场是对立的，但利益却未必。你关掉大灯是为了明天的面试而早点休息，舍友开着大灯只是觉得时间还早可以再玩一会儿。当双方表露了自己的需求及背后的理由后，就有可能找出一个共赢的解决方案——关掉大灯，舍友开个小台灯。所以，明智的冲突解决方式协调的是利益而非立场。

（四）为共同利益创造更多的选择

为了和另一个人成功协商，你必须具备从对方的视角看问题的能力，理解在对方眼里冲突是什么样子的。结合对方的反应及共同利益对问题所有方面的有效性和优缺点进行准确评估。然后确定几个能够将共同利益最大化的可能选择。因为人们总倾向于同意第一个被提出来的合理解决方案，而这样做会让那些更有利的选择失去被考虑的机会。所以，在做出最终选择之前，一定要保证拿出至少三个能将共同利益最大化的优秀选择供双方考虑。在制订备选方案时，需要仔细思考哪些行为是导致冲突并让冲突持续存在的，需要注意避免只顾自身眼前的需要和目标，如此才可有效、公正地制订解决方案。

（五）达成建设性协议

一份建设性的协议需要把共同利益和对立成功地结合在一起，满足各方合法、合理的需要，并能被所有参与者视为公平、公正的。由此，建设性的协议需包括以下方面：

（1）将共同利益最大化；

（2）有利于关系的维系，增强彼此合作动机；

（3）提高各方有效解决未来冲突的能力；

（4）各方都受益。如果协议被证明行不通时，那就重新再来。为了建设性地解决冲突，就需要不断地尝试。不管各自的利益看起来有多么对立，随着上述环节的不断探讨，一个有效的方案终究会浮出水面。

活着就要与人交往，我们所有人都离不开他人。我们的需求、目标需要在各种各样的关系中得到实现。因此，我们需要学习建立、维系有效人际关系的技能，掌握人际冲突的应对策略。只有掌握上述技能，我们才能采取恰当的社交举动，理解人们对这些举动的反应，并根据理解做出合适的回应。

📖【实践与思考】

冲突解决

首先，请想象以下情境：

你和小冷同在学院学生会任职。最近，学院正在筹备年度颁奖晚会，学生会工作比较繁忙。你和小冷同时被分在宣策组干活。在过去一周，小冷因为和女朋友闹矛盾，请求你替他做一部分工作。你见小冷太抑郁了，难以专注工作，就同意了他的请求。有一天，你的父母突然来学校看望你，希望给你一个惊喜。考虑到父母远道而来，你想陪父母逛一逛校园，可组里又有一些紧急的任务未完成。于是，你问小冷是否愿意帮忙分担一些工作。小冷拒绝了，说他自己的任务也很多，你的工作应该你自己做。你对小冷越来越恼火，认为他的行为是彻头彻尾的自私自利和忘恩负义。

其次，在这种情境下，你会如何做呢？以下是5种解决冲突的方案，请根据你的选择，按照从1（最佳）到5（最差）的标准，为以下方案打分，并思考打分依据。

（1）我会想办法回避小冷。只要我们在一起，我就保持沉默。不管他说什么，我都置之不理。

（2）我会实话实说。告诉小冷，我受不了他的忘恩负义。人不能自私自利，不管他是否愿意，都要帮我分担一部分工作，让我去陪父母。

（3）我会默默克制情绪。希望他能意识到自己的错误。我会努力表现得若无其事，并在他需要的时候继续帮助他，希望他以后愿意在我需要的时候帮助我。

（4）我会试图和他讲道理。告诉他，如果他帮我分担，我也会礼尚往来。

（5）我会提醒他注意我们之间的冲突。向他描述我对他的行为的看法及感受。我设法和他讨论，试着从他的角度看待问题，寻找一种解决方案。

分析：上述5种解决方式分别是回避/退让、竞争/逼迫、安抚/调适、妥协、合作/谈判。

回避/退让是指目标与关系皆被放弃的方式；只看重目标、放弃关系是竞争/逼迫的方式，反之为安抚/调适的策略；妥协是一种中庸的策略，既适于兼顾目标，又适于维系关系；而合作/谈判是一种最有建设性的方式，在最大限度上实现目标和关系的共赢。

最后，请根据上述案例，组成3人小组。2位成员扮演冲突双方，1位成员作为观察者。用5分钟时间来表演冲突，并使用建设性的冲突处理方式。一轮扮演结束后，进行角色互换。最后，小组分享冲突解决的体验和感受。

📖【自检自测】

大学生人际交往效能感问卷

请根据你的实际情况在下面的题目中选择一个与你的情况相符的数字，并在合适的数字上打"√"。"1"表示完全不符合，"2"表示比较不符合，"3"表示不确定，"4"表示比较符合，"5"表示完全符合。

（1）在聚会中，我总是自己一个人安静地坐在角落。　　1　2　3　4　5
（2）我能通过沟通达到自己的预期目的。　　1　2　3　4　5
（3）即使与长辈、老师或上级在一起时，我也能冷静地与他们交流。　1　2　3　4　5
（4）有异性在场的时候，我会紧张得说不出话来。　　1　2　3　4　5
（5）我能注意到对方的情绪状态，从而调整交流方式。　　1　2　3　4　5
（6）我能使自己的穿着符合交往场合要求。　　1　2　3　4　5
（7）我很少能主动地与陌生人聊天。　　1　2　3　4　5
（8）我能使自己的语言表达风趣幽默，让别人觉得很有意思。　　1　2　3　4　5
（9）我能通过别人的表情、手势或眼神，了解他要表达的意思。　　1　2　3　4　5
（10）我能应付人际交往中的尴尬场面。　　1　2　3　4　5
（11）我能恰到好处地赞美他人。　　1　2　3　4　5
（12）我能主动与异性同学交往。　　1　2　3　4　5
（13）我总能找到共同话题和别人进行交谈。　　1　2　3　4　5
（14）我能使交往过程愉快、有趣。　　1　2　3　4　5
（15）听人谈话或发言时，我能表现出专心在听的样子。　　1　2　3　4　5
（16）即使心情不好，我也能控制自己的脾气，不随便向别人发火。　　1　2　3　4　5
（17）即使与别人有了矛盾，我也能冷静地寻找解决办法。　　1　2　3　4　5
（18）我能够巧妙地转移话题来结束尴尬问题。　　1　2　3　4　5
（19）我能用幽默的语言使交往气氛变得活跃。　　1　2　3　4　5
（20）即使别人反对我的意见，我也能想办法说服他。　　1　2　3　4　5
（21）我能在交谈中感受到对方内心的感觉。　　1　2　3　4　5
（22）我能够把一件枯燥乏味的事情描述得生动形象。　　1　2　3　4　5
（23）在表达心情的时候，我能表现出丰富的表情。　　1　2　3　4　5
（24）我能完全尊重他人的习惯和表达方式。　　1　2　3　4　5
（25）我能冷静面对交往中的冲突。　　1　2　3　4　5
（26）凭我的才能，我自信能够有效地应付交往中的突发事件。　　1　2　3　4　5
（27）在社交场合中，我能够主动地与别人打招呼。　　1　2　3　4　5
（28）我能根据不同的交往对象，及时调整自己的交往方式。　　1　2　3　4　5
（29）在交往中，我能同时兼顾不同类型的人，使交谈气氛融洽。　　1　2　3　4　5
（30）不论是同性朋友还是异性朋友，我都能相处得很愉快。　　1　2　3　4　5
（31）我能根据交往时的具体情况，了解对方的言外之意。　　1　2　3　4　5

计分方式：第1、4、7题为反向计分。将所有题目得分相加后除以31（题目数量）得出总均分，并与下方的大学生人际交往效能感量表常模进行比较。总均分越高，说明人际交往中自信心越高。

大学生人际交往效能感量表常模（M±SD）

指标	常模 n=709	男生 n=200	女生 n=509
总均分	3.59±0.51	3.54±0.59	3.61±0.50

📖【推荐阅读】

走出孤独　　作者：（奥）阿尔弗雷德·阿德勒，胡慎之译　　出版社：天地出版社　出版时间：2019年10月

你可以独来独往，但不要封闭内心。能真正享受孤独的人，一定是能与这个世界心意相通的人。真正独立的人格，是在与他人的关系中获取的。敞开心扉，联结他人，才能活出自己的价值感。我们应持有独自一人时充实快乐，身处人群时淡定从容的人生态度。

5分钟和陌生人成为朋友　　作者：（美）唐·加博尔，陈芳芳译　　出版社：中华工商联合出版社　　出版时间：2014年12月

面对陌生人时，我们多数人都会有些焦虑。即使是善于交谈的人有时也会发现他们的交谈与他们所希望的方向有所背离。这本书可以帮助你更好地与陌生人破冰，把握谈话的氛围，掌握一些促进自然交谈的技巧。带着这些技能，可以帮助你去结识陌生人，和他们成为朋友，甚至发展成知己或爱人。

沟通的艺术　　作者：（美）罗纳德·B.阿德勒、拉塞尔·F.普罗科特，黄素菲等译　出版社：北京联合出版有限公司　　出版时间：2017年10月

《沟通的艺术》分为"看入人里""看出人外"和"看人之间"三个部分。"看入人里"主要探讨了与沟通者有关的因素，探讨了自我在沟通中的角色，阐述了知觉与情绪的重要性；"看出人外"主要聚焦于沟通者之外信息的发送与接收，分析了语言的运用和非语言线索的特征，强调了倾听的重要性；"看人之间"则主要讨论了关系的演变过程，侧重于亲密关系的沟通，提出了改善沟通氛围、处理人际冲突的各种方法。

📖【主要参考文献】

[1]马克思恩格斯选集（第一卷）[M].北京：人民出版社，2012.

[2]俞国良.大学生心理健康[M].北京：北京师范大学出版社，2018.

[3]（美）罗纳德·B.阿德勒，拉塞尔·F.普罗科特.沟通的艺术[M].黄素菲，等译.北京：北京联合出版社，2017.

[4]（美）唐·加博尔.5分钟和陌生人成为朋友[M].陈芳芳译.北京：中华工商联合出版社，2014.

[5]（美）林恩·亨德森.害羞与社交焦虑症：CBT治疗与社交技能训练[M].姜佟琳译.北京：人民邮电出版社，2015.

第四章　情绪与压力

"性者，天之就也。情者，性之质也。欲者，情之应也。以所欲为可得而求之，情之所必不免也。……欲虽不可去，求可节也。"

——荀子

情绪是心理学中的一个重要概念，它能够反映每个人内在的心理状态，是人的一种内心感受和体验，具有心理和生理的特征。情绪这东西非常微妙，它看不见、摸不着，但它对人们的影响却超乎我们的想象。每个人都会有情绪，并且每时每刻都在表达自己的情绪：开心的时候哈哈大笑，沮丧的时候唉声叹气，悔恨的时候捶胸顿足，恐惧的时候浑身战栗……在生活中，情绪是人的心理状态的"晴雨表"，是"生命的指挥棒""健康的寒暑表"。情绪就好比一道影子，与我们形影不离。而压力是心理压力源和心理压力反应共同构成的一种认知和行为体验过程。

本章主要讨论以下三个问题：

（1）认识情绪，了解情绪的内涵、特点、分类、功能，以及大学生情绪的特点；

（2）认识压力，了解压力及压力源，压力对身心健康的影响，大学生常见的压力；

（3）掌握情绪管理与压力调节的科学方法。

通过本章的学习，你可以了解情绪和压力的内涵与种类，认识大学生的情绪与压力特点，掌握管理情绪及压力调节的方法，培养积极健康的情绪及良好的压力应对策略。

第一节　情绪概述

古往今来，文学、艺术作品都用大量笔墨描述人们的情绪状态，正是由于有了喜、怒、哀、乐、悲、恐、惊等不同的情绪，人们的生活才充满了丰富的色彩。而处于青年期的大学生群体，更有着丰富的情绪体验，也易陷入情绪困扰，产生消极的情绪体验，从而影响着学习、生活、人际交往等各个方面。因此，了解何谓情绪，以及大学生情绪的身心发展特点，培养良好积极的情绪，对于增进大学生的心理健康水平有着重要的意义。

一、情绪的定义

情绪是人的心理活动的组成部分,是人对客观事物是否满足自己的需要而引起的一种主观体验。一般而言,当我们的需要得到满足时,会产生积极正向的情绪,如喜悦、幸福、快乐等;反之,则会产生消极负向的情绪,如悲伤、愤怒、嫉妒等。一个完整的情绪产生包括三个层面:生理唤醒、主观体验、外部表现。

(一)生理唤醒

生理唤醒是指情绪活动所产生的生理反应。情绪的产生往往伴有相应的生理反应,中枢神经系统的脑干、丘脑、杏仁核、下丘脑、前额皮层及外周神经系统和内外分泌腺等都与情绪活动密切相关,并伴随情绪变化表现出相应的生理唤醒反应。当我们在情绪状态时,心律、血压、呼吸、内分泌系统、消化系统等也随之变化。例如,当我们感觉到紧张时,会手心出汗、心跳加速;当我们感觉到愤怒时,会脉搏加快、肌肉紧张、血压升高、面红耳赤;当我们感觉到害怕时,会浑身发抖、呼吸急促等。

(二)主观体验

主观体验是指情绪在个体大脑中的一种体验和感受状态,每种情绪都会带来不同的主观体验和不同的感受,如遇到喜悦的事情时,内心会有愉悦的主观感受;当与人发生冲突时,会感受到"我很气愤";当遭遇危险时,会感受到恐惧和害怕;当我们失去重要他人时,会感受到悲伤和难过。

(三)外部表现

情绪会通过某种外部形式表现出来,如悲伤时会痛哭流涕,激动时会手舞足蹈,高兴时会开怀大笑等。我们可以通过观察个体的面部表情、言语表情和姿态表情三种情绪信号来推测其情绪状态。

面部表情是我们判断情绪最常用的信号,由眉毛、眼睛、嘴巴及面部肌肉群的不同变化组合所构成。美国心理学家保罗·艾克曼对新几内亚原始部落居民的面部表情进行研究,他要求受访者辨认各种面部表情的图片,并且要用面部表情来传达自己所认定的情绪状态,结果发现某些基本情绪(快乐、悲伤、愤怒、厌恶、惊讶和恐惧)具有跨文化的一致性。

姿态表情通过除面部外的身体姿势来表达,主要包括身体表情和手势表情两种。例如,人在欢乐时会手舞足蹈,悔恨时会捶胸顿足,紧张时会手足无措,羞怯时会扭扭捏捏,害怕时会拔腿就跑;环抱双臂表示拒绝,身体前倾表示关注,左顾右盼可能表示内心烦躁。

言语表情是通过声音来传达情绪信号的,音调高低、节奏快慢、音色、流畅度的不同所表达出来的情绪也会不同。例如,当我们愤怒时音调会变高,恐惧时会惊声尖叫,悲哀时音调低缓,紧张时音调颤抖,爱慕时音调轻柔等。一个完整的情绪体验过程需同时包括生理唤醒、主观体验、外部表现三个部分,三者是同时活动同时存在的。只有其中一种或两种成分时,都不会产生一个真正的情绪过程。

二、情绪的分类

关于情绪的种类,不同心理学家提出了不同的分类观点,常见的分类有三种,具体如下。

(一)积极情绪与消极情绪

从情绪体验的性质来划分,情绪可被划分为积极情绪和消极情绪两类。积极情绪,如愉悦、幸福、快乐等,是由于某种需要得到满足时所伴随的一种愉悦的主观体验;而消极情绪,如恐惧、悲伤、委屈、懊恼等,是由于某种需要未能得到满足时所伴随的一种不愉悦的主观体验。

(二)基本情绪与复合情绪

在我国古代有多种情绪学说,如《荀子·正名篇》在六情说基础上提出"喜、怒、哀、乐、爱、恶、欲"七情说。《礼记·礼运》中关于七情说的提法是"喜、怒、哀、惧、爱、恶、欲"。而中医所说的七情则指的是"喜、怒、忧、思、悲、恐、惊"七种情绪。七情学说是中医学科的重要基础理论之一。在西方,关于情绪分类的心理学家有很多,普拉特切克根据情绪的强度、相似性和两极性制成了一个情绪的三维模型,将基本情绪分为八类:悲痛、恐惧、惊奇、接受、狂喜、狂怒、警惕、憎恨。普拉特切克情绪三维模型如下图所示。

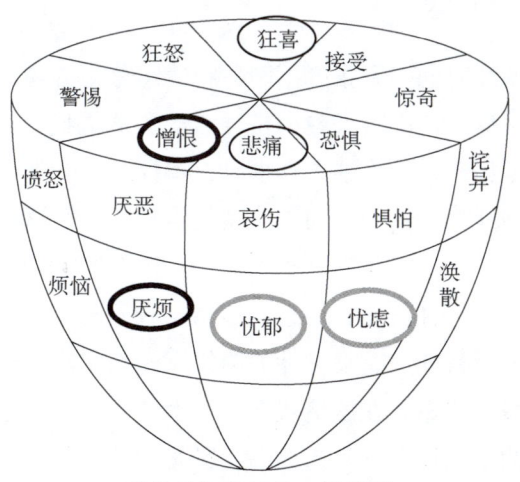

普拉特切克情绪三维模型

一般认为人的基本情绪有四类：喜、怒、哀、惧。

人的基本情绪

喜：表示快乐，指人的内心需要得到满足时的情绪体验。例如，一个人经过积极准备考取理想大学后产生的情绪体验。个体需要的重要性不同、满足的程度不同，以及目标的重要性和达到目标的意外性不同，快乐的强度也会不同。

怒：表示愤怒，指需求在实现过程中遇到阻碍，无法满足时产生的情绪体验。一个人对挫折的认识和评估会影响其愤怒情绪的产生。如果一个人认为挫折和阻挠是不合理的，甚至是恶意的，他就很容易产生愤怒的情绪。愤怒情绪出现时，个体会出现行为自控力降低，甚至出现攻击行为。

哀：表示悲伤，指当需要或愿望破灭时所产生的情绪体验。例如，一个人失去亲人后会产生悲哀的情绪。悲哀情绪的程度取决于人们所失去事物的价值。失去事物的价值越大，悲哀就越强烈。

惧：表示恐惧，指遇到危险的情境而自感无力应对时产生的情绪体验。例如，人们在遇到地震、洪水等灾害感到无力应对时，往往会感到十分恐惧。恐惧与否不仅仅与危险情境相关，更重要的是取决于个体对危险程度的评价及对自我应对能力的评估。

复合情绪是在基本情绪的基础之上所衍生的，随着人类心理越来越成熟，复杂情绪也越来越多，如同情、喜欢、嫉妒、悔恨等。伊扎德把复合情绪分为三类：一是基本情绪的混合，如兴趣—愉快、恐惧—害羞等；二是基本情绪和内驱力的结合，如性驱力—兴趣—享乐、疼痛—恐惧—怒等；三是基本情绪与认知的结合，如活力—兴趣—愤怒、多疑—恐惧—内疚等。

（三）心境、激情与应激

根据情绪的强度、持续时间、紧张度不同，将情绪分为心境、激情和应激。

心境是指比较微弱、持久地影响人整个精神活动的情绪状态，具有弥散性，也就是我们常说的心情。弥散性是指当一个人遇上喜事时，不仅对引起他高兴的事物感到喜悦，而且在一段时间内，会以同样的心情对待周围的其他事物，即使这些事物平时并不能引起他任何的情绪体验，所谓的"人逢喜事精神爽"就是这个道理。同样，当一个人心情不佳时，也会对周围的其他事物产生一种厌恶、恼怒的情绪，看周围的世界都是灰色的。

激情是一种强烈的、短暂的、有爆发性的情绪状态，它来得快，去得也快。例如，狂喜、愤怒等都属于这种情绪状态。在激情状态下，人的理解力、自制力等都有可能降低。

应激是在出乎意料的紧迫情况下引起的高度紧张的情绪状态，在人们遇到突如其来的紧急事故时就会出现应激状态，如地震、火灾面前所出现的适应性反应，会有一系列生理反应，如呼吸加速、心率加快、肌肉紧张等。

三、情绪的功能

（一）情绪对生理的影响

情绪是健康的寒暑表

中医认为情绪是健康的寒暑表，情绪不调，百病丛生；情绪协调，则可身安体健。早在古代，《黄帝内经》就提出："人有五脏化五气，以生喜怒忧思恐""怒伤肝、喜伤心、思伤脾、忧伤肺、恐伤肾"，由此揭示了情绪与内脏器官的关系。用一句古语总结情绪对身心健康的作用："怒则气上，喜则气缓，悲则气消，恐则气下，惊则气乱，劳则气耗，思则气结。"

现代生理学、医学和心理学的研究成果表明，情绪会引起呼吸系统、循环系统、消化系统、外部腺体和内分泌系统等一系列的生理变化。人类疾病中，由心理因素、身心失调引起的心因性疾病占50%～80%。长期的紧张、悲伤、痛苦等负性情绪，会扰乱身体的新陈代谢和内分泌系统，击溃机体保护机制，破坏人体对于细菌和病毒免疫功能而形成生理上的疾病，甚至还可以增加疾病本身带来的疼痛感，而若能保持积极的情绪，为人开朗乐观，则有助于增强人体免疫功能，可以减少患病的概率。

（二）情绪对心理的影响

1. 情绪影响动机强度

情绪构成一个基本的动机系统，它能够驱策有机体发生反应、从事活动，在最广泛的领域里为人类的各种活动提供动力。情绪的这一动机功能既体现在生理活动中，也体现在人的认知活动中。一般来说，生理内驱力是激活有机体行为的动力，情绪的作用则在于能够放大内驱力的信号，从而更强有力地激发行动。此外情绪还可以脱离内驱力而独立起到动机作用，恐惧能使人退缩，愤怒会促进个体产生攻击行为，厌恶引起躲避行为等。

2. 情绪影响认知水平

情绪具有影响和调节认知过程的作用，能促进或阻碍学习、记忆、判断和问题解决过程。情绪对认知的影响既表现在认知加工的速度和准确程度上，也表现在认知的类别和等级层次上，不同的情绪对人的感觉、知觉、思维、记忆等认知方面会有不同影响。处于温和愉快情绪中的人，比处于消极情绪中的人在创造性测验中表现得明显要好。同时，同一个体因情绪状态的不同，也可以对同一件事情产生完全不同的看法。在我们处于积极情绪状态时，山含情，花含笑；而当我们处于消极情绪状态时，则会"感时花溅泪，恨别鸟惊心"。

3. 情绪影响个性发展

情绪情感是个体最基本的心理过程之一，而人与人之间在心理过程方面的差异性的总和即一个人的个性。一个人若长期生活在压抑或压力之下，频繁体验忧郁、焦虑、猜疑或恐惧，往往也会因此变得性格古怪，行为退缩不前，价值观和世界观偏颇，在人群中不受欢迎。而长期良好的情绪体验则会使人积极向上，乐于与人交往，对个体个性的全方面发展起到很好的促进作用。

4. 情绪影响行为表现

人们的行为常常被当下情境中的情绪所支配。当人处在积极、乐观的情绪状态时，往往会更倾向于关注事物美好的一面，态度和善，集中注意力，开拓创造力，提高行为效率。研究表明精神愉快、心情舒畅、紧张而轻松是思考和创造的最佳状态。而消极情绪状态则使人产生悲观意识，干扰阻碍人的行动，使人畏缩不前，失去希望与渴求，甚至引发不良行为。

5. 情绪影响心理健康

情绪是心理健康的重要指标，也是影响心理健康的重要因素。良好的情绪能够增加心灵的自由度，让内心充满能量，积极地面对生活赋予的挑战和使命，同时增强内在的和谐感，让人常常体会到幸福的滋味。反之，长期沉浸在消极的情绪体验中无法自拔，会让人的内心蒙上阴霾，怨天尤人，精神萎靡不振，甚至引发心理问题和精神疾病。

（三）情绪对人际交往的影响

情绪在社交活动中起着广泛的作用。情绪可以作为一种积极的社会黏合剂，使个体靠近他人，也可以作为一种消极的社会防水剂，使个体远离他人。因此，情绪在人际沟通中起着非常重要的信息传递和调节作用，人际关系在很大程度上受到一个人情绪表达是否恰当的影响，如微笑、轻松、热情、喜悦、宽容和善意之类的情绪反应，会促进人际间的沟通和理解；而冷漠、猜疑、排斥、嫉妒等情绪反应，则会成为人际交往中的障碍。

四、大学生情绪的特点

我该如何调整情绪？

小林是一个美丽而热情的女孩，从小就在优越的环境中长大，生活衣食无忧。由于父母工作比较忙，从小她就被送到乡下的奶奶家抚养。虽然乡下条件比不上城里，但凡她要什么，奶奶总是尽量地满足她，父母也会定期来奶奶家看她，而且每次来总能拿上很多好东西，还给了她不少零花钱，直到她上中学时奶奶病逝，才回到城里和父母生活。父母因从小没能很好地照顾她而感到愧疚，所以对小林给予格外的呵护，小林在家享受着"小公主"般的感觉。

刚进大学时,小林各方面表现得都还不错,积极而热情。但是大一时,她参加了学校和系里的各类学生干部、干事的竞选,结果都落选了。长这么大,第一次遭到如此沉重的打击,一向好胜的她陷入了自我否定的泥潭,情绪往往会因为一件很小的事情而大起大落,反复无常。但她努力学习,成绩还不错,每次都能拿到学校的"优秀奖学金"。也许是她这种争强好胜的性格,在寝室里好与人争执,很少忍让。长此以往,寝室的同学都不敢"惹"她了,小林的人际关系也因此出现了危机,对室友充满敌意。每次看到别人高兴地在一起玩或学习时,内心充满了孤独感;常常不知道自己为什么发脾气,也很难控制自己的消极情绪,因此睡眠不佳,最终变成了同学中的"另类"。她很痛苦,也努力尝试过改变自己,但坚持不下来,不知道该如何是好?

小林呈现的情绪状况在大学生中较为常见。大学生是个独特的群体,其生理基本成熟但心理尚未完全成熟,因而大学阶级也是学生情绪丰富多变、相对不稳定的时期。随着年龄的增长、知识素养的提升及所处特定年龄阶段的影响,大学生的情绪带有鲜明的特征,具体表现在以下几个方面。

(一) 丰富性与深刻性

大学生进入大学以后,在学习、生活和社会实践中面临的需求逐渐增多,再加上互联网的迅猛发展,大学生获取各种信息的渠道更加通畅便利,内容更加丰富多元,故此其自身需求的多样性势必使其情绪情感更具丰富性。就整体水平而言,大学生在情绪情感特点上表现为乐观、活泼、开放、热情、精力旺盛、充满着朝气和激情,同时,也表现出爱国感、道德感、理智感、利他主义、英雄主义、美感等高级而复杂的情感体验。

随着大学生抽象思维能力的成熟及自我意识的发展,其对自我的评价和认知也趋向于深刻,更加注重内心体验,关注原生家庭背景对自己的影响。这种深刻性一方面表现为情绪心境化,即由某一件事情引起的情绪反应,可以较长时间地在内心停留,使个体的言行都染上特定的情绪色彩;另一方面表现为大学生对情绪的体验更加细致,不仅仅是对喜怒哀惧这四种基本情绪的体验,还包括对更为复杂的情绪的体验。

(二) 稳定性与波动性

大学生情绪的主基调是稳定,随着自我意识的发展,大学生对自己的认识越来越清晰,自我控制能力也逐渐增强,人生观、价值观正在逐渐形成,对社会世事有了较为深刻的认识,因而情绪稳定性增强。

同时,大学生的情绪也容易波动。由于人生观、价值观还未定型,认知能力、社会阅历有待提高,情绪容易随着认知的变化而波动。如果大学生的抗挫折、抗压能力不够强,当面对挫折、失败和困境时较易出现情绪波动的现象。就像案例中的小林一样,在面临学生干部落选,和同寝室的人际冲突时,缺乏积极应对及合理调控情绪的能力,出现了大量的消极情绪,也影响到了在校的学习和生活。

(三)内隐性与掩饰性

随着心理的发展成熟,大学生自我控制和调节能力增强,在情绪的外显表现上已经不再是任何情况下都喜怒形于色,而是能够加以掩饰和隐藏,表现得更加含蓄,也更喜欢用戏谑、调侃的方式表达自己的情绪情感。德国著名心理学家斯普兰格指出"青年期最显著的特征是隐蔽性。青年人已经失去昔日做儿童时的袒露,有时即使对最亲近的人也很少吐露真情等"。情绪的内隐性和稳定性是有很大关系的。情绪的掩饰性是指大学生会根据情境的不同,采取不同的情绪表达方式,在某些情境下,会隐藏自己的真实情绪,用一种与内心情绪不一致的方式来表达。

(四)矛盾性与复杂性

大学阶段正是大学生面临许多重大抉择的时期,常常会呈现出一种矛盾和复杂的情绪状态。例如,渴望自己独立但又希望依赖于他人、希望得到他人的理解但又不愿接受他人的关心等复杂矛盾的心态。

【实践与思考】

21 天不抱怨手环

这个起源于美国的小小紫色手环,在短短几年时间内,已经获得全球八十多个国家、超过 600 万人的热烈响应,并成为他们最重视的饰物。而与紫手环同时席卷全球的,是由美国著名的心灵导师之一威尔·鲍温所发起的"不抱怨运动",紫手环正是该项运动的标志。2006 年夏天,他邀请大家把一个手环戴在手上,努力做到连续 21 天都不抱怨、不批评、不讲闲话。一发现自己在抱怨,就立刻换手重新开始。他选取了代表蜕变、改变的紫色作为手环的颜色,手环上写有"A Complaint Free World"(不抱怨的世界)和"SPIRIT"(代表"改变的精神")字样。

神奇的紫色手环用法:

(1)邀请每位参加的同学戴上一个特制的紫手环;

(2)当你发现自己正在抱怨、讲闲话或批评时,就把手环移到另一只手上;

(3)如此交替更换,直到养成连续 21 天不抱怨、不批评、不讲闲话的目标为止。

第二节　压力概述

压力是现代社会人们最普遍的心理和情绪上的体验，对人的身心健康的影响广泛，过度的压力往往与紧张、焦虑、抑郁等情绪联系在一起，久而久之会破坏个体的身心平衡，造成情绪困扰，损害身心健康。大学生是一个特殊群体，正处于由青春后期向成人期的转变阶段，这一阶段标志着他们逐渐走向独立和成熟，既要面对自身的生理发育的变化，又要面对来自社会竞争、全新的学习模式、人际交往、恋爱情感等各方面的压力。近几年大学生的心理压力呈上升的趋势，也引起了政府、学校和社会大众的广泛关注。

一、压力的定义

"压力"（Stress）一词源于物理学，最早是在工程学、力学领域使用，指的是单位面积所承载的力量。在心身医学、心理学领域，压力指的是某种具有威胁性的刺激，如失业、天灾、贫困等引起的生理和心理反应。

最早将人在某种刺激环境下表现出的高唤醒水平的言行及身心反应进行概况描述的是著名生理学家、心理学家塞利（Hans Selye）。他将人由外部客观事件所引起的紧张情绪和身心反应称为"应激"（Stress），因此，准确地讲，压力是个体在生活中，由客观事件引起，产生认知的失衡感并引起生理、心理、行为等紧张反应的行为表现。

一般认为压力有三层含义。第一层含义是指导致机体产生紧张反应的刺激；第二层含义是指机体对刺激的紧张性反应；第三层含义是指由于机体与环境之间的失衡而产生的一种身心紧张状态。故而压力是一个多维度的概念，它包含了那些使人感到紧张的事件或内外刺激，既是个体的一种主观反应，也是主客观相互作用的过程。

压力源，是指导致压力的刺激、事件或环境，可以是外界物质环境、个体的内环境及心理社会环境。如果我们对造成压力的各种因素进行大致分类，可以划分为躯体性、心理性、社会性和文化性四大压力源。

（一）躯体性压力源

躯体性压力源是指经由人的躯体直接发生刺激作用的刺激物，包括各种物理的、化学的、生物的刺激物，如过高过低的温度、化学刺激、微生物、变质食物等。这一类刺激是引起压力的生理反应的主要原因。

（二）心理性压力源

心理性压力源是指来自人们头脑中的紧张性信息。例如，心理冲突与挫折、不切实际的期望、不祥预感，以及与工作责任有关的压力和紧张等。心理性压力源与其他类压力源的显著不同之处在于，它直接来自人们的头脑。

（三）社会性压力源

社会性压力源主要指造成个人生活样式上的变化，并要求人们对其做出调整或适应的情境和事件。这里的生活样式是指组成一个人的日常生活方式的许多"经验和事件"，包括居住地及居住环境、工作的类别及工作场所的环境条件、饮食情况、个人生活习惯、娱乐活动的种类与时间、体力活动的程度、社会联系等。压力事件及压力量示例如下表所示。

压力事件及压力量示例

事件	压力量	事件	压力量
丧偶	100	婆媳不和	29
离婚	73	学生面对开学	26
近亲死亡	63	生活情况改变	25
受伤及大病	53	与上司争执	23
结婚	50	迁居	20
被辞退	47	学生面对转校	20
怀孕	40	改变社交活动	18
经济状况变化	38	改变食物习惯	15
挚友死亡	37		

注：压力事件及压力量示例。
资料来源：王春生，杨苏平.大学生心理健康导论[M]，厦门大学出版社.

（四）文化性压力源

文化性压力源，最为常见的是"文化性迁移"，如由一种语言环境进入另一种语言环境，或由一个聚居区、一个国家迁入另一个聚居区或另一个国家。在这种情况下，一个人将面临全新的环境、不同的生活方式、陌生的民俗习惯，不得不改变自己原有的生活方式与习惯，以顺应新的变化。例如，出国留学是很多大学生的选择，但一些学生由于对面临的文化环境需做出的改变缺乏充分的心理准备，在不同文化背景下难以适应，因压力过大而引发身心疾病、中断学业的事例也时常发生。

二、压力与身心健康

心身疾病是指心理社会因素在疾病的发生、发展和转化过程中起主导作用的、具有明显的生理结构和功能障碍的一类躯体性疾病。而刺激产生的压力引发持续的紧张状态，常常是导致心身疾病的重要影响因素。

（一）压力下引起的生理问题

各类研究表明，心理因素在各类身体疾病中扮演着重要的角色，高血压、冠心病、消化性溃疡、支气管哮喘甚至癌症背后都有心理压力的影响。

1. 高血压

压力是高血压患者重要的致病因素。研究表明，从事高度紧张的工作、责任或负担过重、冲突过多的人容易患高血压，一个地区发生重大创伤事件后，高血压的发病率也会增加。高血压的致病过程为：长期且剧烈的压力状态—中枢神经系统功能紊乱—全身细小动脉痉挛—外周血管阻力增加—血压升高。

2. 冠心病

冠心病作为危害人类健康和生命最重要且死亡率最高的疾病，其除和高血压、高血脂、重度吸烟、遗传因素有关外，心理社会因素也是重要的致病原因之一。动物实验表明，紧张性刺激可以诱发心律失常和猝死，而工业发达国家比发展中国家的冠心病发病率高，脑力劳动者的发病率高于体力劳动者。

3. 消化性溃疡

消化性溃疡包括胃溃疡、十二指肠溃疡。致病的直接原因是胃酸和胃蛋白酶在胃黏膜的屏障防御机能下降时产生的自身组织消化，胃和十二指肠对紧张刺激特别敏感。致病过程为：紧张—植物神经系统高度兴奋—脑下垂体促肾上腺素分泌亢进—内分泌系统功能紊乱，交感神经和副交感神经兴奋—胃壁血管痉挛—胃分泌素过多—胃蠕动增强—胃壁自身消化—溃疡。

4. 支气管哮喘

致病原因主要有过敏反应、感染和心理社会因素，有学者在对487例患者的研究中表明，过敏因素占29%，感染占40%，心理因素占30%，其他因素占1%。多项研究表明，在儿童患者中，心理和社会因素所占比重更大。

5. 癌症

癌症的致病因素非常复杂，但大量研究都指出，癌症患者在病发前有过糟糕心理状态的频次和程度更明显。姜乾金等通过临床对照调查分析显示，在癌症病人发病史中，"家庭不幸事件""学习工作过度""人际关系不协调"等生活事件起到重要作用。

（二）压力引起的心理问题

压力由压力源（应激源）所引起，所以如果个体持续处于压力源影响下，对个体的心理状态也会有很明显的影响。具体影响体现在认知改变、情绪改变和行为改变三个层面上。

1. 认知改变

处在不同压力环境下的个体对问题的认知加工也会存在不同，随着接触压力源的层级的增加，压力感相对减少，对待压力源事件的负面认知也会逐渐减少。以一起激烈的寝室争执为例，争执的双方是压力源的第一接触方，他们对待压力事件的认知更多专注于事件本身，在认知上体现为对对方言行的不合理处进行反复加工；而争执方的室友则处于第二层次的压力接触者，他们感受的压力会减轻不少，看待这类事件的认知方式更多着眼于调和双方，希望改善寝室人际关系，营造良好氛围；而隔壁寝室或与其争执方不熟悉的人处于压力源的外围，他们对此次的压力感受并不强，也许对他们而言，这次压力仅限于由争执所产生的"噪声"，因此他们的认知关注点更多是如何快速消除这类噪声，并试图思考如何达到这一目的。由此我们也可以看出，当大学生们面临的压力越大，压力源层级越增加，信息越琐碎、越具体、越丰富，也会让其在认知加工上需要投入更多的精力。

2. 情绪改变

压力对情绪的影响与认知有关，即负面认知越强则调动的负面情绪也越强烈。压力对情绪的影响还和压力源所营造的环境有关。处于压力源中心的人，其感受到的人际环境是一种被高度关注的高压状态，感觉所有人都将他们的期待和评价施加于自己身上，这种紧张环境所引起的情绪应激反应有时甚至不需要经过认知的加工。

3. 行为改变

压力所带来的不适感是人们希望摆脱的，因此压力感越强，则摆脱压力的行为需求也越大。例如，有很强的压力感的人可能通过发脾气、抽烟喝酒、激烈运动、暴饮暴食、频繁交流、网络游戏、网络娱乐等方式来寻求解压，甚至有过激的人会通过违法乱纪等行为来谋求压力释放（如寻衅滋事、买醉酗酒、吸毒、网络暴力等行为）。有些行为可以对压力释放起到一定的缓解效果，如适量运动和娱乐调节，而有些行为不但不利于压力缓解还会给自己带来更多的压力事件，如各种过激行为和违法乱纪行为等。此外，当压力过于强烈，当事人多次试图通过行为摆脱而不得时，在行为上反倒会变得更加退缩和无助，如没有运动的动力、宅在寝室、不想与人交流等。这些都是压力带给人的行为改变。

三、大学生常见压力

"挂科"的恐惧

某高校大二男生小莱说："高中时我成绩一直很不错，来到大学之后，发现学习的方式方法、老师的教学方式都与高中时有了较大变化，我现在最缺乏的就是自信。进入大学后我的成绩一直不太好，从大一就开始挂科，尤其是高数等学分高的科目，本身就有较大难度。第二学期我下定决心想要努力,也下了很多功夫在学习上,但是因为之前的基础薄弱及信心不足,还是挂了一科。现在大二很多专业课程开设出来,我在这些课程的学习上感觉到力不从心,这样下去,我担心自己拿不到毕业证,越这样想我就越焦虑,就不想再读,想着退学算了。但是又不敢跟家里说,觉得父母辛苦供我上学,最后我以这样的方式退学,很对不起父母,更不知道如果离开学校我可以去做什么。我现在很烦恼,很迷茫,不知该怎么办。"

近年来,大学生各类心理危机事件频发的新闻引起社会广泛关注,社会各界也逐渐对大学生的身心状况给予了充分重视。大学生的压力主要是面向当下的学业压力和面向未来的就业压力。当然,还有来自日常生活中的经济压力和情感压力。

(一)学业压力

大学里的课程内容和教学方法较中学有较大的差异。中学教师的授课方式以教师教学为主,学生处于被动接受知识的状态。而大学课程授课方式以教师指导性讲解,学生自主学习与理解为主。这就要求学生需转变原有学习方法以适应大学的教学,改变过去的被动接受,转为主动自觉。然而很多大学生特别是刚入学的新生往往缺乏必要的心理准备,对大学的学习产生茫然失措的感觉,久而久之就倍感学习压力,产生回避学习、厌学等心理及行为。

(二)经济压力

大学的学费和生活费对有些困难家庭来说是较大的负担,大学生又处于一个集体生活的环境中,周围同学购置的生活用品、电子产品等,都会刺激彼此的消费欲望,也易相互间产生攀比的心理,给一部分同学带来了经济压力。

(三)情感压力

情感是大学生活的一个重要组成部分,对于保持和增进大学生的身心健康、加快其社会化进程起着重要的作用。大学生的情感主要寄托于家庭、同学、恋爱及网络。大学生正值青春期后期,对爱情有着美好的期待,但有的学生看到身边同学成双成对而自己形单影只,容易产生情感压力。还有的同学因为失恋而产生较强的受挫情绪反应。

(四)就业压力

在优胜劣汰的市场经济环境中,大学生就业难,优质就业机会少是大学生们的重要压力源。实际上,应届大学生的就业问题一直是社会关注的焦点问题之一,而不同层次的大学生也面临着"找到一份工作""找到一份好工作""在好城市找到一份好工作"等不同程度的就业压力。

压力日志

在希望解决压力之前，首先要知道压力是怎么来的。请在压力日志中记录下自己每日的压力状态。填表说明：

"事件/情境"一栏内填写自己当时对整个事件和当事人的感受，并对这种感受的强烈性进行评估，比如，"我觉得他非常讨厌"。"我在 50%程度上是这么认为的"代表你对他的讨厌程度属于中等；而"我在 80%程度上是这么认为的"则代表你认为这个人真的属于比较讨厌的类型，这件事更是一个导火索。

"当时的反应"一栏中填写你当时的各种生理、情绪及行为反应，并对自己的压力水平进行评估；压力水平评估用数字表示，0 为压力水平最低，100 为最高。

"事件结果"栏内填写事件最后的处理或发展结果。

压力日志

时间： 年 月 日 时		地点：
事件/情境：		
当时个人感受、想法：		
我在（　　）%程度上是这么认为的		
当时的反应	生理	
	情绪	
	行为	
	压力水平评估（用数字表示，0 为压力水平最低，100 为最高）：	
事件结果：		
事件结束后的反应	生理	
	情绪	
	行为	
	压力水平评估（用数字表示，0 为压力水平最低，100 为最高）：	
备注：		

第三节　情绪管理与压力调节

大学生们往往会以不同的方式对待情绪和压力。一个极端是盲目地任由情绪和压力支配，好似失去航向的轮船。另一个极端是无视自己的情绪和压力，完全由理智来支配自己。两个极端都会产生自身的问题。最好的状况也许就是好比驾驶一艘帆船，既让情感之风驱动其前行，又给它装上一个理性之舵，帮助其掌握好航向。所以，作为当代的大学生们，需要学习科学的情绪管理与压力调节的方法，对自身的情绪和压力进行科学的认知、协调、互动和管理，这也是建立和维护良好身心健康状态的重要内容。

一、情绪管理与压力调节概述

（一）情绪管理与压力调节的定义

1. 何谓情绪管理

情绪管理（Emotion Management）是指通过研究个体和群体对自身情绪与他人情绪的认识、协调、引导、互动和控制，充分挖掘和培植个体和群体的情绪智商、培养驾驭情绪的能力，从而确保个体和群体保持良好的情绪状态，并由此产生良好的管理效果。这个名词最先由因《情商》（*Emotional Intelligence*）一书而成名的丹尼尔·戈尔曼（Daniel Goleman）提出。

2. 何谓压力调节

所谓压力调节，是指人们对可预见的压力源进行必要的干预，维护身心健康，提高问题处理的效率，保证学习生活目标顺利实现的管理活动。压力应对具有事后性和被动性，而压力调节则带有一定程度的主动性和积极性，它包括了压力应对。

（二）大学生情绪管理与压力调节的意义

面临诸多压力，我该怎么办？

某高校大三学生小刚，坐在教室里看书时，总担心会有人坐在身后并干扰自己，有强烈的不安全感，以至于只能坐在角落或者靠墙而坐，否则无法安心看书，注意力极度不集中；对同寝室一位同学在寝室里外放音乐和广播的行为非常反感，心烦意乱，有时甚至感到难以忍受，尤其是中午睡午觉时总担心会有音乐或者广播的声音干扰自己，从而睡不着觉，经常休息不好，但是又不好意思跟室友表达，担心当面发生冲突，同时也担心自己表达后室友觉得自己小题大做，为这样小的事情发脾气，是自己小心眼。

小刚很长时间不能摆脱这种心理困境，很苦恼，也严重影响到了自己日常生活和学习。还有一年就要毕业，对此心中一片茫然，担心找不到理想的工作，有时候会回避不让自己去想这个问题，怕增添烦恼。同时因为自己成绩一般，看到周围其他同学都在认真准备考研究生或者公务员，自己也想考，但是又不能集中精力学习。小刚变得自卑，缺乏自信，生活态度比较消极，认为所有的一切都糟透了。他家庭经济状况一般，认为自己有责任挑起家庭的重担，但又感到自己力不从心，内心充满对父母的内疚感。

大学校园的学习、生活压力越来越大，竞争越来越激烈。这种紧张很容易导致大学生情绪状态的不稳定，一点不如意就会使自己滋生烦恼、愤怒的情绪。所以说，压力就像一根小提琴弦，没有压力，就不会产生美妙的音乐。但是，如果琴弦绷得太紧，就会断掉。因而大学生不稳定的情绪状态，以及越来越沉重的心理压力与挫败感是值得高度重视与亟待解决的问题，大学生需要学会科学的情绪管理与压力调节的方法，将压力控制在适当的水平，从而使压力的程度能够与生活协调。

（1）通过情绪管理与压力调节的学习使大学生坦然面对自己的情绪，更好地适应校园生活。亚里士多德曾说："问题不在情绪本身，而是情绪的表现方法是否恰当。"校园生活中大大小小的困扰之源并不在情绪，关键在于大学生必须明白"了解感觉""妥善处理情绪""正确认识压力"的重要性，在此基础上才能了解与觉察自我、接纳自我，进而探索如何表达情绪、疏导过度的情绪、面对压力的不同应对方式，才能够采取对自己负责、不伤害别人的行为模式生活，这才是情绪管理与压力调节的基本目标。

（2）通过情绪管理与压力调节的学习能促进大学生的人格健全发展，满足自我实现需要。情绪管理与压力调节的学习注重生活真实体验，弥补并矫正只强调智育的传统教育之不足。由"情绪管理""压力调节"的观点切入，帮助大学生个体了解自己的特质、兴趣、能力所在，既可建立正确的自尊与自我概念，使个体更有自信，也可提升大学生个体对挫折、冲突等情境的忍受程度与解决能力。诸多数据也显示出：情绪成熟、情商较高的人，在人生各个领域都较占优势，对生活的满意度也更高。

二、情绪管理与压力调节的科学方法

传统文化中的情绪管理方法

中华优秀传统文化强调用"中庸之道"来保持心理平衡，维护心理健康。"中庸之道"是一种适可而止、恰到好处的处世态度。采用"中庸之道"思考问题和处理事情，会减少偏执与极端，做到全面分析、冷静对待、客观科学、应对适当，促进人与自身和周围世界的和谐。采用中庸的思想调节自己的情绪，是中庸之道的重要内容。《中庸》中指出："喜怒哀乐之未发，谓之中；发而皆中节，谓之和。"喜怒哀乐等情绪还没有表现出来的时候称为"中"，也就是内心平衡而稳定的状态；当在生活中出现各种压力事件，引发情绪反应时，要做到"发而皆中节"，以合乎社会期待、合乎礼节、恰到好处的行为表现出来，即称为"和"；也就是既做到了情绪宣泄，达到了自己内心的和谐平衡，又做到了将情绪表达控制在合理恰当的范围之内，不影响和伤害他人，达到了人际关系的和谐平衡。

儒家学派代表人物荀子也强调心智或理智对于情感的调节控制作用，即所谓"以理节情""以理节欲"，这同礼乐教化又是不可分的。荀子认为，人的性、情、欲都是自然的，也是统一的,"性者,天之就也。情者,性之质也。欲者,情之应也。以所欲为可得而求之,情之所必不免也。……欲虽不可去,求可节也。"(《荀子·正名》)性、情、欲既然是天生而不可免的,因此就是人人所不能无的,但又不能顺其发展,因此就需要"节"。既要满足情欲,又要节制情欲,在荀子看来,能完成这两项任务的只有礼乐。

我们认为,大学生可以从如下两个方面进行自身的情绪管理与压力调节。

(一)重建认知系统

辩证思维方法是中华优秀传统文化的重要组成部分,是中华民族思维方式的一大特点,而辩证思维方法的主要特点是强调从不同的角度去认识事物,将事物的正反两个方面综合起来考虑,不能仅仅看到事物消极的方面,也要看到积极的因素,这有助于个体调整认知模式,更客观地观察自身和世界,善于发现生活中的美好,积累积极的情绪体验,增进个人幸福感。"塞翁失马,焉知非福""否极泰来""祸兮福所倚,福兮祸所伏""反者道之动""不以物喜,不以己悲"等辩证的观点对于个体面对逆境时积极进行心理调节,维护内心平衡,保持心理健康具有重要的意义。

1. 正确评价自我

个体产生什么样的情绪,很大程度上与个体对事物及情境的认知评价有关。一个人对周围的事物、行为或价值形成负面的认识和评价时,他就会产生各种消极的情绪。例如,一个大学生有过一次失败的考试经历,就会在主观上认为自己能力不行。以后再遇到类似的能力评价情境时也会这样评价自己,认为自己不能胜任该考试或某种工作。因此,大学生要正确地评价自我,学会悦纳自我,并以合理的策略进行相互间的比较。

2. 积极的自我暗示

自我暗示是运用内部语言或书面语言,以隐含的方式来调节情绪和应对压力的方法。达尔文(Darwin)说:"人要是发脾气就等于在人类进步的阶梯上倒退了一步,愤怒是以愚蠢开始,以后悔告终的。"我国历史上的禁烟功臣林则徐脾气很大,他为了控制自己的怒气,在中堂挂了"制怒"两字的大条幅,以便随时提醒自己。

运用积极的自我暗示要注意以下6点:

(1)暗示的语言要简洁,不多于5个字,如"别灰心""你很棒";

(2)暗示的语言要积极、肯定,千万不要用"我无能为力"等否定的暗示;

(3)运用暗示的方法要温和,避免带有强制性;

(4)不重复使用暗示,等过一段时间再重新进行自我暗示;

(5)每次暗示时最好重复3~5次;

(6)在一段时间内,最好只用一种暗示语。

3. 合理情绪疗法

合理情绪治疗（Rational-Emotive Therapy，简称 RET）也称"理性情绪疗法"，是帮助求助者解决因不合理信念产生的情绪困扰的一种心理治疗方法，是 20 世纪 50 年代由阿尔伯特·艾利斯（A. Ellis）在美国创立的。合理情绪治疗是认知心理治疗中的一种疗法，因它也采用行为疗法的一些方法，故被称为认知-行为疗法。

在合理情绪疗法 ABC 理论模式中，A 是指诱发性事件；B 是指个体在遇到诱发事件之后相应而生的信念，即他对这一事件的看法、解释和评价；C 是指特定情景下，个体的情绪及行为结果。通常人们认为，人的情绪的行为反应是直接由诱发性事件 A 引起的，即 A 引起了 C。

ABC 理论指出，诱发性事件 A 只是引起情绪及行为反应的间接原因，而人们对诱发性事件所持的信念、看法、理解 B 才是引起人的情绪及行为反应的更直接的原因。人们的情绪及行为反应与人们对事物的想法、看法有关。合理的信念会引起人们对事物的适当的、适度的情绪反应；而不合理的信念则相反，会导致不适当的情绪和行为反应。当人们坚持某些不合理的信念，长期处于不良的情绪状态之中时，最终将会导致情绪障碍的产生。

合理情绪理论认为，通过转变不合理的观念，进而会产生积极的情绪反应，更好地面对压力。那么，如何运用合理情绪理论来调适情绪，调节压力呢？主要有 4 个步骤（调适情绪的四步骤）：

第一，将引发不良情绪的事件和认识一一列出。

第二，找出引发不良情绪的非理性观念，这种观念可分为绝对化、过分概括化和灾难化三种；绝对化即对什么事物都怀有认为必须或不会发生的信念，这种特征常表现为日常生活中的"应该""必须""一定""绝对"等用语上。过分概括化即以偏概全，认为世界上的事物只有两类，要么正确，要么错误。灾难化表现在生活中即为"一旦出现了……那天就要塌了"等。

第三，通过对非理性观念的认识和纠正，找出合理的观念。

第四，通过建立合理的观念，最后使情绪感受改变。

（二）行为训练

1. 深呼吸放松训练

深呼吸具有缓解精神紧张、压抑、焦虑和疲劳的作用。在进行深呼吸放松训练时，训练者的呼吸应尽可能慢而深，首先用鼻子慢慢地吸气，让气息进入腹部的丹田，然后缓慢地呼气。呼吸时要全身放松，体会腹部的上下起伏，注意力集中在呼吸时的气息及气息通过的身体部位上。训练者每天要练习 1～2 次，每次 5～10 分钟，1～2 周后可以将练习时间延长至 20 分钟。

2. 冥想放松训练

冥想放松训练的基本原理就是训练者通过想象轻松、愉快的情境（如大海、山水、瀑布、蓝天、白云等）达到身心放松、心情舒畅的目的。冥想放松训练能帮助人消除疲劳，恢复精力。长时间坚持冥想放松训练，还可以达到开发智力的效果。

3. 注意力转移法

注意力转移法就是一个人把注意力从引起不良情绪反应的情境转移到其他事物上或其他活动中的行为训练方法。当大学生觉得情绪不佳时，可以将注意力转移到他所感兴趣的事情上，如外出散步跑步、看电影、打球、听音乐、下棋、与朋友聊天等。转移注意力的方法一方面遏制了不良刺激对人的消极影响，防止了不良情绪的泛化蔓延，另一方面使人通过参与感兴趣的活动而获得积极的情绪体验。

4. 合理宣泄法

宣泄情绪是个体进行自我保护的一种方式。如果大学生产生了焦虑、愤怒等强烈的情绪体验，不及时地进行宣泄表达，长久地积压在心底，就会对其身心健康造成极大的危害。合理的宣泄方式是指在不伤害自己、他人和不危害社会的前提下，将自己内心的情绪宣泄表达出来，以缓解、消除紧张的情绪，积极地应对压力及挫折情境。具体方式主要有以下三种。

（1）倾诉。这是最常见的宣泄方式。当一个人产生不良情绪时，可以找心理咨询师、朋友、同学、老师等社会支持系统沟通畅谈，以减轻内心的压力，增加战胜挫折的信心。

（2）呐喊。可以在空旷的原野、树林中大喊、大哭、大笑或者大声朗读、唱歌，以此宣泄内心的消极情绪，达到放松心态的目的。

（3）寻求社会支持。社会支持是指一个人通过社会关系在物质或精神上获得他人的帮助，以增强对压力及挫折的承受能力、消除紧张的情绪。一个完善的社会支持系统包括亲人、朋友、同学、同事、邻里、老师、上下级、合作伙伴等。大学生在情绪不佳时可以尽快寻求好友或家人的支持和帮助。当陷入极端恶劣的情绪中不能自拔，应及时向学校或者社会专业心理咨询机构求助。

5. 运动放松法

人们在运动时身体会发热流汗，新陈代谢和血液循环会加快，身体中的有害物质会被排出体外。因此，运动可以调节神经紧张、脑力疲乏、情绪不佳的状态，还可以使大学生个体获得自尊、自信、自豪感，扩展人际互动的机会，增强战胜压力和挫折的勇气。

你是谁？是胡萝卜，是鸡蛋，还是咖啡？

一个女儿对父亲抱怨她的生活，抱怨事事都那么艰难。她的父亲是位厨师，他把她带进厨房，烧开了三口锅里的水，分别往每口锅里放了胡萝卜、鸡蛋、粉末状的咖啡。煮了大约20分钟后他关火，把胡萝卜、鸡蛋捞出放入碗内，把咖啡舀到杯子里。此时胡萝卜变软了，鸡蛋熟了，咖啡香浓。他解释说，这3样东西面临同样的逆境——煮沸的开水，但它们的反应各不相同。胡萝卜入锅之前是强壮的、结实的，但进入开水后，它变软了、弱了。鸡蛋原来是易碎的，经开水一煮，它的"内脏"变硬了。而粉末状咖啡则很独特，进入沸水之后，它改变了水，使水味道更好。"哪个是你呢？"他问女儿。

你呢，亲爱的同学们？当压力/逆境找上门来时，你是胡萝卜，是鸡蛋，还是咖啡？

📖【自检自测】

觉察你的非理性信念

1. 生活中，一件负能量的事件发生，我首先想到消极的一面。

    A. 很少　　　　　　B. 有时　　　　　　C. 常常

2. 我对某些事情总是不由自主地往坏处想。

    比如，_____、_____、_____

3. 当我往坏处想时，我的情绪会很差，持续时间很长。

    A. 很少　　　　　　B. 有时　　　　　　C. 常常

4. 我觉得生活中很多事情都很麻烦，很无奈。

    A. 很少　　　　　　B. 有时　　　　　　C. 常常

结果解释：

第1题测的是你的非理性思维的不由自主程度。

第2题测的是你的非理性思维的范围。

第3题测的是你的非理性思维对情绪影响的强度。

第4题测的是你的非理性思维的数量。

如果你的回答中有两个以上为"常常"，可要引起警惕！

问卷：测测你的
EQ 情绪智商

课后实践活动：
情绪管理五栏表、
推荐视频

📖【推荐阅读】

情绪心理学（第3版）　　作者：（美）迈克尔·刘易斯，珍妮特·M. 哈维兰-琼斯，丽莎·费尔德曼·巴雷特，南莎　　出版社：电子工业出版社　　出版时间：**2015年7月**

该书被广泛认为是社会神经认知科学领域的标准权威参考书，全面详尽地展示了情绪的各个方面及其在人类行为中的作用，用生物学揭示了情感过程的界面，还利用科学观点介绍了恐惧、愤怒、羞愧、厌恶、正面情绪、悲伤和其他不同的情绪。

作者迈克尔·刘易斯（Michael Lewis）是美国新泽西医科与牙科大学、罗伯特伍德约翰逊医学院儿科学和精神病学大学杰出教授兼儿童发育研究所主任。

大脑的情绪生活——大脑如何影响我们的思想、感受和生活　　作者：（美）沙伦·贝格利，理查德·戴维森，王萌译　　出版社：格致出版社　　出版时间：**2015年1月**

该书开创性地将大脑结构与情绪风格联系起来，认为情绪并非大脑中一些琐屑的现象，对于情绪的控制也并非大脑边缘系统的专有职责，相反，高度进化的前额皮质对情绪有决定性影响，而前额皮质恰恰是传统研究所认为的理性所在之地。作者理查德·戴维森获哈佛大学心理学博士学位，现任威斯康星大学麦迪逊分校心理学与精神病学教授，2000年获得美国心理学会颁发的"杰出科学贡献奖"。

缓解压力　　作者：蒂姆·欣德尔　　出版社：上海科学技术出版社　　出版时间：2000年

该书简明地介绍了101条提示，目的在于最大限度地减轻工作压力。这本书不仅教你如何减轻自身的压力，而且教你如何帮助他人战胜压力。此外，书中的自我评估测试，可让你清楚地界定自身承受的压力程度。

【主要参考文献】

[1] 张积家. 普通心理学[M]. 北京：中国人民大学出版社，2015.

[2] 马建清. 大学生心理健康教程[M]. 浙江：浙江大学出版社，2015.

[3] 张玉茹. 大学生心理健康[M]. 2版. 上海：上海交通大学出版社，

[4] 俞爱月，陈跃男. 大学生心理健康教程[M]. 北京：经济科学出版社，2019.

[5] 邓军. 高校思想政治工作质量提升理论与实践（心理育人卷）[M]. 广西师范大学出版社，2019.

第五章 学习心理

  青年处于人生积累阶段，需要像海绵汲水一样汲取知识。广大青年抓学习，既要惜时如金、孜孜不倦，下一番心无旁骛、静谧自怡的功夫，又要突出主干、择其精要，努力做到又博又专、越博越专。特别是要克服浮躁之气，静下来多读经典，多知其所以然。

——习近平在中国政法大学考察时的讲话（2017年5月3日）

  人的一生，从咿呀学语、蹒跚学步，到老骥伏枥，无论是平凡庶民，还是古来圣贤、现代精英，每一次的进步都离不开学习。如果没有学习，人类恐怕不会发展到今天；如果没有学习，人生也只能是一个美丽的设想。

  对于大学生来说，学习仍然是生活的中心和活动的主要内容。有人说，现代社会的文盲，不是不识字的人，而是离开了学校之后就不会读书的人。那么，究竟什么是学习？为什么要学习？大学生在学习中遇到哪些困难？该如何科学进行学习？

  本章就为大家解答这些问题：

（1）什么是学习；

（2）大学生常见的学习心理困扰及调适；

（3）如何遵循科学规律高效地学习。

  通过对本章的学习，我们将了解学习的含义和大学学习的特点；了解大学生常见的学习心理问题和影响学习的非智力因素；掌握培养大学生学习心理的方法；能够通过积极有效的途径和方法适应大学的学习，养成良好的学习行为习惯，养成优秀的学习品质。

第一节　学习与学习的意义

  人需要学习，只有通过学习才能达到自我完善与自我发展的目标。《三字经》上说"玉不琢，不成器，人不学，不知义"，就从一个侧面说明了学习的重要性。学习不仅是大学生成长阶段的重要活动，也是大学生未来事业的基础。

一、何谓学习

如果我问你会学习吗？你可能会说，当然会，我已经学了十几年了，都已经通过高考进入大学学习，怎么不会学习呢！那么，学习是如何发生的，有哪些规律，学习又是以怎样的方式进行的呢？

近百年来，国内外的教育与心理专家围绕着这些问题，从不同角度，运用不同的方式进行了各种研究，也有着不同的发现和表达。

行为主义学习理论认为学习的本质是刺激与反应的联结，持这种观点的人往往依据这样一个基本假说：学生的所有行为都是习得的，都是学生对以往和现在的环境刺激所做出的反应。认知主义学习理论认为学习在于内部认知的变化，是人在与环境的相互作用中获得知识和运用知识解决问题的过程，因此更重视人在学习活动中的主体价值，突出学习者的自觉能动性。

中国传统文化中的学习观

学习一词，在我国古代文献中早有提及。《论语》开篇就是："学而时习之，不亦说乎？"这大概是我们知道的最早把"学"与"习"联系在一起的说法。按照《说文解字》的解释："学，觉悟也""习，数飞也"。也就是说，"学"是人获取知识，得到启示而提高认识的过程；"习"就是像鸟来回飞行一样反复练习，即将已获得的知识与技巧通过不断的实践而加以巩固的过程。

宋代的大学者朱熹在《续近思录》中这样理解学习："未知未能而求知求能之谓学，已知已能而行之不已之谓习。"他把学习看作一个通过"求知求能"，达到"已知已能"，再由"已知已能"达到"行之不已"的过程。

从中国传统文化的学习观中不难看出，我们的先贤都把学习看成一个人通过不断的理论与实践而提升自己完善自身的过程，而人在成长过程中不断获得完善，不断地超越自己，这当然可以让人得到精神上的快感，何乐而不为？所以孔子强调"不亦说乎"，学习是令人愉悦的过程。

总之，学习是我们人类获得知识与技能，获得身心全面发展，建立与周围世界的联系，探索未知世界的过程，是人类个体和人类整体的自我发展与自我超越。

二、学习的意义

（一）终生学习是信息时代生存的必备技能

当前的信息时代是一个"知识爆炸"的时代，知识量的递增速度越来越快，美国科学家詹姆斯·马丁推测，人类的知识量在19世纪大约每隔50年翻一番，到20世纪末就是3年翻一番，今天的科学知识不过是2050年的知识量的1%。与知识量的增长相伴随的是知识老化的周期越来越短，这也就意味着，我们通过学校学习所获得的知识，在我们走出校门甚至还没走出校门时就已经显得陈旧。

此外，随着人类科技的发展，知识的载体也越来越多样化，知识的传播速度也更快。从知识的载体看，从传统的纸张发展到音像磁带、微缩胶片，再到磁盘、光碟，信息的储存量也越来越大；从知识的传播速度看，当今信息技术与网络通信的发展，使信息的传播变得异常便利快捷，即时通信方便人们能够在最短时间内获取自己所需的信息。

师旷论学习

师旷是我国古代著名的音乐家。一天，师旷正为晋平公演奏，忽然听到晋平公叹气道："有很多东西我还不知道，可我现在已70多岁，再想学恐怕已经晚了！"师旷笑着答道："那您就赶紧点蜡烛啊。"

晋平公有些不高兴："你这话什么意思？求知与点蜡烛有什么关系？答非所问！你不是故意在戏弄我吧？" 师旷赶紧解释："我怎敢戏弄大王您啊！只是我听人说，年少时学习，就像走在朝阳下；壮年时学习，犹如在正午的阳光下行走；老年时学习，那便是在夜间点起蜡烛小心前行。烛光虽然微弱，比不上阳光，但总比摸黑强吧。"晋平公听了，点头称是。

在这样的时代，学习已不只是人生某一阶段的任务，而是将伴随人们终身的一种生活方式；学习也不只是某一个体的生存方式，而是全社会、全人类的生存方式，也是我们在这个社会生存的必备技能。

（二）学会学习是适应社会发展的重要需求

学会学习，这是新时代的学习者应该树立的学习理念。有人可能奇怪，一个大学生，从小学开始，在校学习的时间已有十多年，难道还不会学习？

传统的"接受式"的学习常常只把学生看作被动接受知识的容器，这种教学模式在一定程度上有利于学生对新知识的理解和掌握，但它不利于发挥学生的自主性和独立性。如果我们仍像以往那样只求被动获取知识，那么，在一个知识迅速膨胀与更新的时代，已不能满足人应对快速发展的时代与社会发展的需要，因此，重要的是"学会学习"。

"学会学习"强调除了获得知识以外，更重要的是努力寻求获得知识的方法。林崇德指出，学会学习更多的是为了掌握认识的手段，而不是获得经过分类的系统化知识。我们既可将其视为一种人生手段，也可将其视为一种人生目的。作为手段，它应使每个大学生学会了解他周围的世界，至少是使他能够有尊严地生活，能够发现自己的专业能力和进行交往。作为目的，其基础是乐于理解、认识和发现。

学会学习，就意味着学习不只是简单的听课、看书、做作业，而是事关"学习素质"的问题。"学习素质"指人在学习方面的内在潜力基础，包括学习的观念、技巧、方法、原则，以及学习者的主观因素如情感、兴趣、动机及思维模式的建立等，是人的整体素质中的一种基础素质。这就给学习者提出了新的要求——要求学习树立新的面向未来的学习观，如自主学习观、全面学习观、创新学习观、终身学习观等；要求学习者掌握科学有效的学习方法，善于运用学习策略，还要养成良好的学习品格。总之是在获取新知识的同时，培养适应未来社会的能力。

正如人们常说的："授人以鱼，不如授人以渔。"只有学会学习，才能获得适应未来发展的力量。

第二节　大学生的学习

以"终身学习"的观念来看，大学时代的学习对于我们的人生发展来说有着极为特殊的意义。大学学习既是学校学习生活的延续，同时也是为今后的继续学习奠定基础和形成方法的重要过程。这个时期的学习，不仅影响着一个人的知识能力水平，也影响着能否形成一种自主学习、快乐学习的观念，影响着能否掌握科学有效的方法，影响着一生的学习质量。因此，对大学生来说，掌握大学学习的特点，树立新的学习观念，掌握科学的学习方法，对顺利完成大学学业并成功适应未来社会是极其重要的。

一、大学生的学习特点

大学生的学习是人类学习的一种特殊形式，是指学生在教师的指导之下，有目的、有计划、有组织、有系统地进行的学习。大学生学习的内容包括知识和技能的获得、智力和能力的发展、思想品质与行为习惯的培养。

这种学习有一般的人类学习的共性，但又与之有区别，主要表现在两方面。

一是间接性。大学生的学习，主要是通过书本和教师的传授，掌握前人积累起来的现成的科学知识，获得的是间接经验。当然，大学生也需要参加一定的社会实践活动，取得一定的直接经验。但是，这种实践经验往往是带有验证性和练习性的，是从教学的实际需要出发的，使学生得到对间接经验的一些验证或补充，这与从事社会实践的劳动者的实践大不相同。

二是计划性。我们大学生的学习是在教育情境中，在教师有目的、有计划、有组织的系统指导下进行的。学习过程受学校培养目标的控制，并且受老师指导的制约，再加上在时间上相对集中，因此具有快速、高效的特点，能使大学生在相对较短的时间里取得预期的学习效果。在计划的指导下，学生作为能动的学习主体，能在学习过程中充分发挥主观能动性，积极主动地进行自我调节，以取得最佳的学习效果。

此外，与中学的学习相比，大学的学习又具有以下特点。

（一）学习内容既"博"又"专"

大学教育是素质教育基础上的专业教育，与中学相比，学科门类和知识面拓宽，专业内容则加深，可以说是既"博"又"专"，有助于大学生建立合理的知识能力结构，培养全面的综合素质。需要指出的是，很多人往往片面地把大学的学习理解成专业知识和技能的学习，而忽视能力、态度和品德的养成。其结果是出现高分低能、能才无德、知书不达理的现象。所以，在学习中应注重人的全面发展。正如联合国教科文组织21世纪国际委员会提出的信息时代学习的四大支柱：学会求知，学会做事，学会共处，学会做人。

（二）学习形式多样化

中学的学习形式主要是课堂学习，而大学学习除课堂学习外，还有实验课、讲座、科研活动、社会实践、社团活动及实习、课程设计、毕业设计等。多样的学习形式使大学生可以通过多种渠道获取信息，进行信息交流。这样，学习就不再只是坐在教室里接受老师的知识灌输，更可以获得种种能力的提高，如实践能力、科研能力、人际交往能力、组织管理能力、语言表达能力等。

（三）学习方法科学化

大学里课堂学习时间与中学相比相对较少，课外时间比较多；而在课堂学习中，老师讲课的内容多，学习进度快，还要求学生阅读大量的参考书；课堂学习之外，还有大量的课外学习活动。这就要求学生能根据学校教学计划的安排，有针对性地确定学习目标，确定自己的知识能力结构；在学习过程中合理地安排时间，掌握科学有效的学习方法，从而在有限的时间里提高学习效率，取得最佳的学习效果。

总之，大学学习的特点决定了大学的学习主要是自主学习。这种自主学习要求大学生树立自主的、积极的学习态度，培养自主的学习能力，在学习中发挥主动性、能动性和创造性。例如，在学习活动前的自我计划、自我指导，学习活动中的自我省察、自我调整，学习活动后的自我总结、自我评价，这些都是能动性的表现。

二、大学生学习心理发展的特点

大学生在校学习阶段正是一生中身心发展的黄金时期，这一时期，每一位大学生在智力发展、学习意识和知识经验等方面都有这个阶段的特点。

（一）智力发展达到最佳时期

19～21岁是人生智力发展高峰期，也是一个人系统掌握科学技术知识及出成果的最佳时期。大学生们正处于这个阶段，体力充沛，观察能力、注意能力、记忆能力、想象能力和思维能力等都到达一生中的最佳时期，创新意识得到飞跃发展。大学生这一时期在身体和智力两方面日趋成熟的条件，为学习能力的提高打下了良好基础。

（二）学习意识基本成熟

随着大学阶段的自我意识、主体意识的增强，学习意识进入成熟期，表现在自我学习过程的自我反思、自我评价和自我监控能力基本成熟，学习自觉性空前提高，学习动机趋于稳定。大学生比中学生在学习态度上更能明确意识到学习的客观意义与自身成长关系的主体意义。

（三）学习动机呈现两极化发展

学习动机是学生学习活动的主观意图，是推动学生进行学习的内在动力。大学生的学习动机是影响大学生学习的重要心理因素，对大学生的学习起着持续有力的推动作用。学习动机合理、态度端正的学生，能够积极依据自身特点制订切实合理的计划，并坚持持续地努力执行计划，积极探索适合自己的学习方法，力争达到设定的学习目标；缺乏学习动机的学生，则可能认为考入大学后学习目标就算实现了，不再给自己设立新的学习目标，学习上只求及格，缺乏学习动力和学习兴趣。

（四）知识和经验相对不足

这一阶段的大学生们已经拥有了与成人相似的身体条件，心智发展也接近一生顶峰时期，但由于受教育经历的阶段性限制及社会经验的缺乏，在知识和经验方面与完全意义上的成年人相比相对不足，但这也意味着这一阶段，大学生接受新知识、新观念和新技能的速度快，可塑性强。

三、大学生常见的学习心理困扰

两千多年前，孔子教诲他的弟子说："学而时习之，不亦乐乎？"他把学习视为一件使人愉悦的事。两千多年后，当学习成为走向未来的生存护照，当学习关乎我们每一个人的个人发展与事业成功时，学习更应该是一件自主自觉的事。但事实上，并不是所有大学生都能把学习视作愉悦之事而自觉地去做，有些学生在学习过程中产生了种种困扰。

大学学习现象一瞥

大一、大二年级的大学生常常不知道自己学什么好。

一位大一同学如是说:"学习？我现在没怎么学习，学什么啊？我现在就是偶尔上上自习课，看看号称很重要的英语。大家多数时间是在谈吃穿，偶尔谈谈学习。"也有同学说:"在大学该学什么？也许时间未到，到时候就知道了。"

大三、大四的同学则有另外的迷茫:"就要毕业了，回头看看自己的大学生活，我想哭，不是因为离别，而是因为什么也没学到。"

以上这样的情形在大学里并不罕见。学习适应不良、学习动机缺乏与学习动机过强、学习焦虑、学习疲劳、学习中的注意障碍等都是常见的大学生学习心理问题。

（一）学习适应不良

有些大一的同学会有这样的困惑：自己高中时的成绩在班上名列前茅，进了大学后，平时学习也很认真，但考试成绩就是不理想，甚至还直线下滑，这到底是什么原因呢？

还有一些新生，进了大学，想着要好好学习，可就是不知道该学什么，该看些什么书。想与老师交流，可是老师一般下了课就离开学校,觉得缺少老师的指导,有无所适从的感觉。

这些同学的烦恼跟进入大学后的学习适应不良有关。学习适应不良是大学新生中常见的一种心理困惑，这种情况的出现，往往与不能面对进了大学以后与中学出现的落差有关。在中学是尖子，是老师、家长的骄傲，进了大学，却发现在人才济济的名牌大学里，自己只是一名普通的学生，这种现实中的落差带来了心理上的巨大失落，如不能及时调整，便会打击学习的积极性，严重影响以后的学习。

另外，学习适应不良的同学往往会表现出这样的特点：一是学习缺乏独立性，习惯于中学时的学习方法，由教师安排自身的学习内容、学习计划、学习时间等，对教师的依赖性较强；二是不理解大学的学习特点和规律，而对新的学习环境无所适从，不知道如何有效地开展学习活动；三是对本专业的知识、技能、要求认识不足，不知道怎样建立专业知识结构，培养专业技能，学习带有盲目性。

（二）学习动机不当

学习动机是激发学习者进行学习活动，维持已引起的学习活动，并使学习行为朝向一定目标的一种内在驱力。学习动机反映着学习者的某种需要，它决定了学习的方向，决定了学习的进程，是影响学习效果的最强因素之一。

因为学习动机对学习有推动与促进作用，所以人们往往认为动机强度越高，学习效果就越好。但事实并非如此，心理学研究表明，当动机强度处于中等水平时工作或学习效率是最高的。动机太弱，不能激发学习的积极性；而动机太强，则会导致学习者情绪紧张，过度焦虑也会影响到学习效果。

在大学生学习中，学习动机缺乏与学习动机过强这两种现象都存在。

1. 学习动机缺乏

许多学生在高中时有明确的学习动机，就是要考上大学。上大学后，很多人就丧失了学习动机，没有了内在的驱动力量，没有明确的学习方向，不想再学习，甚至厌倦学习。

大学生学习动机缺乏的具体表现为：学习目标不明确，学习行为往往表现出从众与依附性，随大溜，极少有独立性和创造性；学习态度不认真，学习上拖拉、散漫、怕苦怕累，并经常为自己的懒惰行为找借口；没有学习的热情，缺乏必要的学习压力和心理唤醒水平，厌倦学习，逃避学习，甚至一提到学习，心中便产生挫折感、压抑感或无聊感等不良心理反应；容易分心，注意力差，不能专心听课，不能集中思考，兴趣容易转移，对学校与班级生活感到无聊；缺乏学习方法，把学习当作被迫的苦差事，因此不愿积极寻求一些适合自己的学习方法，满足于死记硬背，应付考试，由于缺乏正确的、灵活的学习策略和方法，所以往往不能适应新的学习情景。

2. 学习动机过强

学习动机对学习活动起着维护、促进作用，但并不意味着学习动机的强度越大，学习效果就越好。动机过强，不论是内部的抱负和期望过高，还是外部的奖惩诱因过强，都会使大学生专注于自己的抱负和外部的奖惩，而不会专注于学习，实际上是阻碍了学习。与缺乏学习动机的学生相比，学习动机过强的大学生特别勤奋，几乎把所有的心思和时间都放在功课的学习上，不参与其他的活动，将学习成绩视为唯一的成功衡量标准，这会给自己带来巨大的心理压力。

学习动机过强的学生常常伴随着学习焦虑与考试焦虑。由于过于追求成功害怕失败，因此面临考试时考虑更多的往往是："我会不会考砸？要是考不好怎么办？我一定要成功！"等。结果反而会影响学习与考试的效果。

（三）学习焦虑

心理学研究表明，适度焦虑对学生的学习是有利的，而低焦虑和高焦虑则相反。焦虑过度会使学生感到沮丧、痛苦、失望、内疚，而焦虑不足则会使学生不思进取、萎靡、消沉、灰心丧气，我们所说的学习焦虑是指学生担心达不到预期的学习目标和未能克服学习障碍物威胁，致使自尊心、自信心受挫而产生的一种紧张不安和恐惧的情绪状态。一部分学生存在着过度的学习焦虑情绪。

有些同学学习能力并不差，学习也不吃力，成绩也不错，但就是觉得"紧张得透不过气来"。这些同学往往是学习压力过大，精神高度紧张，在面对繁杂的学习内容不知所措，思维紊乱，注意力不能集中，记忆减退，导致学习效率下降。

有些同学害怕别人的否定评价，课堂上担心被提问，一听老师提问就紧张，趋向逃避、退缩，对考试有恐惧心理，也有些学生上了考场就紧张，拿到考卷就"脑子里一片空白"，出冷汗，记忆困难等。

学习焦虑的突出表现是考试焦虑，即在临考前或临考时产生紧张与恐惧的情绪状态。严重的考试焦虑者在考前会出现明显的生理心理反应，如过分担忧、恐惧、失眠健忘、食欲减退、腹泻等症状；在临考时心慌气短、呼吸急促、手足出汗、发抖、频频上厕所、思维肤浅、判断力下降、大脑一片空白；个别学生在考场上出现视力障碍，如看不清题目、看错题目、漏题丢题、动作僵硬、手不听使唤、出现笔误等。

（四）学习疲劳

学习疲劳是指学习者由于学习过度或学习方法不当而产生学习效率降低，并伴有渴望停止学习活动的生理和心理现象。在极度的疲劳状态下，就会陷入完全不能学习的状态，出现所谓的学习疲惫或学习疲劳症。学习疲劳可分为生理的和心理的两种。学习心理学研究表明，凡是需要紧张注意、积极思维和加强记忆的学习活动，都容易产生疲劳。

比如，有些同学对学习越来越厌倦，不愿谈论学习的事情，不愿上课，不愿做作业；不愿翻书本，一看书就困，不光是专业书，甚至连小说都懒得看，有时候强迫自己去自修室自习，但注意力常常不能集中，看书"看不进去"，记不住书中的内容。感觉自己思想迟钝，不思考问题，提不出问题供自己钻研、解决，更不去请教同学和老师，造成成绩严重下滑。这是一种典型的学习疲劳症。

其实，学习疲劳的发生也是一个渐进过程，从精力不能集中，听课走神，发展到思维缓慢，反应迟钝，精神萎靡不振，学习效率严重下降，并且在生理上会出现头昏头痛、失眠等症状。

（五）学习中的注意障碍

注意在学习中具有关键作用。当学生专心致志地听老师讲课而不受其他声音干扰，聚精会神地看书，认真地思考学习中的问题而不想无关的事情，他的心理活动是指向和集中于一定的对象的，这便是注意。

大学生中出现的学习注意问题主要是注意力不集中。有些同学在学习中很容易分心，常常因为外界的无关的刺激中断学习；有些是注意力难以持久，对已经开始的学习活动常常半途而废，不能善始善终，时间一长，自然就影响学习成果。

四、大学生学习困扰的主客观原因

造成大学生学习困扰的原因是多方面的，从客观原因上来看，有社会环境和学校环境的影响。

从社会环境分析，当今飞速发展的经济给社会带来了巨大变化，商品经济大潮冲击着社会的各个角落，其中也包括高等院校，社会上竞争日趋激烈，生活压力不断加重，大学生虽身在学校，但已能感受这种严峻的未来的压力，有时就会导致学习压力过大，不堪重负的困扰。有些大学生在物质利益面前，受到挑战，受"拜金主义"的影响，对学习不抱什么希望，认为读书无用，因而丧失了学习动力；而有的家长望子成龙，急功近利，什么专业在社会上吃香，什么专业挣钱多就让孩子选择什么专业，不考虑孩子是否适合。因此有的学生，进入大学后一直不能对自己的专业产生兴趣，只是被动地接受知识，应付学习，而有的学生，就像以下案例中的学生，因理想和现实的差距，丧失了学习的兴趣。

理想与现实的差距

小想是计算机专业三年级学生，他想在明年参加公务员考试。他高考时以优异的成绩进入了计算机专业，他本来是想进重点大学的，可是因为高考没发挥好才来到了目前的大学。在这种情况下他说上了大学之后一点喜悦感都没有。虽然规划好了非常美好的前景，但是在大学生活中无心学习，常感到生活没有意义，也没有计划性。他认为在这里学习并不能提高自己的能力，所以在目前的生活状态下表现出对学习的厌烦。正面临着英语四级的第二次备考他却无心学习，从而表现出焦虑和对前景的担忧。

从学校环境来看，从中学到大学，学习环境发生了变化，有些大学存在专业设置过细，口径过窄的现实情况，这一定程度上脱离了社会需要，导致大学生择业困难；也有一些大学课程设置不合理，教学内容陈旧，方法刻板、单一，教学效果不佳，教学管理不严，教学条件跟不上等，这些都会直接影响到大学生的学习。

而在主观原因上，主要有以下几点。

首先，认知调整上未能建立新的学习理念以适应新时代、新环境。一方面，如果依旧抱着传统的学习观不放，以为学习就是简单的积累知识，以为学校几年的教育就可以让人一生无忧，这样的学习一定是失败的。另一方面，大学的学习与中学的学习有着质的不同。有些同学进大学之前，一直跟着老师的指挥棒转，进了大学，还是继续被动，未能及时调整自己，建立主动自觉的学习观，就会在被动中导致学习上的迷茫。

其次，未能培养起良好的学习品格。学习品格就是学习者在学习方面的心理品质和心理素质，包括人格、精神、态度等方面的因素，可以想象，一个缺乏理想、没有目标、对学习没有兴趣的大学生是不可能有学习动力的。而有些同学又可能因为成就动机太强、学习期望值太高、目标过高而造成学习焦虑；同样地，一个没有认真求实的学习态度，没有坚强意志的大学生也是难以在学习中坚持的。这些都是关系学习品格的问题。

最后，未能掌握科学有效的学习方法。学习努力了，但如果方法不对，学习也是难以顺利进行的。有些同学学习计划性不强，作息时间不规则，对学习时冷时热，有时通宵达旦，有时又无所事事，导致人体生活节律遭到破坏；有些则不注意劳逸结合，用脑过度，他们会废寝忘食地学习，将课余时间都用来学习，没有适当地放松，以至于出现学习疲劳，结果与预期的学习效果背道而驰。

关于学习动机问题的自我调适

当一个学生缺乏动力时，相对其他学生紧张而有节奏的学习生活，他就如同一个局外人，与学习群体不相融，如不及时矫治就不可能坚持学习，不可能完成学习任务。而学习动机出现问题一般表现为学习动机缺乏和学习动机过强两种情况，这都是由不同的心理状态所引起的。

当发现自己学习动机缺乏，出现学习问题时，可通过以下方式进行调适：

（1）确立切实可行的学习目标；
（2）学会控制自己的情绪；
（3）培养在学习上遇到难题也不气馁、敢于不断尝试的人格特征；
（4）在生活中培养自信的人格特征，形成乐观的情绪状态与心态。

当发现自己学习动机过强，出现学习问题时，可通过以下方式进行调适：

（1）提高学习层次，正确看待奋斗目标；
（2）正确认识自己的潜力，量力而行；
（3）制定合理的目标，脚踏实地，不好高骛远；
（4）培养广泛的兴趣爱好，积极参加各类文化娱乐活动；
（5）克服虚荣心理，学会调整情绪保持旺盛的学习斗志。

第三节　科学的学习策略

学习过程无外乎是学什么和怎么学的问题，科学地认识大学学习中产生的问题，能够对之进行较好的处理和解决，如果再学会运用科学的策略进行学习，那么学习道路就会走得更好、更远。

一、有效运用记忆曲线，减少遗忘

现代心理学对记忆这一概念的内涵有明确的界定，从信息论角度看，记忆乃是信息的输入获得、编码储存与提取运用的过程。在中国传统文化中，王夫之对记忆做了较为系统的明确的论述，他引入了"识""存""念"三个概念，与西方心理学的"识记""保持""重现"分别一一相对应。记忆既是智力活动的基础，又是智力活动的仓库。因此，为了有效地开展智力活动、提高智力水平，就应当研究记忆、掌握记忆规律。

人的大脑对信息的储存可分为短时记忆与长时记忆两个阶段。在短时记忆中，信息的储存是不牢固的。例如，如果考试前只采用临阵磨枪的策略，可能成绩也不会太差，但这只是权宜之计，这种方法并不能使所学的专业知识进入长时记忆系统，等到将来工作中要用到这些知识时，个体就会发现大脑一片空白，什么也记不起来。同样，对刚刚看过的一个电话号码，人们很快就会忘记，只有通过反复运用，这个号码才能进入长时记忆系统。所以，当我们学习了新知识后，如果不及时复习，这些记住的东西很容易会被遗忘。人的记忆过程如下图所示。

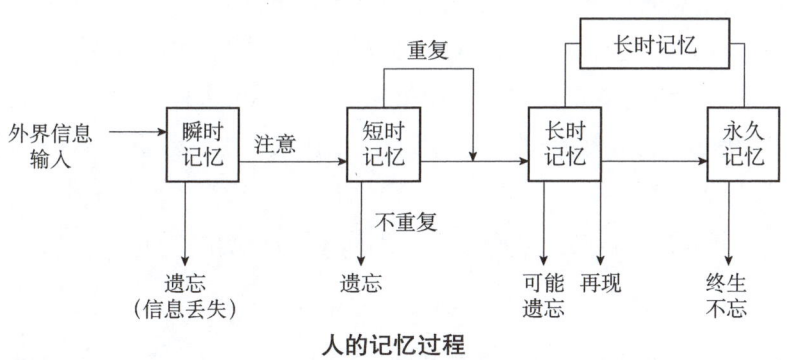

人的记忆过程

德国心理学家艾宾浩斯通过实验研究，发现遗忘的过程有先快后慢的特点。根据他的研究，对刚刚记忆完毕的学习材料，20分钟以后被试就只能回忆起58.2%，1小时之后只能回忆起44.2%，8～9小时后只能回忆起35.8%，1天后只能回忆起33.7%，2天后只能回忆起27.8%，6天后只能回忆起25.4%，1个月后只能回忆起21.1%。因此，学习完新知识后就应及时复习，以使这些知识进入长时记忆系统。艾宾浩斯遗忘曲线如下图所示。

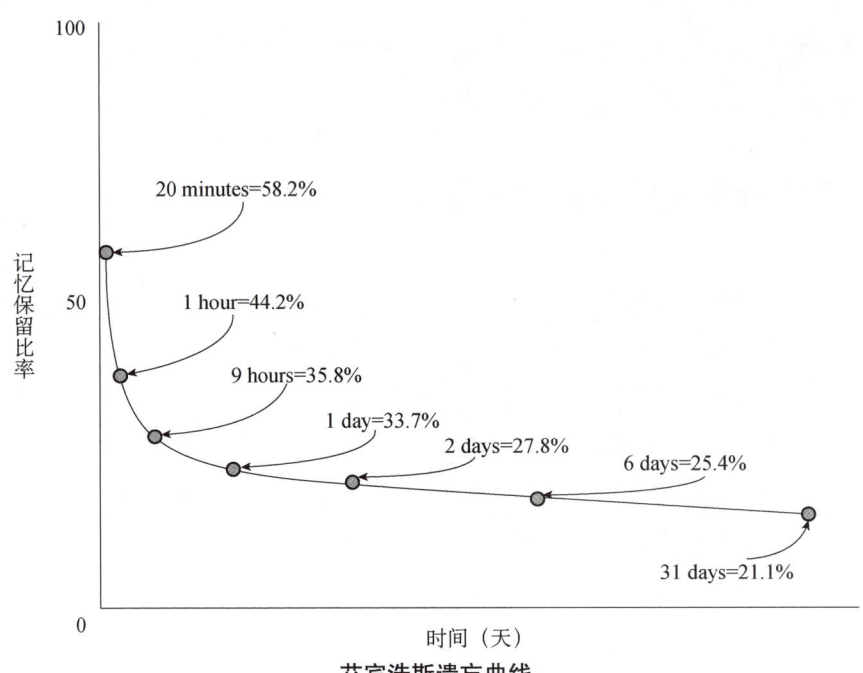

艾宾浩斯遗忘曲线

这条曲线告诉人们在学习中的遗忘是有规律的，遗忘的进程不是均衡的，不是固定的一天丢掉几个，转天又丢几个的，而是在记忆的最初阶段遗忘的速度很快，后来就逐渐减慢了，到了相当长的时期，几乎就不再遗忘了，这就是遗忘的发展规律，即"先快后慢"的原则。观察这条遗忘曲线，我们可以发现，学到的知识在一天后，如不抓紧时间复习，就只剩下原来的 33.7%，随着时间的推移，遗忘的速度减慢，遗忘的数量也就减少。有人做过一个实验，两组学生学习一段课文，甲组在学习后不久进行一次复习，乙组不予复习。一天后甲组保持98%，乙组保持55%；一周后甲组保持83%，乙组保持33%。乙组的遗忘速度要远远高于甲组。

我国古代的"时习法"，与西方心理学提出的复习法是相通的。

我国古代的"时习法"

我国古代思想家、教育家十分重视复习对提高记忆的作用，提出"时习法"。孔子曾说："学而时习之，不亦说乎？"（《论语·学而》）几乎历代的所有的思想家、教育家都十分重视"时习"。朱熹解释"学而时习之"说："时者，吾无时而不然也；习者，重复温习也，学而不习，生涩危殆，而不能以自安。习而不时……功夫间断……终不足以成其功。"（《朱子大全·论语》）他不仅明确地解释了"时"与"习"的基本含义，同时也强调了"时习"的重要性。其中主要的一点是："学而不习，生涩危殆。"这就是说，通过"学而时习之"，可以巩固记忆，避免"生涩"。

二、采取有效的记忆策略,提高记忆效率

(一)多种感官协同运用

心理学研究发现,人们在进行识记时一般可以记住自己阅读的10%,自己听到的20%,自己看到的30%,自己看到和听到的50%,交谈时自己所说的70%。这说明如果在识记过程中能够有多种感觉器官协同参与,记忆的效果会更好。

朱熹的"三到"

宋朝教育家朱熹认为:"读书有三到,谓心到、眼到、口到。心不在此,则眼不看仔细。心眼既不专一,却只漫浪诵读,决不能记,记亦不能久也。三到之中,心到最急。"

面对一项学习任务时,对需要记忆的材料既听又看、既读又练,有利于增强所记材料之间的联系,有利于保持和回忆识记内容。

(二)适当过度识记效果最佳

背诵能够减缓记忆的消退过程。但是,如果刚刚能够完全背诵材料就停止识记,那么识记的内容很快就会被遗忘。相反,如果这时还能继续学习一段时间,就会有意想不到的好效果。"熟读唐诗三百首,不会作诗也会吟"就说明了这个道理。实际上,心理学家克鲁格也曾做过一个著名实验,证明了过度学习对材料保持的作用。研究发现,过度学习对材料的保持,特别是对材料的长久保持更为有利,150%的学习程度是最佳的学习程度,即当记忆一个材料时,如果我们记6遍刚好可以背诵了,那么再多记3遍,则记忆效果最佳,记忆会更持久。

(三)阅读与尝试回忆相结合

运用此种方法,即先阅读一遍要识记的内容,然后尝试回忆一次,再阅读一次,然后再尝试回忆一次,这样有助于提高记忆的效果。同时,要掌握好阅读与尝试回忆的时间比。心理学研究发现,对于有意义的学习材料,阅读与尝试回忆的最佳时间比为2∶3。也就是说,用于尝试回忆的时间要比用于阅读的时间略多一些。

学无定法,除了以上介绍的这些记忆策略之外,你还运用过哪些策略来提高自己的记忆效率呢?快来和同学分享一下你的经验吧!

三、科学使用大脑,大脑越用越灵光

2001年度《美国心理学会年度报告》中说:"任何一个大脑健康的人与伟大科学家之间,并没有不可逾越的鸿沟,他们的差别只是用脑的程度与方式的不同,而这个鸿沟不但

可以填平，甚至可以超越，因为从理论上讲，人脑的潜能几乎是无穷无尽的。"有研究报告指出，人脑被利用或开发了百分之十，还有相当大的部分未被利用，脑的各个功能区还有很大的潜力可挖掘。人脑在 25 岁以前都处于发育阶段，青春期更是后天脑发育的关键期。脑发育的规律是"用进废退"，也就是说脑越用越灵。为有效运用大脑，充分挖掘大脑潜能，科学家们提出了"全脑学习"的新理念，即充分调动左右脑各个智力区域参与到学习活动中，多管齐下，发挥大脑潜能，提高学习效率。大学生时期，正是大脑发育的黄金期，那么我们该如何科学使用大脑呢？

（一）注意营养，保证脑细胞的"物质供应"

大脑的神经细胞在进行正常活动时，要消耗大量的能量，新陈代谢十分旺盛，大脑的重量只占体重的 2%，而耗氧量却占了全身的 20%，当大脑积极活动时，耗氧量将达到全身耗氧量的 30%，因此，一定要注意补充大脑需要的营养，保证蛋白质、糖类和各种维生素的供应，多吃牛奶、鸡蛋、鱼类、蔬菜水果及坚果等有益大脑的食物，不要在过饥或过饱状态下进行学习。

（二）劳逸结合，学习生活要规律

巴甫洛夫说："在人类机体活动中，没有任何东西比节奏性更有力量。"良好的作息习惯可以保证学生每天有充沛的精力投入学习生活中，使学习生活的安排建立在科学用脑的基础上，长期有规律地生活，让各种活动的交替达到自觉的状态，就可减轻大脑的负担、保证大脑健康，大大提高学习效率。

学习中要注意休息，做到有张有弛，劳逸结合。保证大脑休息，是使大脑神经细胞发挥正常功能的必要条件，休息的方式之一是睡眠休息法，睡眠能使疲劳的大脑重新恢复机能。另外，交替活动休息法也是一种很好的休息方法。人的大脑由两个大脑半球组成。一部分神经中枢处于兴奋状态时，另一部分便处于休息状态。要使大脑皮层的各神经中枢功能区经常交替着工作，有效的办法是变换活动内容和学习内容，不要单调地长时间地从事一项学习活动，这样就可保证大脑皮层的细胞轮流休息和工作。比如，我们高数题做累了，可以背背英语单词，让大脑的不同区域轮换进行休息。

（三）有效地进行时间管理，事半功倍

时间管理对学生的学业成绩具有显著的预测作用，与个体的能力、自我观念、主观幸福感、自身健康状况及自我价值感等存在显著的正相关，而与焦虑、抑郁等消极情绪体验存在显著的负相关。研究表明，善于管理时间的人，成绩卓越，成就动机高，且通过提高时间管理可以降低个体的消极情绪体验。

1. 运用最佳时段效应，定时、轮流从事学习。

一般来说，早上起床1~2小时，上午8：00~11：00，傍晚16：00~20：00，就寝之前1~2小时，这四个时段为人们一天中的四个记忆高峰期。在这些时段里记忆效果最佳，可以用来学英语，背一些文科知识，或理工科的公式、定理等。每个人的生物钟遵循人类生理的大规律，但也存在个体差异性，大家可以在此基础上，作为参考安排自己的作息时间。下表就是一位同学结合自己实际情况，基于生物钟时段法则制定的作息时间表。

基于生物钟时段法则制定的作息时间表

时间段	时间	状态	适宜功课
黄金时段	6：00~8：00	睡眠后人的疲劳已消除，头脑最清醒，体力充沛	功课的攻读
考验时段	8：00~9：00	人的耐力处于最佳状态	难度大的攻坚内容
突击时段	9：00~11：00	人的短期记忆效果奇佳	"抢记"和"突击"马上要考核的功课
休息时段	13：00~14：00	饭后容易疲劳，休息调整一下，养精蓄锐，以利再"战"	听听轻音乐，做做放松操
次佳时段	15：00~16：00	调整后精神又振作，长期记忆效果较好	合理安排需永久记忆的功课
攻关时段	17：00~18：00	人的分析能力最强，安排得当，可以事半功倍	完成复杂计算和难度大的作业
调整时段	19：00~20：00	19点精神最不稳定，心理稳定性降到最低点	稍事休息，调整状态
识记时段	20：00~21：00	人的记忆力特别好，一天中的最佳记忆时间	睡前记忆一些重要的内容
休息时段	22：00~23：00	人体各种机能开始进入低潮	准备休息

我国古代学者的复习时间安排

我国古代学者很注意安排复习的时间。如《国语》云：学生早晨接受老师传授的知识，白天通过讲习，以求融会贯通；傍晚进行复习，夜间又重温一遍，觉得没有忘记什么知识，这样心里才产生踏实感。《管子》提出的做法是：上半天学习新知识，下半天就要进行复习，如此及时复习，一次也不间断，所谓"朝益暮习，以此不解（懈）"。有的学者则认为早晨与夜晚的记忆效果最好。如张载说："书须成诵精思，多在夜中或静坐得之。"（《经学理窟·义理》）这是因为此时人们"未与事接"，受到的干扰较小。

2. 运用时间四象限法则进行时间管理

在我们的学习生活中，很多时候往往有机会去很好地计划和完成一件事，但常常却没有及时地去做，随着时间的推移，造成学习生活效率的下降。四象限法则是时间管理理论的一个重要法则，要求把主要的精力和时间集中放在处理那些重要但不紧急的工作上，这样可以做到未雨绸缪，防患于未然。

如果把要做的事情按照紧急、不紧急、重要、不重要的排列组合分成四个象限，有利于我们对时间进行深刻的认识及有效的管理。时间管理四象限分布如下图所示。

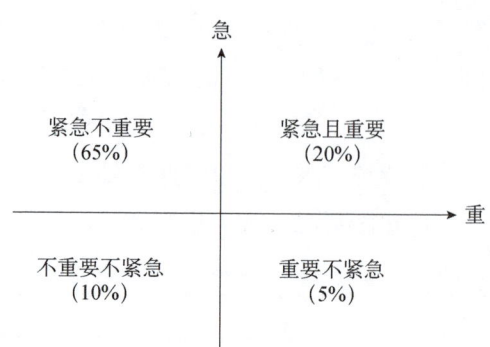

图　时间管理四象限分布（百分比代表该象限事情在所有事情中的所占比重）

第一象限：优先

这个象限包含的是一些紧急且重要的事情，这一类的事情具有时间的紧迫性和影响的重要性，既无法回避也不能拖延，必须优先解决。它表现为必须马上完成的作业，要交的项目报告或者参加的重要活动等。

第二象限：衡量

第二象限包含的事件是那些紧急但不重要的事情，这些事情很紧急但并不重要，因此这一象限的事件具有很大的欺骗性。很多人在认识上有误区，认为紧急的事情都很重要，实际上，像回复紧急的微信消息、同学打王者荣耀缺人等事件，看起来紧急却不重要。这些不重要的事件往往因为它紧急，就会占据人们的很多宝贵时间。

第三象限：放弃

第三象限的事件大多是些琐碎的杂事，既没有时间的紧迫性，也没有任何的重要性，这种事件与时间的结合纯粹是在扼杀时间，是在浪费生命。发呆、毫无目的地上网、闲聊、游戏，这是饱食终日无所事事的人的生活方式。

第四象限：投资

第四象限不同于第一象限，这一象限的事件不具有时间上的紧迫性，但是，它具有重大的影响，对于个人成长和发展及周围环境的建立维护，都具有重大的意义。比如，背英语单词，体育锻炼，进行某项技能的练习等。

四、掌握科学的学习策略，为学习助力

学习策略是在学习活动中所采用的规则、方法和技巧。大学阶段对我们学习的自觉性要求高于中学时代，采用组织策略、精加工策略和元认知策略可以提高大学生的学习效率。

（一）组织策略

组织策略是指整合所学新知识和旧知识之间的内在联系，对学习材料进行系统、有序的分类和整理，形成清晰的知识网络和新的知识结构的策略。适用于大学生的常用组织策略有归类和列图表，具体包括以下四类。

系统结构图：这种方法是在学习知识后将所学材料进行归类，将主要信息归纳为不同水平或不同类别，然后形成一个系统结构图。

一览表：这种方法先是将所学材料进行综合分析，然后从某一角度出发，抽取主要信息并加以罗列。例如，在学习矿物的时候，按照金属和非金属把材料进行分类，然后写出各种材料的特点。

流程图：当学习的材料可以按照时间、步骤或者阶段归类时，就可以采用绘制流程图的方法帮助自己复习所学内容。

网络模式图：与流程图不同的是，网络模式图可以把每个章节中的主要概念、观点用构建概念地图的方式联系起来。在网络模式图中，主要概念或核心观点位于正中，支持性概念和观点位于主要概念或核心观点的周围。

（二）精加工策略

在一期电视节目中，一位73岁的老人成功地背诵了圆周率小数点后的5000位数字，这位老人说，他采用的方法是4个数字对应一个人名，先记住名字的顺序，然后按照名字的顺序编故事，编故事时先把数字转成谐音。实际上，这位老人在记忆的时候采用的是精加工策略。精加工策略是指通过对学习材料进行深入细致的分析、加工，理解其深层意义并促进记忆的一种策略。简单地说，就是用谐音、编故事、编儿歌的方式，使需要记忆的新材料与已有的知识产生联系，进而进行识记的方法。有时人们也会采用位置记忆法，在头脑中创建一个熟悉的场景，在这个场景中确定一条明确的路线，然后将要记的项目全部视觉化。

这些方法在要识记的新信息和大脑中的已有信息间建立起网状结构，这不仅有利于对新信息进行深入加工，还利于对新信息的记忆和提取。

（三）元认知策略

元认知策略是指学习者对自己学习过程的有效监督和控制。在大学阶段，教师不会整天督促学生学习，教学生如何改进自己的学习方法，大学生需要经常对自己的学习情况进行监督和调控。元认知策略包括以下三类。

计划策略：这一策略是指在学习前对学习目标、过程等方面进行规划与安排，包括设置合理的学习目标、安排时间、预测重点和难点，以及分析如何完成学习任务等。这部分可以结合时间管理四象限法一起来制定。

监控策略：这一策略主要是指对学习过程中使用的方法、策略及学习计划的执行等方面进行有意识的监控，如考察自己是否完成了学习目标、目前使用的学习策略是否有效及自己的注意情况如何等。

调节策略：根据监控策略，如果发现自己在学习过程中有一些问题或者有些策略不适用，就需要根据学习进程的实际情况对计划、所用策略等进行调整，包括调整预先设定的目标或计划、改变使用的策略、有意识地矫正学习行为、采取一些补救措施等。

【实践与思考】

每天十分钟

三年前，一名私人企业家给一所学校捐赠了一架钢琴，学校原来有过一位音乐老师，不过嫌学校待遇低离职了。于是，一名语文老师便成了这架钢琴的主人。每个课间她都会来到这里练练琴。从最基础的音阶开始，她每次都只有十分钟的练习时间。十分钟后，上课铃声响起，她就不得不匆匆赶回教室去上课。三年后，这位老师已经可以娴熟地弹奏《致爱丽丝》了，那美妙的琴声让好多人都很惊讶。有人问她："你能这样熟练地演奏这首曲子需要练习多长时间？"她微笑着回答："十分钟。"

练听力、做计划、体育锻炼等事情看似不太紧急，但对个人来说是十分重要的事情，这些活动就属于第四象限。第四象限的工作，可以不用整段时间来完成，但如果我们能利用它并把它变成一种习惯，那么我们也会有所收获。我们有很多零碎时间，如临睡前、上课前、等车时、等朋友时等。我们可以充分利用这些时间来背单词等，不需要整段时间的学习活动。

更多学习策略

请写出你一天中所需要完成的事情或者任务，并尝试用时间管理四象限办法，给它们归类。

【自检自测】

考试焦虑自我检查表

为了帮助你准确地把握自己在考试焦虑方面存在的问题，我们准备了这份考试焦虑自我检查表。请你仔细阅读每一题，看是否反映出你在考试时的问题。

如果是，就在该题目左边打一个钩；如果不是，则无须做任何标记。一定要根据自己的情况如实回答，不要花太长时间思考。

（1）我希望不用参加考试便能取得成功。

（2）在某一考试中取得的好分数，似乎不能增加我在其他考试中的信心。

（3）大家（家人、朋友等）都期待我在考试中取得成功。

（4）考试期间，有时我会产生许多对答题毫无帮助的莫名其妙的想法。

（5）重大考试前后，我不想吃东西。

（6）对喜欢搞突然袭击式考试的教师，我总感到害怕。

（7）在我看来，考试过程似乎不应该搞得太正规，因为那样容易使人紧张。

（8）一般来说，考试成绩好的人将来必定能在社会上取得更好的地位。

（9）重大考试之前或考试期间，我常常会想到其他人比我强得多。

（10）如果我考砸了，即使自己不会老是记挂着它，也会担心别人对自己的评价。

（11）对考试结果的担忧，在考试前妨碍我准备，在考试中干扰我答题。

（12）面临一场必须参加的重大考试，我会紧张得睡不好觉。

（13）考试时，如果监考老师来回走动注视着我，我便无法答卷。

（14）如果考试被废除，我想我的功课会学得更好。

（15）当了解考试结果的好坏将在一定程度上影响我的前途时，我会心烦意乱。

（16）我知道，如果自己能集中精神，考试时我便能超过大多数人。

（17）如果我考得不好，大家将对我的能力产生怀疑。

（18）我似乎从来没有对考试进行过充分的准备。

（19）考试前，我身体不能放松。

（20）面对重大考试，我的大脑好像凝固了一样。

（21）考试中的噪声（如日光灯的响声、送暖气或送冷气的声音、其他应试者发出的声音，等等）使我烦恼。

（22）考试前，我有一种空白、不安的感觉。

（23）考试使我对能否达到自己的目标产生怀疑。

（24）考试实际上并不能反映出一个人对知识掌握得究竟如何。

（25）如果考试得了低分，我不愿把自己的确切分数告诉任何人。

（26）考试前，我常常感到还需要再充实一些知识。

（27）重大考试之前，我总感到胃不舒服。

（28）有时在参加重要考试的时候，一想起某些消极的东西，我似乎都要垮了。

（29）在即将得知考试结果前，我会感到十分焦虑或不安。

（30）但愿我能找到一个不需要考试便能被录用的工作。

（31）假如在这次考试中我考得不好，我想这意味着自己并不像原来所想象的那样聪明。

（32）如果我的考试分数低，我的父亲和母亲将会感到非常失望。

（33）对考试焦虑简直使我不想认真准备了，这种想法又使我更加焦虑。

（34）考试时我常常发现，自己的手指在哆嗦，或双腿在颤抖。

（35）考试过后，我常常感到本来自己应考得更好些。

（36）考试时我情绪紧张，妨碍了注意力的集中。

（37）在某些考试题上我努力越多，脑子也就越乱。

（38）如果我考砸了，且不说别人会对我有看法，我自己也会失去信心。

（39）考试时，我身体某些部位的肌肉很紧张。

（40）考试之前，我感到缺乏信心，精神紧张。

（41）如果我的考试分数低，我的朋友们会对我感到失望。

（42）在考前，我所存在的问题之一是不能确定自己是否做好了准备。

（43）当我必须参加一次确实很重要的考试时，我常常感到恐慌。

（44）我希望主考人能够察觉，参加考试的某些人比另一些人更为紧张，我还希望主考人在评价考试结果的时候，能对此加以考虑。

（45）我宁愿写篇论文，也不愿参加考试。

（46）公布我的考分之前，我很想知道别人考得怎样。

（47）如果我得了低分，我认识的某些人将会感到快活，这使我心烦意乱。

（48）我想如果我能单独进行考试，或者没有时限压力，那么，我的成绩便会好得多。

（49）考试成绩直接关系我的前途和命运。

（50）考试期间，有时我非常紧张，以至于忘记了自己本来知道的知识。

以上是考试焦虑检验的50道题。当你答完后可按以下程序进行分析：

（考试焦虑自我检查表的内容归类及题目序号）

类别	测查内容	题目序号
考试焦虑的来源	1. 担心考砸了他人对自己的评价	3、10、17、25、32、41、46、47
	2. 担心个人的自我意象受到威胁	2、9、16、24、31、38、40
	3. 担心未来的前途	1、8、15、23、30、49
	4. 担心对考试准备不足	6、11、18、26、33、42
考试焦虑的表现	1. 身体反应	5、12、19、27、34、39、43
	2. 思维阻抑	4、13、20、21、28、35、36、37、48、50
其他	一般性考试焦虑	7、14、22、29、44、45

参考上表对自己所答题目进行归类分析，如你在"担心考砸了他人对自己的评价"这一项的8道题中选了多少道题目打钩，其他项目以此类推。然后具体分析自己在每一项目上的情况，找出对自己影响尤为严重的方面。在进行自我分析时需要耐心、认真，因为找出症结根源所在是进行有效调适的前提。

📖【推荐阅读】

科学学习：斯坦福黄金学习法则　　作者：（美）丹尼尔 L. 施瓦茨著，郭曼文译　　出版社：机械工业出版社　　出版时间：2018年5月

本书领衔作者施瓦茨教授是斯坦福教育学院院长、学习科学领域专家，开设过18门与

学习相关的课程，本书源于其在斯坦福开设的一门广受欢迎的经典学习课。

作者根据多年科研、教学和实践经验，以学习科学领域成千上万的文献资料为基础，提炼出有代表性、较为成熟、实证有效的26种学习法则，以26个字母的顺序呈现出来。

几乎涵盖所有学习领域，如理解概念、记忆背诵、学习技能、解决问题、团队合作等。

学习的战争：怎样才是最好的学习　　作者：**KBS *Homo Academicus* 制作团队**　　出版社：朝华出版社　　出版时间：**2021年3月**

学习是人类永恒的主题。大到从人类起源，小到个体生命的结束，学习都贯穿始终，并对个人及社会产生着持续且深远的影响。那么，我们是为了什么而学习的呢？东西方学习的动机有什么区别？什么样的学习才是好的学习方式？世界其他国家的人们都在怎样学习？存在哪些相同与不同？谁才是最会学习的人？未来的学习方式应该是怎样的？本书就回答了这样的问题。

学会学习：从认知自我到高效学习　　作者：（日）斋藤孝　　出版社：江西人民出版社　　出版时间：**2016年3月**

日本教育学教授、学习问题专家斋藤孝认为，要想找到适合的学习方法，就要先从了解自己的个性下手。

他萃取了16个名人的读书学习技巧精华，分篇整理，提供了包罗万象的学习方法。容易找借口的人就要学学斯蒂芬·金的"外界隔绝学习法"；烦恼自己无法坚持到底的人，就来学学村上春树"为强健大脑而锻炼身体"的学习法……

不论你是何种性格、年龄、学历，都能通过本书找到突破自我学习瓶颈的关键。

📖【主要参考文献】

[1]林崇德.发展心理学[M].北京：人民教育出版社，2009.

[2]黄希庭，张志杰.论个人的时间管理倾向[J].心理科学，2001，24（5）：516-518.

第六章　恋爱与性心理

关关雎鸠，在河之洲。窈窕淑女，君子好逑。

——《关雎》

爱情是人类永恒的主题，从古至今，世界上不同的地域文化深深影响着人们对爱情的认识，每个人受原生家庭的影响使他们对爱情的理解各不相同。

从进化论的角度来看，人类恋爱的本质原因是为了"保持物种的延续"，人类有传宗接代、延续遗传基因的本能。从生物学角度来看，在被证明与爱情有关的激素中，相爱之后还能起到决定性作用的包括苯乙胺和催产素，前者可以继续保持爱的激情，而后者则会维持爱的长度。"爱情"是大学校园不可或缺的话题之一，"渴望爱情"是大学生对青春时光不愿错过的期待之一。本章主要关注三方面的问题：

（1）恋爱与爱情，如何正确认识爱情的本质，树立健康的爱情观、婚恋观；

（2）常见的恋爱心理问题，如何表达爱，怎样面对失恋，洞察我们和恋人的相处模式；

（3）常见的性心理问题，性心理的特点分类。

通过本章的学习，你可以从心理学的视角了解爱情的含义、特点；掌握良好的恋爱心理的培养方式，学会经营亲密关系，学会提升与他人的亲密关系质量；可以更加清晰地了解马克思主义爱情观、道德观的内涵，提升个人意志、行为和品格，自觉继承并弘扬中华传统美德。

第一节　爱情概述

古往今来，唯有爱情的主题永远鲜活。诗人们说："两情若是久长时，又岂在朝朝暮暮。"诗人们也说："有美人兮，见之不忘，一日不见兮，思之如狂。"在大学校园中，你喜欢的翩翩少年走进你的心前，你中意的隔壁系女生对你莞尔一笑，这些美好的感觉促使你去寻找心中的另一半。有些人找到了合适的伴侣，有些人迟迟未曾遇见对的人。

一、爱情的定义

在古希腊，痴恋某人会被视为疯狂，他们崇拜柏拉图式的爱情，认为爱情与婚姻或家庭生活没有一点关系。在古埃及，具有王室血统的人通常与同族结婚。在古罗马，婚姻生活的内容不包括幸福和肉体享乐，性行为只是为了生育。

苏格拉底答柏拉图

有一天，柏拉图问苏格拉底："老师，什么是爱情？"苏格拉底说："请你穿越稻田，摘一株最大最黄的麦穗回来。但是有个规则，你不能回头，只能摘一次。"

柏拉图去了，许久之后，他空手回来。苏格拉底问："怎么空手回来了？"柏拉图说："当我走在田间，曾看到过几株特别大特别黄的麦穗，可是，我总想着前面也许会有更大更好的，于是就没有摘。但是，我继续走的时候，看到的麦穗又总觉得还不如先前看到的好，所以……"

苏格拉底说："这就是爱情。"

有一天，柏拉图问苏格拉底："老师，什么是婚姻？"苏格拉底说："请你穿越树林，去砍一棵最粗最结实的树回来。但是有个规则，你不能回头，只能砍一次。"

柏拉图去了，许久之后，他带了一棵并不算最高大粗壮却也不算差的树回来。苏格拉底问："怎么只砍了这样一棵树？"柏拉图说："当我穿越树林，看到过几棵非常好的树，但是这次我吸取了上次摘麦穗的教训，看到这棵树还不错，就选它了。我怕我不选它又会错过了砍树的机会，空手而归，尽管它也许并不是我碰见的最棒的一棵。"

苏格拉底说："这就是婚姻。"

在当代，我们认为爱情是一对伴侣基于一定的社会基础和共同的生活理想，在内心彼此倾慕、相互包容，期待对方成为终身陪伴，并渴望形成一种稳定、专一、强烈的感情。

马克思主义爱情本质论认为：爱情是人类的自然属性和社会属性的统一。爱情的自然属性是指成熟健康的男女自身的性欲和性需求及性爱，它们是爱情产生的最基本的生物前提。因此，性爱、理想、责任是构成爱情的三个基本要素。马克思说："真正的爱情是表现恋人对他的偶像采取含蓄、谦恭甚至羞涩的态度，而绝不是表现在随意流露热情的过早的亲昵。如果你以人就是人及人同世界的关系是一种充满人性的关系为先决条件，那你只能以爱去换取爱，以信任换取信任；如果你想欣赏艺术，你必须是一个有艺术修养的人；如果你想对他人施加影响，你必须是一个能促进和鼓舞他人的人。你同人及自然的每一种关系必须是你真正的个人生活的一种特定的、符合你的意志对象的体现。如果你在爱别人，但却没唤起他人的爱，也就是你的爱作为一种爱情并不能使对方产生爱情；如果作为一个正在爱的人你不能把自己变成一个被人爱的人，那么你的爱情是软弱无力的，是一种不幸。"

二、爱情三角理论

美国心理学家斯滕伯格提出的爱情三角理论,认为爱情由三个基本成分组成:激情、亲密和承诺。激情是爱情中的性欲成分,是情绪上的着迷;亲密是指在爱情关系中能够引起的温暖体验;承诺指维持关系的决定期许或担保。承诺在本质上是认知性的,亲密是情感性的,激情是动机性的。爱情三角理论如下图所示。

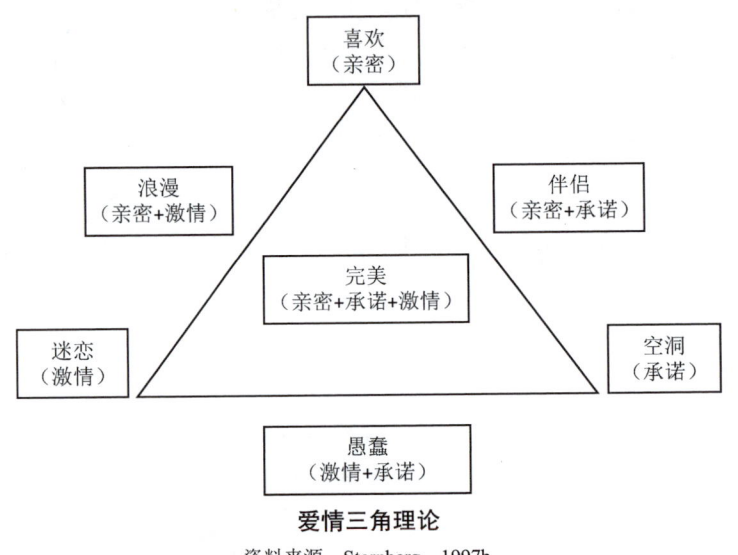

爱情三角理论

资料来源:Sternberg,1997b

不同的爱情可以用不同形状、不同大小的三角形来描述,即三角形的面积表示爱情的多少,三角形的形状表示爱情的三种成分之间的相对关系。等边三角形表示平衡的爱情,因为代表各个成分的顶点到三角形重心的距离相等。不等边三角形代表不平衡的爱情,哪个顶点到三角形重心的距离最长,就表明这是主导成分;哪个顶点到三角形重心的距离最短,就表明该成分的不足或缺少。这就是该理论的基本三角形原理。

爱情三角理论中七种不同的"爱情"类型

喜欢式爱情(Liking):只有亲密,在一起感觉很舒服,但是觉得缺少激情,也不一定愿意厮守终生。没有激情和承诺,就像是朋友一样。显然,友谊并不是爱情,喜欢并不等于爱情。

迷恋式爱情(Infatuated Love):只有激情体验。认为对方有强烈吸引力,除此之外,对对方了解不多,也没有想过将来。只有激情,没有亲密和承诺,如初恋。第一次的恋爱总是充满了激情,却少了成熟与稳重,是一种受到本能牵引和导向的青涩爱情。

空洞式爱情(Empty Love):只有承诺。缺乏亲密和激情,如纯粹是为了结婚的爱情。此类"爱情"看上去丰满,却缺少必要的内容,金玉其外,败絮其中。

浪漫式爱情（Romantic Love）：有亲密关系和激情体验，没有承诺。这种"爱情"崇尚过程，不在乎结果。

伴侣式爱情（Companionate Love）：有亲密关系和承诺，但缺乏激情。跟空洞式爱情差不多，没有激情的爱情还能叫爱情吗？这里指的是四平八稳的婚姻，只有权利、义务却没有感觉。

愚蠢式爱情（Fatuous Love）：只有激情和承诺，没有亲密关系。没有亲密的激情顶多是生理上的冲动，而没有亲密的承诺不过是空头支票。

完美式爱情（Consummate Love）：同时具备三要素，包含激情、承诺和亲密。只有在这一类型中我们才能看到爱情的庐山真面目。

如果你正在恋爱，你和你的伴侣是怎样的爱情呢？斯滕伯格在这些爱情前面都加了一个"式"字，因为在他看来，前面列举的六种都只是类爱情或非爱情，在本质上并不是爱情，只有第七种才是爱情，而我们在现实生活中碰到的类爱情和非爱情的情形实在太多，以致把具备三要素的爱情基本当作一种超现实的理想状态。

爱情三角理论
相关知识

三、爱情背后的依恋模式

恋爱不可能一帆风顺，有的感情开始非常甜蜜但可能会经历分手的痛苦，体验"为伊消得人憔悴"。有人总是遇到不合适的对象但是最终"那人却在灯火阑珊处"等着你。为什么有的人面对情感的挫折一蹶不振，甚至出现极端行为，而有的人可以从中感悟，获得新生，成为一个更好的自己，积极面对未来的生活，也是我们常说的"依然相信爱情和面包都会有的"。心理学的研究发现，每个人在亲密关系中的模式其实与每一个人的依恋类型有关，心理学家约翰·鲍尔比曾表示：如果孩子在早期的关系中感受到爱与信任，他就会觉得自己是可爱的、值得信任的，但如果他的依恋没有得到满足，他就会对自己形成一个不好的印象。

儿童时期，特别是生命的早期（一般指0~3岁），是决定孩子人格发展和心理健康的重要时期，其关键的影响因素就是母婴互动的质量。它对安全感的建立、自尊的形成、情绪的感知调节、人际交往和亲密关系都有重要影响。

"一个不受欢迎的孩子不只觉得自己不受父母欢迎，而且相信自己基本不被任何人欢迎；相反，一个得到充分依恋满足的孩子长大后不仅相信父母爱他，而且相信别人也认为他可爱。"这一心理暗示会随着我们的长大而根植于心灵深处，依恋理论将人的依恋方式一般分为安全型依恋、回避型依恋、矛盾型依恋和混乱型依恋四个类型，也有的人表述为安全依恋型、回避依恋型和焦虑—矛盾依恋型这三个类型。

（一）安全依恋型的表现

安全依恋型的人会认为很容易与人亲近，信任他们，或者被他们信任，不担心会被抛弃，因为这很少（或几乎不）会发生，也不害怕别人亲近自己，会觉得那是对方的信任和依赖。

（二）回避依恋型的表现

回避依恋型的人在与别人接触时会感到不安，因为很难完全相信别人，也很难依靠对方，如果有人接近会很紧张、手足无措，甚至伴侣表现亲切、依恋时也会让自己感觉不适。

（三）焦虑—矛盾依恋型的表现

焦虑—矛盾依恋型的人很想让别人亲近自己，产生没有任何距离的交流，但同时又很不情愿这么做。经常担心同伴并不是真的爱自己或者是想和自己在一起，也常常怀疑对方想离开自己，让自己深陷痛苦中。

实际上，依恋行为并不是完全按照上述的安全依恋型或者回避依恋型进行绝对化区分，有的人看起来更像是焦虑—矛盾依恋型，但有的时候也似乎带有一些回避依恋型的影子。如果父母的相处关系中，总觉得自己是不受欢迎、不被爱的，那在谈恋爱时，也时常会有"对方到底爱不爱我的"的疑惑，或许需要对恋人的行踪了解得一清二楚才能确认安全感，从而产生质问、追踪恋人行踪等行为；如果与父母相处的过程中认为自己是可爱、值得被爱的，且从不担心我的父母不爱自己，那么这类安全依恋型的人在谈恋爱中，不太会有对方到底爱不爱自己的疑惑，也不太担心被对方抛弃，能够从容对待恋人的亲密行为，对恋人偶尔的行踪不明，也能十分坦然与接受。

四、爱情中的性别差异

美国心理学博士约翰·格雷曾出版《男人来自火星女人来自金星》《男人约会往北女人约会往南》《男人进卧室向左女人进卧室向右》《火星人的秘密食谱金星人的健康法则》等书籍，风靡全球。他以性别差异视角，将男性和女性在生理上、心理上、语言上、情感上等不同维度进行分析，发现男性和女性恋爱中的性别差异导致对爱情的理解各有立场，同时对理解男性和女性的沟通也具有贡献意义。

（一）性别的定义

性别的定义很广泛，我们常常以生理性别，就是在身体解剖学或者生理学方面的差异进行定义。除此之外，在日常生活中，我们发现因为成长环境的不同，对男性和女性在心理性别上也会产生不同的影响,如有的男孩很柔弱、敏感、易悲伤,有的女孩很强势,在性格、容貌上更趋向于男性化等,这些也会导致性别角色的不同。一个人按照社会规定或者默许的男女性别角色要求,形成相应行为模式的过程就称为性别角色社会化。

(二) 性别角色的认同

恋爱中的男性或者女性,其生理性别和心理性别可能一致,也可能不一致。比如,一个男孩刚出生的时候,通过性器官来进行性别判断,之后养育者选择对应的方式进行养育,包括取名字、衣着、发型打扮,甚至逐步成长后的对应男孩的兴趣培训等,这些行为都围绕社会对于性别的约定俗成的规范来进行选择,按照家庭、社会期待的方式塑造男性化的角色形象。若一个女孩出生后,其养育者也按照男孩的方式进行养育,在进入青春期后,女孩的身体、心理均发生变化,身体发育、心理逆反、学业分化等各类情况同时发生时,可能就会使女孩产生对性别身份和角色认同的冲突。麦科比和杰克林的一项关于男女性别比较的研究发现,男女之间在四个维度中存在差异,男女在不同维度上的性别比较如下表所示。

男女在不同维度上的性别比较

维度	差异
语言能力	女性获得语言、发展语言的年龄早于男性
视觉、空间能力	男性在视觉、空间能力测验上优于女性
数学能力	女性的计算技能优于男性 男性在数学问题解决策略上优于女性
攻击性	男性的身体攻击和语言攻击多于女性

资料来源:江光荣,梁宇颂,王铭等著.大学生心理健康

调研可能存在体量、地域、个体差异性,因此,性别的差异是一种群体差异,无论是从生物性的视角还是从社会文化视角来看,男性和女性都会从养育者的态度、客观成长环境、社会制度、信仰宗教等中获得信息,逐渐形成符合自身性别的角色认同和行为规范。从这一角度来看男性和女性在心理上的共性大于异性。

(三) 性别的偏好

从进化论的角度来看,为了繁衍更加健康出色的子孙后代,男性会喜欢外表靓丽且年轻的女性,由于男性没有分娩之痛,因此更倾向于追求数量,在潜意识中,男性更希望与多个女性发生亲密关系。从另一个角度而言,由于女性要面临妊娠、分娩的痛苦和压力,因此不可能去追求"数量"而更在意"质量",因此,很多女性更注重男性的经济、工作、家庭背景等因素,这些可能在女性决定一段关系的开展过程中起到作用。

随着社会的进步和经济发展,重男轻女的思想已逐步消除,尤其是在我国,男女平等

已经写入宪法,"坚持男女平等基本国策,保障妇女儿童合法权益"被写入党的十八大、十九大报告,成为党治国理政的重要理念和内容,女性的政治权利、受教育的权利、社会保障权利、婚姻家庭权利、人身财产权利等均得到了法律的保护。消除男女刻板印象,提倡男女平等是新时代党对妇女工作领导的体现。70年来,中国把保障妇女权益纳入法律法规,上升为国家意志,内化为社会行为规范,女性权益保障水平不断迈上新台阶,女性在经济社会发展中的半边天作用日益彰显,并在家庭文明建设中发挥着独特作用。

📖【实践与思考】

《遇见你的时候所有星星都落到我头上》
"……我和你要去闻闻新鲜的春天
感受阳光洒落肩上的夏天
整个世界涂着金色的秋天
飘雪的冬天……"
听着这首歌曲,请你想象一下你另一半的

容貌是_____
性格是_____
地域是_____
品德是_____

第二节　大学生常见恋爱心理问题

大学正是学生懵懂和成熟的过渡时期,他们大部分生理年龄日益成熟,而心理年龄相对滞后。随着全球化、智能化时代的到来,大学生的恋爱观念日益开放多元,并呈现片面化、功利化倾向。实际上,恋爱过程是双方相互熟悉和协调情感的过程,恋爱的成功与失败都是正常现象。大学生应该正确对待一段亲密关系,做到失恋不失志、不失德,更不能失命,不能迷失人生方向,不能影响学习和生活,不能放弃对未来爱情的憧憬和追求。

一、大学生恋爱的特点

青少年进入大学后(部分在入校前)开始对恋爱有所期待和想象,在交往过程中受到家庭因素、社会因素的影响,形成多元的恋爱特性。

（一）理想化

多数大学生受自媒体大V、新媒体情感类栏目、偶像剧等影响，部分沉迷于"一见钟情"式相遇、"霸道总裁"爱上我、"星座血型"唯心论，脱离现实谈爱情，理想化恋爱对象。

（二）冲突性

校园毕业季会出现"分手潮"，其原因主要是由于大学生自身发展与恋爱发展的节奏不同步、规划不对称导致，面对考研、就业、购房等现实考验时，感情往往变得脆弱，许多大学生没有意识到恋爱与婚姻的关系，出现情感冲突。

（三）多元化

在新媒体背景下成长起来的现代大学生，习惯线上互动，无论是学习模式还是交友方式，已形成了对网络的依赖。"网恋"已不是新鲜词汇，除了恋爱方式的推陈出新，恋爱理念也十分多元，诸如丁克、纯恋爱不结婚等各种思想冲击着大学生。

除此以外，还包括低龄化、好奇心强、不稳定性，遇到挫折易放弃、易冲动等，分析原因如下。

（1）游戏人生心理——恋爱动机：满足与异性交往的欲望，寻求刺激、填补精神上的空虚，发生性行为，见一个爱一个，完全是一种游离于专一、稳定恋爱关系之外的享受和消费。

（2）急于求成的占有心理——有些大学生固执地认为：毕业后还没有男朋友的女孩都是别人挑剩下的。有些人则认为：学得好不如嫁得好，嫁得好必须嫁得早。

（3）依赖心理——目前在校部分学生是独生子女，他们习惯了他人的呵护与关爱，属于"情感寄托型"的恋爱动机，缺乏独立意识和自立能力，易受挫。

（4）补偿心理——由功利型的恋爱动机所引发，即希望在所爱的人那里获得社会地位、经济等方面的补偿。

二、大学生常见的恋爱心理问题

大学生伴随自身的身心成熟发展、校园环境的变迁及家庭和社会的观念变化，大学生恋爱十分常见。从精神层面的感知和行为层面的探索，大学生恋爱尤其是其心理变化的过程十分复杂，有时甜蜜，有时痛苦，会遇到诸多自身无法控制的问题。

（一）单相思

"单"顾名思义是指感情中的一个人、单方面，所以单相思是指一方仰慕另一方，如果是隐藏、不外露的感情，不告诉对方的可以理解成"暗恋"。第一种情况是单相思的感情状态多是一方认为自己不够优秀配不上对方，但是"不够优秀"是自认为的主观感受，现实中他人评价可能并非如此。第二种情况是对方在一段爱情关系中，因此爱慕者出于现实情况或者道德原因只能单方面倾慕对方。第三种情况是有的人满足于单相思的状态，认为是人生成长的一课，是青春的珍贵回忆。

其实大部分"两情相悦"的爱情，往往是从"一厢情愿"开始的，因此突破单相思的困境，需要仰慕者能真诚、勇敢地表达，同时要结合现实环境理性评估，在不违反宪法、社会道德评价等前提下表达情愫。

（二）网恋

从 BBS、QQ、人人网的出现，到微博、微信、自媒体的流行，随着网络的普及，大学生网恋是普遍现象。"00 后"是成长于中国移动网络时代的一代大学生。网恋的最大特点是隐蔽、虚拟，网恋的最大吸引力是理想化对方、言论自由。

大学生因为缺乏社会经验，容易被屏幕背后的信息蒙蔽，如诈骗、裸聊、强奸等时有发生，有的男生网恋后才发现对方是一位扮演者，可能是一位男性或者一位中老年人，有的女生看见网恋对象的朋友圈有豪宅、豪车、奢侈品，就误以为自己的男朋友是"霸道总裁"，殊不知是个骗子。但是网恋往往容易让人深陷其中，给"爱情"加了美颜滤镜，一旦网恋走向现实，就会大失所望。

（三）异地恋

不少大学生在中学阶段就有过恋爱经历，有的学生情侣到了大学后开始了异地恋。维持稳定的恋爱关系是异地恋面临的很大挑战，因为大学校园和中学校园不同，中学生的同学往往是本地人，居住环境相似、地域文化差距小，大学生的同学来自五湖四海，地域文化、价值理念、生活习惯差距大，存在差异性的同时也存在吸引力。

常说"远水解不了近渴"，面对身边棘手的情况，如突然生病了需要有人照料，心里受委屈了希望能当面倾诉，这些对于异地恋就是很大的挑战。因此，异地恋更需要彼此了解内心的真实需要、找到有效沟通机制，给予对方更多理解、包容和关爱。换一个角度看，异地恋也有"距离产生美"的效果，爱情需要自由，异地恋能满足时空上的自由和自主，同时对恋人的自觉和自律以考验。

【实践与思考】

有人认为异地恋很自由美好，有人认为异地恋很煎熬，有人说异地恋是爱情的试金石，有人说异地恋是爱情的绊脚石甚至火葬场。请同学们讨论一下这个问题，并进行总结和分享。

（1）异地恋与常见的同城恋爱的区别有哪些？
（2）你认为异地恋对双方的思想、行为方面有哪些需要遵守的原则？
（3）异地恋或异国恋过程中，会有哪些挑战，该如何克服？

（四）左右为难

有的大学生进入大学后恋爱动机不纯，为了恋爱而找寻追求目标，遇到愿意与其谈恋爱的人时，自己虽不喜欢，但是不愿放弃，也无法真心对待感情，陷入纠结；有的大学生在恋爱过程中同时喜欢上了其他人，但是不肯放弃其中一人，出现隐瞒欺骗行为；甚至有的大学生在被追求的过程中不会拒绝，只想对方付出，打着"考验对方"的名义享受被爱，一旦被对方识破其心中所想，关系出现危机，甚至引发冲突，难以收场。

爱是自我的成长，面对一份感情，我们需要了解自己、了解对方，更需要尊重自己、尊重对方，为这段感情营造良好的氛围和打好基础，如果仅仅是为了满足自我，或者为了满足对方而一味牺牲自我，都是不可取的，一份左右为难的爱情很难走得长远，即便维持了一段时间，也很容易令其中的人感受到压抑和疲惫。

（五）失恋

大学毕业季又被大学生戏称为"分手季"，因为事业发展差异、家庭观念分歧、人生规划不同，很多恋情无疾而终。在大学的4～10年，维持一份校园恋情很不容易，更多面对的是失恋。

有的失恋者因为对方提出分手，感到痛苦、迷茫，会出现焦虑、抑郁的情绪，也会出现内分泌失调、抵抗力下降；有的失恋者因为自身发展不足和能力有限，主动放弃感情，陷入自责、自卑的情绪；还有的失恋者因为出现了第三者或者被父母干扰或阻挠，产生报复的想法，出现情感关系和性关系混乱，甚至自伤或者自杀的行为。失恋带给人痛苦，因此我们需要通过自助和求助帮助自己走出失恋的泥潭。

三、大学生如何提高爱的能力

我们往往用"谈恋爱"来概括一段亲密关系，一个"谈"字十分形象地描绘出关系建立过程需要循序渐进，"谈"也很有画面感，说明了爱情中沟通的重要意义，因此恋爱能力的培养十分重要。

（一）大学生爱的能力的构成

爱的能力是指和他人建立亲密关系的能力，它对人的一生发展有着重要的意义。具备了爱的能力,能引导一个人真正地爱他人,也真正地爱自己,能真正体验到爱给人带来的快乐和幸福。大学生恋爱的过程是培养爱的能力的过程。它包括以下几个方面。

1. 感受爱的能力

大学生处于从少年期到青春期的阶段,很多人甚至进入大学后才算真正意义上离开父母,体验独立生活的滋味。生活阅历、经验不足,对恋爱缺乏认识,甚至对爱情和友情的区分也比较模糊。因此感受爱的能力是需要培养的,能意会到对方有指向性的示好,愿意积极主动迎合对方的愿望,做到相互尊重和平等相待等。

2. 接纳爱的能力

爱情需要两情相悦,单相思、暗恋都不属于恋爱,一方表达了爱慕之情,同样也需要另一方有能力接纳这份爱,能有对应的情感和行动回应。

接纳爱的能力不仅仅包括接受,同时需要给予爱。一方面需要懂得爱情的内涵,了解身处大学的恋爱特点,另一方面要知道自己喜欢什么类型,适合什么类型,是否学会了爱护自己,懂得如何关心他人。接纳的不仅仅是一份情感,同时是另一个成长经历与自己完全不一样的个体走进自己的生活,可能会打破自己的行事规律、与自己的处事原则存在差异等,能发现对方的优点,也要学会包容不足,甚至改变自己。

3. 经营爱的能力

爱的能力不是与生俱来的,好的爱情需要双方共同努力,我们也称为对感情的经营。人的本能可能会带给你"一见钟情",同时也会有"喜新厌旧",或许这一段时间你寻求的是"钻石恒久远,一颗永流传",但是过一段时间你想要的又变成"不在乎天长地久,只在乎曾经拥有"。不仅仅指向自己,也包括自己的伴侣。

成熟、健康、理性的爱情观是前提,因为爱情具有排他性;经营好一段爱情还需要在彼此的关系中保留自我、自尊自爱,若眼里只有对方没有自己,这样的爱也会带给对方压力,不利于感情的促进。

4. 承受不爱的能力

大学生在恋爱中有的开花结果,组建家庭、步入婚姻,但更多的恋情无疾而终。因此,提升承受不爱的能力是大学生恋爱的必修课之一。当一段感情即将结束,可能存有对对方的埋怨、憎恨,有对自己的无奈、无助,但无论怎样,这一份爱情陪伴彼此的青春,从年少无知走向成熟,因为相伴,在过程中也体验了甜蜜和温暖。若无法继续这一份感情,首先我们可以对感情进行一次梳理,反思其中的稚嫩,不评价对与错,其次我们需要规律性地继续学习和生活,可以通过社团活动转移部分注意力,可以通过休闲的娱乐方式调节心情,不要一味沉浸在过去的回忆中。

5. 拒绝爱的能力

遇到一个不合适的人,大学生要学会拒绝,拒绝爱的能力不是指生

了解有趣的恋爱心理效应

硬地直接当面拒绝对方，而应该有艺术地拒绝，既达到了果断结束关系的目的，又不伤害对方的尊严。中国自古是礼仪之邦，《诗经·大雅·抑》中教导我们"投桃报李"，男女交往也是如此，不只是一般的礼节，更是一种礼仪的象征。

（二）如何提升大学生爱的能力的策略

由于每个人的表达能力、感受能力、共情能力不同，导致对爱的体验和情感的表达千差万别。如果我们用错误或不恰当的方式表达爱，有可能成了溺爱、宠爱、占有欲的爱、骄奢的爱、控制的爱、嫉妒的爱等，与我们的出发点南辕北辙，让真爱躲了起来。

小朵真的"没事"吗？

小王和小朵是一对大学生情侣，相恋刚满三个月。最近小王沉迷一款网络游戏，喜欢宅在宿舍打游戏，小朵想让他陪自己聊天，周末去网红店打卡，但是小王连续三次拒绝，小朵认为小王不在意她，于是把小王的微信拉黑、电话短信屏蔽。小王辗转让同学带话问小朵怎么了，是不是生气了，小朵让同学带话表示"没事"。眼看两周未联系上小朵，小王越发着急，原本认为小朵只是发发脾气，但是小王再次到宿舍楼下见到小朵时，发现小朵对他十分冷淡，最终两人分手。

案例中的小王和小朵，在情感的沟通中存在什么问题，你有什么好建议？

著名的婚姻家庭专家盖瑞·查普曼为我们带来了爱的五种语言。

1. 需要肯定的语言

一是赞赏，赞赏要真心，要具体，不能敷衍。人都是有思想有灵魂的动物，是不是真心很容易就能辨别出来。如果赞赏心不诚、意不切的话，效果会适得其反。

二是鼓励，鼓励要有针对性。如果对方愿意去做，鼓励就是正面的，积极的。如果对方不乐意去做，鼓励就是一种强迫，是要求，效果自然不好。

三是仁慈和爱，带着仁慈与爱去表达，就是有积极意义的。

四是要谦逊，肯定对方时不能以教训的口吻。表达"我们需要帮助"的意思，用"帮我一下"和"你可不可以帮我一下"就会得到不同的反馈结果。

2. 关注精心时刻

精心时刻指在这一时刻给予对方全部的注意力。假如你与关注精心时刻的朋友或爱人在一起，你就一定要注意给足时间在对方身上，不要冷落了对方。否则对方就会认为你不关心他的需求。

3. 喜好接受礼物

礼物是爱的视觉象征，关注此类型的人是视觉型的人，一定要看到实物才相信你对他是重视的。对这类伴侣要记得常送小礼物,礼物是否轻重并不重要,关键是在对方眼里这是爱的一种语言。比如,在特定的节日和对方的生日,如果没有礼物送给对方,那可能会使另一半感到失落,不被重视,甚至耿耿于怀。同样,对方可能也喜欢用回馈的方式来表达对你的爱。

4. 需求服务行动

希望对方能为自己做很多事的人就是需求服务行动的人。如果对方表达好感的方式就是主动为你做点点滴滴的事,那就是在告诉你,他也希望你以此来回报他。如果你让孩子去做事,他很乐意为之,那么可以判断出他也是这类型的人。

5. 喜欢身体接触

身体接触是十分微妙的方式之一,这类型的人通常喜欢与人有身体上的接触。他们表达亲密的方式就是拍拍你,或者他们喜欢被拥抱。通常活泼型的人就是喜欢身体接触的人,当然也有少数有洁癖的人除外。而正好相反的是,大多数完美型的人都不太喜欢被人随意触碰。要注意的是,对于喜欢身体接触型的人,如果你的反应过激,不接受,他们就会有被人污辱的感觉,那对他们而言是一种极度不被尊重的表现。

【实践与思考】

如果你此刻正处在一段恋爱关系中,请对照爱的五种语言,觉察自己属于或者偏向哪个类型,对方又属于什么类型?如果你并未展开一段恋情,通过上述学习,你有什么收获?

第三节　大学生性心理

大学生正处于性生理基本发育成熟,性心理也渐趋成熟的时期。在这一时期,他们追求真挚的感情、新的思想潮流,表现在他们身上是时尚、前卫与新潮。但由于自身性生理反应的体验、负面文化的影响和性教育的滞后、大众媒介有关性爱方面内容的渲染,以及多种因素的影响和制约,大学生中出现了较多与性有关的问题,产生了各种与之相关的心理困惑或心理障碍。什么是性?大学生又该如何理解和认识性?

一、大学生性心理概述

《礼记·礼运》里有一句话:"饮食男女,人之大欲存焉。"这是儒家的观点,意思是指人类对食物、性爱的欲求与本性。作为延续生命的重要手段，性是一种本能，它贯穿于人类发展史。

（一）性的概念

性的概念涉及广泛领域，如生物学、心理学、社会学等。从生物学的角度，无国际、种族的区分，人类的染色体决定了人类性别的划分，男性和女性的性别在性行为受精的瞬间便已决定；从心理学的角度，指在性生理的基础上，与性征、性欲、性行为有关的心理状态和心理过程，也包括与异性交往和婚恋等心理状态。性心理包括与性相关的各种心理过程，也包括与人格特质相联系的性心理；在社会学中，更倾向于以"性角色"对男女性进行区别，不同的社会分工导致不同的社会角色。

（二）大学生性心理特点

1. 生理成熟与性心理不成熟之间的差异

大学生的入校年龄在18周岁左右，生理发育已基本成熟，但是性心理发展普遍不够成熟。对恋爱交往的原则、方式不够了解，由于受社会文化和家庭教育的影响，欠缺相对应的性知识，对恋爱交往过程中的性保护举措了解不足。

2. 对性行为的好奇与羞愧并存

由于学校层面很少在课堂上开展性教育，往往只是蜻蜓点水式讲授，导致大学生对性知识的了解非常有限。新媒体的不断发展，各类性冲击或者有性暗示的信息海量呈现，大学生对性知识既有强烈的好奇心，又因为从小受到的性教育渠道相对局限，与此同时伴随着一定羞耻心，认为了解性知识有碍角色定位和个人发展，存在性焦虑与性压抑。

3. 在地域、性别等方面存在差异

在恋爱性心理上，城市与农村的大学生对于性话题的开放程度不同，主要表现在沿海城市相较于内陆农村的大学生更愿意开放地讨论性话题；男生相对女生更关注性话题；在发生性行为的过程中男生相对女生更加主动，更易形成性冲动；男性的性冲动易被视觉刺激唤醒，女生易被触觉刺激唤醒。

4. 性心理的开放程度低龄化

大学生性心理的开放程度在逐渐改变，由于在心理上、学业压力上进入大学后有所放松，丰富的校园活动让大学生的交友范围突然扩大，原本就带着诸多憧憬步入校园的大学生更容易激发情感需求，媒介舆论的全球化使大学生对于婚前性行为也持更加开放的态度。除了恋爱过程中的性行为，一夜情、非固定性伴侣、援交、同性恋等词汇也时而出现在校园中。

该不该住一间房？

小林和小辉是一对大学生恋人，已经交往了一年左右，暑假放假前，两人约好假期一起旅游，同行的还有另外一对大学生情侣。小林问小辉出去玩怎么住时，小辉说希望和小林同住一间房，明确表达了不想和另一位男生住。小林有点担心，觉得和小辉的感情虽然很稳定，但是并不想同住一屋，她把纠结的想法告诉了另一所大学的闺蜜小西。小西说："都交往一年了，出去玩住一间房很正常，喜欢他的话你会愿意的，不想住一间房，说明还不是很爱对方。"出行前，小林和小辉表达了自己的想法，最好能男女生分开同住，如果小辉坚持拒绝，他们俩可以住一间房，但是不能发生性关系。

同学们，你是怎么看大学生情侣发生性行为的？如果你是小林或者小辉，面对对方的表达，你如何反馈？小西表达的意思是"如果喜欢对方就会顺从对方的想法，如果不喜欢对方就拒绝"，你同意吗？为什么？

二、大学生恋爱中常见的性心理困扰

在奥地利心理学家、精神分析学派创始人弗洛伊德的精神分析理论体系中，提到了本能理论，本能是指人格的推动性或者动机性的驱动力量，是身体内的刺激的源头，本能的目的是通过一些行为，如性行为，来消除或减少这种刺激。他把本能分为生本能和死本能，性属于生本能，生本能通过"力比多"的能量形式表现出来。死本能是一种破坏性的力量，表现为仇恨和攻击等。

大学生对爱情的向往是值得被理解和尊重的，树立正确的婚恋观、了解性心理知识对大学生的身心健康都有重要意义，在现实校园中大学生存在很多性心理疑惑，这些"教育盲点"仿佛笼罩着一层神秘的面纱，让我们逐一为大家揭开。

（一）一夜情

性关系是两性之间特殊情感联结的一种情爱、性爱的关系，其中包括性欲和爱欲，既是正常生理需求的本能，也是相互依恋、身心融合的升华。因此性关系受到社会道德、法律等方面的约束，它不完全是一个人自我完成的行为，而是以爱情为基础的行为体验。一夜情更多是激情，是短暂、瞬间的感情，往往受到环境影响，如在酒吧喝酒后，在私人聚会刚认识的朋友，甚至是网友初次见面等，虽然看起来也遵循了自愿、无伤的原则，但是极少数人愿意承担一夜情带来的后果。

大学生在对待爱情上要理性，只靠性欲维持的爱情是短暂的，甚至带着欺骗性，爱情是人生发展的部分，性行为是情感生活的一部分，只有把爱情和理想、事业结合起来，才能得到长久的幸福感和满足感。

（二）多角恋

一般常提到的是三角恋，指双方确定恋爱关系后出现了第三方，其中一方和第三方也同时建立了恋爱关系。现实中也存在一方和超过两个恋爱对象同时恋爱的情况，甚至存在更为复杂的多角恋爱关系，甚至存在恋爱者把恋爱对象物化、功能化分类，其背后可能是由于错误的恋爱观念导致的，也可能是由于人格问题导致的。

有大学生认为现实和虚拟可以分开，因此在现实生活和网络虚拟空间都会寻求恋爱。有大学生认为身体和精神可以分开，在固定恋爱对象的过程中，可以"精神出轨"或者"肉体出轨"，但是并未真实影响到和固定交往对象的关系。这些都是非理性的恋爱观念，还可能给处在这些关系中的人带来身心痛苦。因此，大学生面对感情不要追逐"数量"，不要量化、物化爱情和其中的人，爱情是具有排他性的，美好的恋爱可以丰富和提升内在能量，给人以激情、温暖和动力。

（三）同性恋

关于同性恋的心理理论目前没有标准、统一且完整的论述，1990年5月17日世界卫生组织将"同性恋"从精神病名册中删除，意味着医学层面已经对同性恋表示理解或认同。随着社会的发展，同性恋的性取向也已逐步被社会所理解，在一定范围内被接受，对同性恋的歧视和迫害逐渐减少。一般称男同性恋者为 gays，女同性恋者为 lesbians，双性恋者为 bisexuals。

很多大学生对于同性恋是天生的还是后天的存在好奇，有研究大概提供了部分思路，认为性取向的形成既有激素、基因等生理遗传等先天因素，也有社会环境、文化价值等后天因素导致，但无论是先天还是后天的作用，都不能改变社会对同性恋群体的平等对待及理解尊重。

📖【实践与思考】

避孕是男女之间性行为发生过程中都需要双方慎重考虑的事情，因为这个是"会出人命"的事，不可大意。如果并没有做好当父母的准备，也没有怀孕计划，请大家务必了解和掌握一些避孕知识。

请完成课后练习，做好查询工作。

（1）什么是安全套？
（2）如何计算安全期？
（3）可以采取哪些方式有效避孕？
（4）事后避孕药服用注意事项有哪些？

关于性梦

三、大学生性心理健康促进与自我维护

大学生渴望爱情是美好的、值得被理解的,爱情也是一场美妙的心灵之旅,在付出爱、享受爱的过程中培养了爱他人、爱自己的能力。与此同时,需要大学生具有承担责任的意识,具备正确、健康的恋爱观。

(一)遵守恋爱道德

恋爱不仅仅是伴侣彼此之间的交往活动,也是一种社会活动,受到社会规范和道德的制约。在恋爱中要做到举止文雅、理智行事,尊重和理解对方的情感意愿。

中华传统美德内容丰富、博大精深,是人类文明发展的重要精神财富,是社会主义道德建设的源头活水。因此在两性关系中,要提倡人伦价值,重视道德义务。必须根据道德规范的要求,来尽自己的义务,如董仲舒提出"仁义礼智信",孟子说,人之所以异于禽兽的根本点就在于人能够"明于庶物,察于人伦",本着"仁义"行事。因此大学生要树立高度的文化自信,深入挖掘中华优秀传统文化蕴含的思想观念、道德规范,结合时代要求继承创新,锤炼出优良道德品质。

(二)端正恋爱动机

恋爱的选择是根据个人的情感需要而自然产生的,切勿因为身边的同学谈恋爱了,为了消磨时间或者证明自己的魅力而恋爱。也要摆正学习和恋爱的关系,大学阶段是人一生中知识积累的重要阶段,是综合能力培养的关键时期,恋爱不是大学生活的主旋律。大多数人在确定一段稳定的恋爱关系之前都可能经历其他的恋情,因此无论怎样,都应该保持积极乐观的心态,获得稳定的自我认知,若出现了失恋等情况,可以向身边的好友寻求支持,如有必要可以去学校的心理咨询中心或者校外心理咨询机构寻求专业的心理辅导或治疗。

(三)坚守恋爱承诺

恋爱过程中,人难免会做出承诺以表达对感情的珍视,但承诺不应一时冲动,需要对自己的言行负责。在建立关系的开始就要做到感情专一,承诺之前做到深思熟虑,承诺之后要付诸行动。若在交往过程中发现双方确实不适合继续恋爱,也要做到自尊和尊重对方,理性解除关系。

(四)尊重并理解爱情中的性问题

首先得到性吸引或者暗示时,需要理智做出判断,了解对方的动机,也反思自己的责任和承受能力。其次坦诚告诉对方,自己的边界或者说底线在哪里。最后在性行为发生前

还需要澄清自己的感受，考虑未来的发展，如是否有同居、结婚的考虑等。

周恩来与邓颖超的爱情感动了无数人，周总理是伟大的马克思主义者，他认为伴侣的选择应志同道合，是经得起艰难险阻的战友。周恩来和邓颖超在革命时期，通过250余封书信往来，认定了对方是自己寻找的人生伴侣，在1923年的春天，两人确定了爱情关系。周恩来和邓颖超共同生活了50余年，经历了无数风霜，他们的爱情成为一段佳话，被后人回忆。

爱情类型量表

📖【自检自测】

胡布卡（HuPka）爱情关系嫉妒量表

量表说明：这是目前国际上流行的嫉妒关系定量评估量表，根据胡布卡对爱情嫉妒的描述编写而成。此量表主要测量个体在爱情情境中的一般嫉妒心理体验和可能的行为反应。

量表共27个项目，采用三级评价标准："1"为不赞成，"2"为无所谓，"3"为赞成。个体在27个题目上的平均得分代表着其恋爱嫉妒的程度。

（1）当我看见我所爱的人与别人有亲密动作，我的胃就翻腾。

（2）嫉妒是真爱的表现。

（3）我总是试图平复心中的嫉妒。

（4）看见别人都很幸运地与伴侣约会，我就会觉得多少有点懊恼。

（5）我常感觉到没有他（她）我就活不下去。

（6）我常怀疑我所爱的人背地里做一些欺骗我的事。

（7）当某人对我所爱的人表示亲近时，我从心里感到恶心。

（8）我想我不会有像别人那样的浪漫爱情。

（9）假如我所爱的人行为不检点，我会气得发疯。

（10）当我看见一位很有魅力的人时，我会在心里抵触他（她）。

（11）当我所爱的人对别人热情，对我平静，我的心情就会很糟。

（12）当我所爱的人与另一个异性一起走时，我会觉得心里不舒服。

（13）没有他（她），生活会变得没有意义。

（14）当我看见我所爱的人与别人跳舞，我会非常不安。

（15）我想是我所爱的人造成了我的嫉妒。

（16）我常会把一切（人或物）理想化。

（17）我与所爱的人分别久了，就隐隐觉得会发生什么事。

（18）我希望我所爱的人只喜欢我一个人。

（19）约会时，如果他（她）迟到半个小时以上，我就会产生疑惑。

（20）不知道为什么我常常觉得自己是失败者。

（21）失去所爱的人是因为我自卑。

（22）当我所爱的人高兴地评论某位异性时，我会感到失落。

（23）当看到别人有成功的爱情时，我会感到内心很空虚。

（24）当我所爱的人干什么事都和我在一起时，才是可信赖的人。

（25）当我所爱的人在聚会上嬉闹，而当时我不在场，我就会觉得不是滋味。

（26）我认为大多数人并没有比我更精彩的爱情生活。

（27）当我所爱的人注意别人时，我会感到孤独并有一种被忽视的感觉。

分析：

对量表中的项目进行初步分析可以发现：第1、7、9、10、11、12、14、17、19、22、25、27题是对恋爱情境的主观感觉；第2题是对嫉妒本身的看法；第3、15题是对自己的嫉妒心理的看法；第4、23题是对他人的爱情与自己的爱情进行比较后的主观感受；第5、13题表示对恋人的依赖性；第6、24题表示对恋人的不信任；第8、26题是对自己爱情的主观感受；第16、18题表示对恋人的期望；第20、21题表示自己的不自信。

📖【推荐阅读】

进化心理学（第4版） 作者：戴维·巴斯，张勇，蒋柯译 出版社：商务印书馆 出版时间：2015年10月

该书是以往鲜有研究者涉足的某些心理学领域的著作，如爱情、择偶、亲属关系、友谊、美、母性、合作、性行为、攻击性等，进化心理学提供了一种富有建设性的解释框架。虽然进化心理学还存有争议的地方，并且不能解释同性恋为何没有被淘汰的问题，但它至少是目前为止，能相对合理地解释现代大众在婚恋情感上的困惑根源是什么的书籍。

男人来自火星女人来自金星 作者：约翰·格雷 出版社：北京联合出版有限公司 出版时间：2020年7月

该书以男女来自不同的星球这一新鲜、生动、形象的比喻作为作者的全部实践活动的理论支撑点，即男人和女人无论是在生理上还是心理上，无论是在语言上还是在情感上，都是大不相同的。本书是获得与异性完美关系的最佳指南，是一本有价值且非常有必要的读物，它对理解男人和女人的沟通是一个突出的贡献。

📖【主要参考文献】

[1] 王慧芳. 大学生心理健康实用教程[M]. 北京：中国林业出版社，2020.

[2] 张金明. 大学生心理健康教育[M]. 北京：北京邮电大学出版社，2011.

[3] 江光荣. 大学生心理健康[M]. 武汉：华中师范大学出版社，2012.

[4] 张玉茹. 大学生心理健康[M]. 2版. 杭州：浙江大学出版社，2000.

[5] 王金凤，柴义江. 大学生心理健康教程[M]. 北京：人民邮电出版社，2019.

[6] 本书编写组. 思想道德修养与法律基础[M]. 北京：高等教育出版社，2018.

第七章　网络心理

网络空间是亿万民众共同的精神家园。网络空间天朗气清、生态良好，符合人民利益。网络空间乌烟瘴气、生态恶化，不符合人民利益。

——习近平

随着互联网和计算机的不断普及，网络对大学生认知、情感、人格、人际交往等方面都产生了深刻的影响。截至 2020 年 12 月，我国网民规模达 9.89 亿人，其中学生占整体网民的 34.6%，是网民中规模最大的群体。作为"网络新生代"的大学生，网络心理已成为心理学研究的一个崭新领域。

本章，我们将讨论以下几个问题：
（1）什么是网络心理与行为；
（2）网络心理健康；
（3）网络依赖及如何应对。

通过本章的学习，你将认识网络心理和行为的关系，了解网络心理健康的标准，并懂得如何摆脱对网络的依赖，学会在遇到网络心理问题的困扰时，能结合所学心理健康知识，有效解决和应对问题。

第一节　网络心理与行为

网络已经渗透到大学生的日常生活中，选课、交作业、做练习、点外卖、逛网店，极大地丰富和方便着大学生的日常生活。与此同时，网络暴力、网上谣言、网络诈骗、网络依赖等也极大地影响着大学生的正常生活。网络对大学生产生了双重影响，由网络引发的大学生的一些心理问题也严重影响了大学生的成长、成才。本节将结合具体事例，介绍网络心理的概念，探讨网络心理与行为的关系。

一、网络心理的概念

随着计算机与互联网技术的普及与发展，大学生在长时间接触网络之后出现了与之相关的心理问题。网络心理是指在虚拟的网络环境里,人的心理活动过程及由此而形成的人的个性特征的总和。网络既是人类所控制和使用的工作、学习和生活的便利工具,又是人类的思想信息载体。随着网络对人们工作、学习、生活等领域渗透程度的深入,人们对客观世界的认识也开始变化,从而使人的认知、思维、情感、兴趣、意志,以及个性心理发生改变,进而产生新的思维方式与生活习惯。人的思想和心理都是人的精神活动,人的思想对来自网络世界的信息进行过滤与加工,从而推动人的网络心理发展、成熟。而大学生是一个与网络有着密切联系的群体,在长期接触网络的过程中,逐渐形成了与之个性相关联的网络心理。大学生网络心理主要是指在虚拟的网络环境里大学生的心理活动过程及由此而形成的大学生的个性特征的总和。

"便利"的网络

开学不久后,大一新生小于就让父母给他买了一台笔记本电脑。从此,他的生活就离不开网络了,上网浏览信息、购物,和同学、朋友交流,就连吃饭也懒得出去吃,而是直接在网上订外卖。以前遇到不懂的问题他会去查资料,自己动脑思考,现在直接上网找答案。本来他买笔记本电脑的初衷是为了学习,结果现在只要一打开笔记本电脑,他就会被与学习无关的事情干扰,如看看新闻网页、听听歌、看看电影。然而,上网的时间过得特别快,一晃一个小时就过去了,该查的资料还没查,该做的作业还没做。时间一长,小于在学习上有了很严重的拖延症,对学习越来越不感兴趣。对于小于来说如果没有网络,那简直是最痛苦的事。他特地花钱买了手机流量套餐,这样他就可以随时随地在网上冲浪了。由于经常熬夜上网,他的睡眠和休息已经受到了影响,视力也开始下降,思维也比以前迟缓,上课也总是注意力不集中,控制不住地就想掏出手机上会儿网。如今小于好几门课程都跟不上,他特别痛苦,他不喜欢沉迷网络的自己,他试着关掉网络,可是最后还是控制不住又开始上网,他担心这样下去自己会越来越颓废。

近年来,网络越来越频繁地走进大学生的实验室、课堂和宿舍,形形色色的资源、众说纷纭的观点、无穷无尽的数据等,无一不对大学生产生不可抗拒的吸引和诱惑。很多大学生尤其是大一新生,对大学生活适应不良,再加上没有家长、老师对自己上网行为的监督,缺乏自制力,像案例中的小于一样患上不同程度的"网络成瘾综合征"。一旦形成网络依赖,对身体和心理都有很大的伤害,如出现视力下降、思维迟缓、情绪低落、颈椎不适等问题,而且容易出现焦虑、缺乏耐性等心理问题,极大影响正常的学习与生活。因此,如何发挥网络的积极心理效应,控制和减小其消极作用,成为大学生应该认真对待的问题。

大学生应该首先认识到,网络并非生活的全部,更何况网络是一种"如影如电"的虚幻空间,网络之外还有更广阔的天地,有很多有意义的事情值得我们去做。在课堂上与同学互相讨论、在图书馆阅读古今名著、在课后参加文体活动、节假日出外参观旅游……这些都能让我们体悟到大千世界的丰富多彩及生命的莫大乐趣。同时，大学生还应该努力培养自己的自制力，对自己的行为负责。在充分发挥网络的积极作用的同时，不要沉溺其中，以免被网络牵着鼻子走。古人云"君子役物，小人役于物"，要让网络为我所用，而不是让自己成为网络的俘虏。

二、网络心理与行为

（一）网络暴力

网络暴力的表现形式多种多样，网络暴力行为比较典型地反映为以下六种类型。

1. 网上过激行为

过激行为是指能激怒人的口语和书面语言，后来被用于表示互联网上的消极或反社会行为。网上过激行为是指在网络上由去抑制引起的；敌意的；使用亵渎、淫秽或侮辱性词语伤害某人或某个团体的行为。在互联网心理学研究领域，还有两个概念和网上过激行为的意义比较相近：网上骚扰和网络欺负行为。

网上骚扰是在网上对他人故意的、明显的攻击。例如，对他人进行粗鲁的、下流的评价或者故意使别人尴尬，它与发送令人讨厌的、淫秽的、恐吓的或者骂人的信息有关系。网上骚扰还包括在公共信息论坛上张贴私人信息，从而导致各种各样的令人厌烦的网上和实际生活中的骚扰，也包括模仿受害者姓名、以受害者名义进行网上偏差行为、损害受害者名誉、破坏受害者朋友和商务关系的行为。另外，网上骚扰也包括邮件中、聊天室里等各种各样的以文字形式出现的、与性有关的暴力行为。

网络欺负行为包括个人或团体通过使用信息和交流技术，如通过电子邮件、手机、文本信息等张贴伤害他人和诽谤他人帖子等方式进行的以伤害他人为目的的、蓄意的、重复的和敌意的行为。

2. 网上欺骗

欺骗既包括"骗人的行为"，即隐藏真实，表现出虚假的行为，也包括蓄意改变身份的行为，从而有利于获得期望的结果或者达到某个状态和个人的目的。网上欺骗行为的目的主要是希望达到某个状态和个人的目的。

欺骗是网上偏差行为的一种重要表现形式，有的欺骗是完全的欺骗，给他人造成错误的印象，这些互联网用户把自己隐藏在面具背后（如改变自己的性别）。还有一些欺骗行为是高技巧性地对自己网上身份的操作，这和现实生活中自我表露的不断调整有直接关系。欺骗不仅体现在网恋或者个人对个人的网上接触中，也会发生在论坛、聊天室中。

3. 网络色情活动

网络色情活动是最近比较受关注的领域,互联网的迅速发展使色情内容也有了新的发展形式,美国《时代》杂志曾经指出美国有 83.5% 的网页都有色情图片。

互联网上的色情内容有很多形式:色情图片、色情动画短片、色情电影、色情有声故事、色情文本故事等,一些互联网色情资料是免费的,任何互联网用户都可以得到这些资料,这使得网上色情行为更加泛滥。

4. 网络侵犯

网络侵犯是指黑客侵犯其他互联网用户的私人空间。比如,早期的"乌托邦"是黑客中重要的一种类型,是指那些具有攻击性和破坏性的黑客们运用自己的知识对他们的目标(可能是个人,也可能是一个组织)造成伤害。

有人把黑客分为四种:一是蓄意传播病毒的黑客,这些病毒通过网络传播,使计算机的某种或某些功能出现故障,从而给用户造成恐慌。个人或机构的网页,按照黑客们的希望,这些网页就代表某个人或机构,但是这些网页却不是真正的个人或机构的网页。三是网络间谍,这类黑客通过计算机网络破译代号和密码,他们的主要目的是获取一些机密信息或内容。四是网络恐怖主义,这些黑客采用各种方式对某个部门进行攻击,结果令整个部门处于停滞状态。

5. 网络盗窃

网络盗窃可以分为两类:一是指对"智力财产"的挪用,如复制或复录音乐或音像制品并在网上传播。二是指对于虚拟财富或者对虚拟身份的盗窃,例如盗取 QQ 号、盗取网络游戏财富等。

6. 视觉冒犯

在聊天室、论坛等中还有一种比较常见的网上偏差行为:灌水和刷屏,这类行为也可称为视觉冒犯。灌水是指以几乎无内容、无意义的文字、字符这种简单的形式回答发帖者,比如,"顶""不错""好""强"等。每个帖子都灌,整个屏幕的帖子全是某个人的回复,这就是刷屏,这也是灌水的一种极端表现形式。刷屏也指同一段内容反复复制,不停滚动在聊天窗口或者聊天室中。

(二) 网络亲社会行为

关于"亲社会行为",美国发展心理学家 Eisenberg 认为它是倾向于帮助他人或使另一个人或另一个群体得益,而行为者不期望得到外在奖赏的行为。这种行为经常表现为行为者要付出某些代价、自我牺牲或冒险。

一般而言"网络亲社会行为"就是指在互联网中发生的亲社会行为。比如,网络利他行为是指在网络环境中发生的将使他人受益而行动者本人没有明显自私动机的自愿行为。

构成网络利他行为的要素主要包括：①借助网络媒体；②出于助人的目的；③没有明显的自私动机；④自愿而非强迫的行为。

网络亲社会行为由于发生环境的特别，跟现实中的亲社会行为有所不同。网络环境中的亲社会行为主要表现在以下几个方面。

1. 免费提供信息咨询

免费提供信息这类行为在网络中非常普遍，例如在大学校园的 BBS 上，一些学生经常会自觉地发布一些上课地点、任课教师联系方式、外出乘车路线、校园及周边消费购物指南等信息。一些网页或者论坛上，会有很多人为陌生人的提问提供最佳答案。

2. 免费提供资源共享和指导

主要是通过网络提供免费电子书籍、软件下载服务等类似的网络服务，也包括网络中一些技术高超者帮助新手学习计算机知识、上网技术、维修出故障的计算机等，学习优秀者传授各种证书考试等方面的经验与技巧，成功就业者传授面试方法与技巧等。

3. 提供精神安慰或道义支持

网络可以成为积极的情感保护与精神支持场所。例如，网络中存在大量安慰情感失意者、身体残疾者、竞争失败者及心理疾病者的行为，特别是安慰具有自杀倾向者的行为。有时候，网络出现某种反对、指责不当行为的信息，往往引发大量的跟帖，这种道义的支持也属于亲社会行为的范畴。在网络上，还存在一些非主流的群体，特别是边缘团体中的支持行为，如肥胖症者、酗酒者、瘾君子等。他们在现实生活中往往受到歧视，以个人或者小群体形式在互联网上建立一些非主流主题的聊天室或网站，以逃避现实社会的压力，轻松表达内心的体验和感想。有时，这种边缘群体的内部支持和经验可以起到与团体心理咨询相似的作用。

4. 宣传与发动社会救助

这种利他行为往往与现实社会的真实求助事件相联系，通过网络来宣传、呼吁等，如呼吁帮助疑难病症者、发动资助贫困生的募捐、为生命垂危者义务献血、捐献器官等。大学生的网络亲社会行为中，虽然能提供的实质性社会救助不多，但仍具有一定的代表性，按照性质，救助主要分为：疾病救助，报道求助者的病情，发动募捐、献血、捐献器官，以挽救他们的生命；学业资助，报道家境困难的学生情况，号召社会资助，如水滴筹和蚂蚁公益等。

5. 提供网络管理义务服务

一些贴吧等网络平台事实上是一个庞大的虚拟社区，由于经费限制，其管理工作往往靠一群志愿管理者在维持。版主等网络管理者要花费大量时间、精力，他们的义务服务事实上也是一种典型的利他行为。

网络亲社会量表&
网络暴力量表

📖【实践与思考】

线上线下兴趣大比拼

"打篮球、散步、游泳、跑步、爬山、旅游、唱歌、看书、跳舞、购物、看电影、听音乐、找朋友聊天……"你在现实生活中喜欢做什么呢?在网络上又喜欢做什么呢?来进行一下网络与现实兴趣的大比拼吧!思考哪些事能给你带来更多的快乐和成就感,该如何平衡线上和线下的兴趣。

网络与现实兴趣的大比拼

序号	在网络上最喜欢做的事情	在现实中最喜欢做的事情
1		
2		
3		
4		
5		

第二节 大学生网络心理健康

对先进知识和技术有着敏锐直觉的大学生是最具有网络意识的群体。面对互联网构建的虚拟世界,当代大学生表现出了极高的认同度和参与热情,网络已经深入了大学生的学习、生活及情感等各个领域,成为大学生学习知识、交流思想、休闲娱乐的重要平台。同时,近年来,随着网络的普及,大学生形形色色的网络行为所透露出的种种心理现象也引起了人们的关注。

一、大学生网络心理健康

网络的发展和普及使人类社会在科技的道路上迈进了一大步,同时网络时代的到来对大学生心理健康产生了巨大影响,基于建立健康的一般标准,结合生理、心理、社会健康的要求,大学生网络心理健康应包括四个方面的内容。

(一)正确的网络心理健康意识或观念

网络是把机遇与挑战并存的"双刃剑",只要善加利用,合理运用但不依赖网络,就没有必要视网络如洪水猛兽。大学生应养成良好的网络使用习惯，合理安排上网时间，注意网络信息安全。网络是一个信息极其丰富多彩的世界，信息量大，更新速度快，自由度宽，因此要学会对网络信息进行合理评估、判断和选择，不要受网络上不良信息的影响，继而造成认知和行为上的偏差。网络所形成的虚拟社会与现实社会一样，同样受法律法规的制约。大学生要了解网络法律法规知识，不做违反网络道德与法制观念的行为（如不登录、不浏览不良网站，不盗用他人信息资源，不散播色情、暴力和反动言论等），文明上网，自觉维护良好的网络秩序。

（二）健全的网络社会人格

人格是具有一定倾向性且比较稳定的心理特征的总和。一个人的人格受遗传和后天环境的影响。大学生网络社会人格是大学生在网络交往过程中形成的心理品质和人格特征。大学生作为网络当中最为活跃的群体之一，其网络社会人格表现出双重性或多重性，甚至出现人格分裂。网络的虚拟特性给大学生提供了一个全新的虚拟生存平台，他们不必以现实生活中真实的身份出现，如此便会形成不一样的虚拟人格。他们需要时常在虚拟的网络世界和现实社会中进行角色转换和思维、行为协调，一旦转换出现问题，就容易出现心理障碍。因此，大学生要正确把握虚拟世界与现实社会之间的关系，培育健全的网络社会人格。

（三）协调网络人际交往与现实人际交往之间的关系

网络沟通是单一的语言沟通，文字表达存在隐匿性的特点。网络沟通能够满足大学生自我伪装的需求，使他们达成现实生活中无法企及的完美的"我"。网络社会能给大学生带来足够的安全感和归属感，体现其个人价值。相比现实人际交往，越来越多的大学生更偏好网络人际交往，更加信任网络朋友。这样会让他们表现出一种特定认知偏差，从而导致他们依赖于虚情假意的网络社交，逃避现实，在现实人际交往中不能进行正常的情感交流和体验，容易出现孤僻、不合群的现象。因此大学生要学会合理安排上网时间，处理好网络人际交往与现实人际交往之间的关系，在网络交流和交往中同样保持真诚、自律，并且不影响现实生活中的人际关系的协调发展。

（四）保持网络与学习、生活之间的平衡

网络为大学生提供了便捷的服务、大量的信息、轻松自在的氛围，容易使其不知不觉沉溺其中无法自拔。从一个网站链接到无数的网站，部分大学生注意力长期被新奇的网络世界所吸引，却忽略了当下的学习和生活。大学生在利用网络为己所用的同时，要学会进行自我管理，规划好学习和生活，有效约束和控制上网时间，不因上网而影响自己正常的作息时间。并且大学生不能过度依赖网络，把网络作为逃避现实生活的方式。尤其在学习、

生活中受到挫折和困难时，大学生应能主动寻求支持，勇敢地面对挑战，解决问题。

二、大学生网络社交的心理需求分析

（一）自我意识与人际交往的需求

大学生有被人关注的需求，渴望被人认可、渴望获得社会的尊重和平等相待，然而现实社会中诸多的因素使大学生的这种愿望难以实现。而在网络社交中，无论身份、地位如何，每个人都能得到交往主体的平等对待和尊重，因此，网络社交给大学生提供了一个倾吐心声、表达自我的渠道和途径。此外，日趋成熟的大学生有建立更加广泛人际关系的需求，但校园和家庭关系的人脉关系难以满足他们的这种需求，而网络平台则充分地提供了这样的便利。通过各种网络社交工具，大学生可以结识来自不同地域、从事不同职业、拥有不同兴趣爱好的朋友，用极为便捷的方式与他们沟通交流。

（二）归属感和从众心理

根据人本主义心理学家马斯洛的需要层次论，个体生活在社会环境中，总想把自己归属于某一个群体或集体，即有归属感的需要。大学生远离家庭来到集体生活的大学校园，希望能归属于或融入大学集体，但由于地域文化、个性、经济状况等多重因素，部分大学生难以适应大学新集体，而在网络平台上他们往往更容易找到志趣相投的朋友，在网络社交的各类社区中更容易产生归属感。也有部分大学生担心如果不使用网络社交平台，就容易被认为是落伍、不合群，从而产生孤独感。有的大学生本来对网络社交是比较陌生的，但是为了能与周围同学拥有共同话题，不至于被集体隔离和抛弃，因而从众使用网络社交。

（三）自我实现与社会参与意识

自我实现是指个体的各种才能和潜能得以充分发挥，实现个人理想和抱负，获得最大的满足感。当代大学生有强烈的社会参与意识，希望通过大学学习实现自己的人生价值。他们关注社会热点，评价周围的人与事，并把自己的想法融入网络语言中。关注社会热点问题，表现了大学生意识上日益"成人化"。大学生在对网络热点事件演绎的过程中可以自由发表自己的意见，抒发自己的情感，在这个过程中得到"自我实现"的感受。并且与现实生活相比，他们发现在网络中自我价值更容易实现。

三、大学生常见的网络心理问题

大学生网络心理问题是指大学生无节制地上网导致行为异常、人格障碍、交感神经系统功能失调等。其主要表现症状为：开始是精神上的网络依赖，渴望上网；随后发展为身体上的依赖，不上网则情绪低落、疲乏无力、外表憔悴、茫然失措，只有上网后精神才能恢复正常。

（一）网络依赖

愚人食盐

《百喻经》里有个"愚人食盐"的故事："昔有愚人，至于他家。主人与食，嫌淡无味。主人闻已，更为益盐。既得盐美，便自念言：'所以美者，缘有盐故。少有尚尔，况复多也？'愚人无智，便空食盐。盐已口爽，反为其患。"

用现代汉语来解释，大意如下：从前有个愚人到别人家做客，主人留他吃饭，他觉得菜淡，主人便加了些盐，加盐之后菜的味道鲜美。这人便想："菜的味道鲜美，是由于加了盐的缘故，加少许便这样好吃，多放些岂不是更好吃？"这人无知，便空口吃盐，吃盐后口味败坏，结果当然是为盐所害。

"愚人食盐"的故事告诉我们，做任何事情都要掌握好"度"，掌握不好"盐量"，则会陷入通常所说的"玩物丧志"的地步，严重损害身心健康。

网络依赖是指长时间沉溺于打网络游戏、上网聊天、网络技术的使用，醉心于网上信息浏览、网上猎奇，造成对网络的精神依赖。一些大学生对网络相当依赖，上网亢奋，下网颓废，沉溺于虚拟世界，个人身心受损，正常学习、生活及社会交往受到一定程度的影响。网络依赖者更有可能发展为网络成瘾。网络依赖包括以下5种类型。

1. 网络色情依赖

大学生正处于青春期，性生理已趋于成熟，而性心理仍处于延迟满足期，因此他们与其他年龄段的人相比，对性更加敏感，也更容易受到色情内容的诱惑而形成网络色情依赖。一些大学生如果长期接受畸形、不健康的网络色情信息，他们的身心健康会受到破坏性的影响。因此，整个社会都应提高警惕，高度重视网络色情的严重危害性，共同打击网络色情。大学生也应当不断加强自身素质的培养，坚决抵制网络色情的诱惑，养成健康的上网习惯。

2. 网络交际依赖

QQ、微信、微博等社交聊天软件的出现，使人们可以跨越时空结交世界各地的朋友。网络交际依赖者每天花费大量时间和精力上网，与屏幕另一端的人交流，吐露自己的真情实感，甚至把网上结识的网友看得比现实中的家人、朋友更重要。大学生渴望友情与爱情，因各种原因在现实中无法实现需求，部分大学生就转而在虚拟世界中寻求满足，最终导致他们现实中人际交往能力退化。由于网络交往角色的虚拟性，既有人真情付出，也有人利用网络的隐匿性掩饰自己游戏爱情的目的，欺骗他人的感情。这样不仅让有些脆弱的大学生产生情感的大起大落，也会导致游戏爱情等畸形恋爱心理的滋长，这样的网络恋情迷惑、扰乱了大学生正常的人际交往和情感交流。对网络交际的过度依赖会让大学生逃离当下的生活和人际交往，在现实生活中更加孤独。

屏幕背后的交际达人

某大一男生小宫，在现实生活中性格内向、孤僻，没有朋友，经常独来独往，不和同学说话，即使在路上遇到同学也不打招呼。可是在网络上小宫却是另外一个样子，他能和班上同学随意聊天或者开玩笑，和女生也能侃侃而谈。最近小宫还在网上追求班上的一个女生，可是在现实生活中，他连看都不敢看那个女生，更别提和那个女生表明自己的心意了。面对身边的同学，他也很难用语言来表达自己的意思和感情。甚至有时候面对面吃饭，他都会拿出手机用聊天软件聊天，因为他觉得这样才能完整地表达他要传递的信息。小宫常常觉得自卑，总认为自己一事无成，可是他在网上却是另一个样子，他在网络中体验到了与现实生活完全不同的境界，性格也不那么内向，智力也没有想象的那么低。他感到很困惑，到底现实中的他和网络中的他哪一个更真实呢？他应该怎么样面对两个不同的自我？

很多大学生像小宫一样花费大量的时间和精力沉迷于网上的虚拟交往，而导致现实交往能力下降，渐渐地疏远了同学、老师、朋友和亲人，社交面变窄，人际关系疏淡，个人因此产生焦虑、孤僻、压抑、冷淡等心理障碍。

3. 网络游戏依赖

这是最早引起人们关注的网络依赖。很多大学生在层出不穷的各类网络游戏中不能自拔，甚至因此饭也不吃，觉也不睡。他们或与计算机程序设定对打或通过互联网与网友联机进行团战，以击败对手和进行游戏晋级而获得满足感和成就感。如果大学生长时间无法自控地玩游戏，学业就会日渐荒废，心理状态甚至人格也会发生扭曲。

4. 网络信息收集成瘾

在信息爆炸的时代，网络使信息的采集、传播的速度和规模达到空前的水平，网络实现了全球的信息共享与交互。人们对信息的吸收也是呈平方数增长的。多数人有选择性地浏览网页，也有选择性地吸收对自身有意义的信息。而网络信息收集成瘾者上网时冲动地、强迫性地从网上收集无关紧要的或者不迫切需要的信息，不断储存和传播这些信息。他们每天都将大量时间花在上网浏览信息上，但心里还是不踏实，总担心漏掉重要的信息。一旦出现网络阻塞、断网导致网页无法打开等现象，他们就会感到极其不适应，变得焦虑不安、心情烦躁。此外，大量吸收信息容易因信息超载而影响人的身体健康，导致大脑过度疲劳，严重时会引起头疼、烦躁、易怒等症状。

5. 网络交易依赖

多数大学生进入大学后，第一次远离家庭和亲人，需要学会自主购置生活用品及规划日常的消费开支。电子商务在国内飞速发展正好满足了大学生的各种购物需求，但也会致使大学生长时间陷于挑选、比价、咨询客服等行为而不自知。网络购物往往伴随着无数的促销广告或满减优惠活动，自制力不强的大学生易进入循环消费，掉入商业陷阱，入手一堆不需要的物品，反而浪费了有限的生活费，造成生活困境，导致内心矛盾和冲突，心理上难以承受而使自己陷入抑郁、焦虑、悲伤等心理困境之中。有的大学生对自己的过度网络消费后悔、焦虑，却抗拒不了这种诱惑及冲动。网络交易的便捷也使部分大学生"宅"在宿舍，不愿意与同学朋友一起出门购物，导致其社会孤立和人际焦虑。还有些大学生着迷于外卖、跑腿代购、网上拍卖等不能自拔。网络交易采用的网上支付而非现金支付方式，也让大学生忽略了金钱流失，以致有的大学生因还不起巨额消费账单而陷入经济危机，甚至走上偷盗等犯罪道路。

在这5种类型中，网络交际依赖者、网络游戏依赖者及网络信息收集成瘾者占大学生网络依赖群体中的多数。

（二）网络孤独

网络交往这种匿名、隐匿性别和身份的交往形式受到很多大学生的青睐。有的大学生上网向网友发泄自己的不良情绪，排解忧虑，讲自己的"心情故事"。这时他们的心情会得到一定的放松，从网友那里得到了一定的心理支持，可下网后他们发现自己面对的依然是周围没有人可交流的孤独。在人与人之间的交往中，80%的信息是通过非语言的方式，如身体语言中的眼神、姿势、手势等传达的，那些善于通过这些身体语言来解读对方心理的性格内向者，试图借助网络来排解自身的孤独时，会发现网络所能给的只有键盘、鼠标和显示器。网络孤独多发生在性格内向者身上，其典型症状是：沉溺于网络，脱离现实，寡言少语，情绪抑郁，社交面狭窄，人际关系冷漠。

（三）网络犯罪

大学生正处于成年初期，生理发育基本完成，但心理尚未完全成熟。大学生具有较高的网络技术水平，思维活跃，但道德责任意识相对较弱，自律性较差，容易受外界环境的影响，容易冲动、行为偏激，在虚拟的网络环境里易滋生破坏欲和犯罪意识。大学生也会因为生活阅历有限，对社会认识不深刻，辨别是非能力不足，在缺乏正确引导的情况下容易误入歧途。

有的大学生为了彰显自己的"才华"，充当黑客破译他人网络密码，窃取、篡改他人网上信息，散发、编制计算机病毒。有的大学生利用网络技术窃取其他网络用户及公司、企业的网站账号，从中牟取非法利益。还有的大学生为了发泄自己的不满情绪，泄露他人隐私、损害他人名誉和形象，在网上散布虚假信息，甚至恶意中伤他人，对他人进行人身侮辱，发布不良信息攻击学校和社会。这些非法利用网络的行为给他人、组织、社会造成极大损害，同时也给大学生自身带来严重的身心伤害。

提升网络知名度的"好机会"

2017年10月18日凌晨，昵称为"××"的网民在新浪微博上发布了一条附有多张照片的博文，称"昨夜凌晨，在学生街KK酒吧楼下发生打架事件，造成一死两伤"。这条消息在微博、网络上被快速传播、转载、评论，并在一定程度上引发了公众的恐慌，造成不良影响。

获悉情况后，警方立即着手调查，迅速找到网名为"××"的男子。经询问，该男子系某高校的大三学生，名叫杨某。据杨某交代，18日凌晨0时许，其与素未谋面的微信女网友聊天时，那名女网友告诉他在KK酒吧附近看到有人打架，好像有一个人被打死，两个人受伤，并将部分手机拍摄的现场照片传给杨某。杨某收到信息后，觉得这是一个提升自己网络"知名度"的好机会，在未核实该信息真假的情况下，就在新浪微博上发布了消息。

截至当天上午10时许，杨某发布的微博谣言就被转发、转载、评论数百条，浏览量数万次。因害怕自己的捏造的虚假事实"曝光"，杨某随后将该条微博进行删除，但尽管如此，不良的社会影响已经形成，警方依法对其处以行政处理。

大学生对社会了解程度有限，分辨是非的能力不足，再加上他们对计算机网络应用比较熟练，容易因为心智不成熟、出于炫耀或受人蛊惑、引诱、法律意识淡薄等，而不把非法侵入、破坏计算机系统看作违法犯罪行为，仅仅把它当作一种富有挑战性的智力游戏，因而大学生实施网络犯罪的比例在逐年增加。树立网络法制观念，遵守网络法规，成为新时代大学生的必修课。

四、摆脱网络依赖的方法

（一）想象厌恶法

想象厌恶法指将某些厌恶情境与人的不良行为联系在一起，从而使人产生厌恶反应，以达到减少或中止某种不良行为的目的。当一个人非常想上网或者正在上网的时候，可以想象某些厌恶的事情，达到减少上网行为的目的。例如，想象眼前站着某位使自己感到害怕的人，如威严的父亲或者严厉的老师等。

（二）自我管理法

1. 转移注意

大学生可以在想上网的时候，强迫自己转移注意力，主动离开放有计算机或手机的房间，用看书、打球、跑步、听音乐等其他活动取代原来的上网行为。甚至可以主动暂时取消上网账号，或给计算机设置密码，将自己与网络隔离开。

2. 上网时间递减法

大学生可以设立合理的"小步子"目标，逐渐减少上网时间。如果每天上网 6 小时，那么第一个目标应该是每天上网 5 小时，这个目标实现并维持一段时间之后，再把目标定为每天上网 4 小时，以此类推，直到上网时间合适为止。在此过程中，每次上网的时候，大学生可以使用闹钟提醒自己准时下网，与此同时，可以让父母、朋友对自己进行监督。

3. 自我指令

大学生可以给自己制定学习时间安排表，规定每天什么时间必须学习。每当有上网的念头时，可以反复地自我暗示："不行，现在不是时候，现在应该学习，等周末再说。"每当抵制住了诱惑，认真学习，度过了充实的一天之后，就进行自我鼓励："今天学得有收获，很投入，坚持就是胜利！"

4. 自觉提高上网效率

每次上网之前，大学生应该先花两分钟时间仔细想一想自己要上网干什么，把具体要完成的任务列在纸上。然后花一分钟时间，估计大概需要多长时间才能完成所有任务。如果估计要用 60 分钟，就把闹钟定到 30 分钟，提醒自己检查任务的完成情况，并反思自己有没有做与任务无关的事情。

5. 自我奖励与自我惩罚

运用以上的方法，大学生可以根据自己完成的效果给予自己奖励或者惩罚。如果完成得好，就可以好好奖励自己，如去大吃一顿或买一个自己喜欢的东西等；如果完成得不好，就惩罚自己做 100 个俯卧撑或者做家务等。

【实践与思考】

"奖励递减法"的运用

奖励递减法，顾名思义，是指做同一类事，所得到的赞扬和鼓励越来越少的效应。

一位老人在一个小乡村里休养，但附近却住着一群十分顽皮的孩子，他们天天互相追逐打闹，喧哗的吵闹声使老人无法好好休息，在屡禁不止的情况下，老人想出了一个办法。

他把孩子们都叫到一起，告诉他们谁叫的声音越大，谁得到的报酬就越多，他每次都根据孩子们吵闹的情况给予不同的奖励。到孩子们已经习惯于获取奖励的时候，老人开始逐渐减少所给的奖励，最后无论孩子们怎么吵，老人一分钱也不给。结果，孩子们认为受到的待遇越来越不公正，认为"不给钱了谁还给你叫"，后来再也不到老人所住的房子附近大声吵闹。

在"正面难攻"的情况下，采用"奖励递减法"可起到奇妙的心理效应。

那么，如果你要使用"奖励递减法"帮助周围的同学或朋友摆脱网络依赖，你将如何设计你的方案？

（三）认知行为疗法

认知行为疗法是目前心理治疗中的常用方法，由美国心理学家阿伦·贝克提出。它是一种通过改变思维、信念或行为的方法来改变不良认知，达到消除不良情绪和行为的心理治疗方法。该疗法通过矫正技术改变患者不合理的认知观念，并时刻把认知矫正与行为矫正联系起来，努力在两者之间建立一种良性循环，取代原来存在的恶性循环，从而使原来的不良症状减轻、消失。近年来，这种方法被学者和临床医生用于过度使用网络（或者病态使用网络）患者的治疗中。作为一种结构式的心理治疗方法，认知行为疗法不同于一般的教育、批评，而有其特殊的方法、技术和程序。首先，咨询师与同学一起寻找问题，即寻找要解决的不良症状；其次，咨询师分析导致症状的不合理认知；最后，咨询师帮助同学重建新的、功能性的、合理的认知，由这些新的认知促使同学产生合理的情绪与适应性的行为。整个咨询治疗过程由咨询师与同学共同合作完成。

五、维护健康的网络心理

（一）树立正确的网络认知

网络的出现宣告着人类信息时代的真正到来，它消除了人类跨地域沟通的"时滞"，拓宽了人类的交往空间，深刻地改变着人与人、人与社会的关系，给人类带来了一个全新的时代。网络也同样改变了大学生的学习、生活和交际方式。大学生能够客观正确地认识网络世界，是培养健康的网络心理的关键。网络为大学生打开了通往知识宝库的大门，但是，网络世界既是一个充满自由、开放、平等的世界，也是一个充满诱惑与陷阱的危险之地。网络只是一个工具，网络资源是人类社会不可缺少的财富，对网络的破坏与滥用就是对社会正常秩序的极大破坏，会危及生活中的每一个人。大学生要认清网络社会并非真实的社会，网上暂时的成功并非真实的成功，虚拟的情感宣泄与满足也并不能得到真正的快乐。大学生只有对网络树立正确的认知，明确上网目的，端正上网动机，才有可能正确地面对网络，合理地使用网络资源，提高网络信息处理能力，准确把握自我，正确处理现实社会与虚拟社会的关系，避免产生网络心理问题。

（二）加强自律与自我管理

形成坚定的网络意志和健康的网络心理，规范网络行为是大学生进行自我修炼的内因，也是根本。一个人如果没有自我修养的高度自觉性，外部的网络环境再好，也毫无意义。因此，大学生的自律及自我管理显得尤为重要。对于大学生来说，只有自律才能既充分体现其自尊、自主与自由，又充分培养其自我控制力。大学生在大学期间要明确学习目标和生活目标，合理规划自己的日常学习、生活和工作，积极参加各种社会活动，控制上网时间，规范上网、理性上网。必要时大学生应制定校园学习生活规划量化表，通过一段时间的记录和比较，从数据上能一目了然地看出自己的合理规划和自己使用网络的时间与次数，以此来获得戒除网瘾的信心和成就感。

校园学习生活规划量化表

项目	时间						
	周一	周二	周三	周四	周五	周六	周日
课堂							
课外自学							
图书馆							
睡眠							
课外活动							
上网							
其他							

资料来源：王金凤，柴义江.大学生心理健康教程[M].北京：人民邮电出版社，p124.

（三）增强道德规范和法律意识

大学生在现实生活中道德规范和法律意识较强，但是网络的虚拟性会使他们缺乏自我约束，缺失自律意识，甚至降低道德水准，淡化法律意识，在网络社会中随心所欲，做出违反道德标准或法律法规的言行。因此，一方面需要社会、学校等多方力量加强监管，抵制不良信息的入侵，净化网络环境，大力开展网络道德的宣传教育。另一方面大学生要明确网络世界要遵循道德标准和法律法规，线上线下的言行保持一致，提高网络道德素养，自觉维护网络秩序，主动参与到净化网络环境的行动中来。

（四）积极寻求心理帮助

大部分高校都开设了线上线下心理咨询和辅导。大学生可通过微信、QQ、微博、电话等方式，也可以用直接与心理咨询师面谈的方式，请专业心理咨询师帮助其答疑解惑。这样既可以保护大学生的隐私，使大学生能敞开心扉诉说心理困扰，又可以让大学生听从专业指导，精准解决心理问题，成为符合时代要求的网络达人。同时，接受团体心理辅导也是一个行之有效的方法。在团体中,网络心理障碍者会发现自己的心理问题并不是独一无二的,团体中的其他人也有相似的困扰,甚至比自己还要严重,从而降低其心理上的担忧与焦虑程度。由于有共同的心理体验,团体成员的心理认同感很强,群体归属感也会增强,进而感受到社会的支持。

【实践与思考】

为了帮助自己将精力集中在减轻和摆脱网络依赖行为上,可以在以下两张卡片上分别列出网络依赖导致的五个问题和摆脱网络依赖将会带来的五个方面的好处,然后,每天随身携带这两张卡片,时时处处约束自己的行为。

警示卡

网络依赖导致的五个问题	摆脱网络依赖的五个好处
1._____	1._____
2._____	2._____
3._____	3._____
4._____	4._____
5._____	5._____

【自检自测】

网络依赖问卷

如果你怀疑自己已经形成网络依赖了,想知道自己的猜测的正确性,可以通过以下测试了解自己是否已经形成网络依赖和依赖的大概程度。

这个测试是针对那些怀疑自己的网络行为已经开始依赖的同学。如果你有兴趣,请对以下20个陈述按照发生的频度,用0~5分进行评分,0分表示没有,1分表示罕见,2分表示偶尔,3分表示较常,4分表示经常,5分表示总是。

(1)我发现待在网上的时间会超出预计时间。

(2)由于上网太过频繁,以至于忘记了要做的事情。

(3)我觉得网上的愉悦已经超过了与恋人或伴侣的愉悦。

(4)我会与网上的人建立各种关系。

(5)我的亲友会抱怨我花太多的时间上网。

(6)我花在网上的时间太多,以致耽误了学业和工作。

(7)我宁愿去查收电子邮件,也不愿意去完成必须做的工作。

(8)上网影响到了我的学习或工作业绩和效果。

(9)我会尽量隐瞒我在网上的所作所为。

(10)我会同时想起网上的快乐和生活中的烦恼。

（11）在准备开始上网时，我会觉得你早就渴望上网了。

（12）没了互联网，我的生活会变得枯燥、空虚和无聊。

（13）别人打扰我上网时，我会恼怒或吵闹。

（14）我会因为深夜上网而睡不着觉。

（15）睡觉时我仍全身心想着上网或幻想着在上网。

（16）我上网时老想着：就再多上一会儿。

（17）我尝试减少上网时间，但失败了。

（18）我企图掩饰自己上网的时间。

（19）我会选择花更多的时间上网，而不是和别人出去玩。

（20）当外出不能上网时，我会感到沮丧、忧郁和焦虑，但一上网后，这些感觉就消失了。

问卷说明：请把你选择的各项分数加在一起，计算得出总分，对照以下不同分数段的解释，评判自己依赖与否或程度。

0～23分：目前你没有上网依赖，应继续保持健康的用网习惯。

24～49分：你是一个一般的上网者，只是有时会上得多些，但总体上仍能够自我控制，尚未沉溺于网络。

50～79分：对你来说，上网似乎开始引起一些问题，你该谨慎对待上网给你及你身边的人带来的影响。

80～100分：上网已经给你和你的日常生活带来很多问题，你必须马上正视并解决这些问题。

【推荐阅读】

娱乐至死　　作者：（美）尼尔·波兹曼著，章艳译　　出版社：中信出版社　　出版时间：2015年5月

该书解析了美国社会由印刷统治转变为电视统治，得出了由此导致社会公共话语权的特征由曾经的理性、秩序、逻辑性，逐渐转变为脱离语境、肤浅、碎化，一切公共话语以娱乐的方式出现的现象，以此来告诫公众要警惕技术的垄断。在该书中，波兹曼深入剖析了以电视为主的新媒体对人的思想认识、认知方法乃至整个社会文化发展趋向的影响，令人深省，并认识到媒介危机。

影响力　　作者：（美）罗伯特·西奥迪尼　　出版社：中国人民大学出版社　　出版时间：2006年5月

政治家运用影响力来赢得选举，商人运用影响力来兜售商品，推销员运用影响力诱惑你乖乖地把金钱捧上。即使你的朋友和家人，不知不觉之间，也会把影响力用到你的身上。

但到底是为什么，当一个要求用不同的方式提出来时，你的反应就会从负面抵抗变成积极合作呢？

在这本书中，心理学家罗伯特·B.西奥迪尼博士为我们解释了为什么有些人极具说服力，而我们总是容易上当受骗。隐藏在冲动地顺从他人行为背后的6大心理秘籍，正是这一切的根源。那些劝说高手们，总是熟练地运用它们，让我们就范。

【主要参考文献】

[1] 张冬梅, 谷丹. 大学生心理健康教育[M]. 北京：北京邮电大学出版社, 2018.

[2] 戴维·迈尔斯. 社会心理学[M]. 侯玉波, 乐国安, 张智勇译. 北京：人民邮电出版社, 2006.

[3] 王金凤, 柴义江. 大学生心理健康教程[M]. 北京：人民邮电出版社, 2019.

[4] 王慧芳. 大学生心理健康实用教程[M]. 北京：中国林业出版社, 2008.

[5] 雷雳. 鼠标上的青春舞蹈：青少年互联网心理学[M]. 上海：华东师范大学出版社, 2011.

[6] 刘丛, 谢耘耕, 万旋傲. 微博情绪与微博传播力的关系研究——基于24起公共事件相关微博的实证分析[J]. 新闻与传播研究, 2015, (09)：92-106.

[7] 伊梦璐. 网络人际交往：虚拟社区用户使用行为与关系构建研究[D]. 河北大学, 2018.

[8] 中国互联网络信息中心. 中国互联网络发展状况统计报告, 2021.

[9] 中华人民共和国国务院. 关于进一步加强和改进大学生思想政治教育的意见. 2004.

第八章　心理障碍与危机

大学生应当"认识与识别心理异常现象，了解常见心理问题的表现、类型及其成因，初步掌握心理保健常识，以科学的态度对待各种心理问题"。
——《普通高等学校大学生心理健康教育工作实施纲要》要求

每个人的一生中总会或多或少经历逆境和挫折，低落的情绪、烦恼的心情是我们每个人都曾体验过的。一些全球性的研究显示，有超过三成的人在一生中某些阶段都会因出现不同程度的心理困扰或异常，行为和内心体验在一段时间内达到一些常见的心理障碍的标准。但心理异常是什么？心理障碍又如何识别？如何预防？对于这些问题，很多人常常迷惑不解，甚至存在误解、偏见。

本章就讨论以下几个问题：
（1）心理异常的标准；
（2）常见心理障碍的表现；
（3）如何提升自己对心理危机的应对能力，预防心理障碍。

通过本章的学习，各位同学可以初步了解如何判断自己是否处于不健康的心理状态，有无心理障碍的风险，该怎么对心理障碍进行预防与求助；帮助同学们认识逆境下的心理危机，以及如何度过心理危机实现自我成长，从现在开始为自己的心理健康保驾护航。

第一节　什么是心理障碍

正如在之前章节学习到的，每个人所体验到的心理世界丰富而复杂，每个人的人格气质不同、成长经历不同、受到的家庭社会影响不同，对问题的看法、情绪、行为的表现也常常不一致。我们可以明确什么是比较健康的心理状态，但对于哪些心理和行为已经进入了异常范畴，常常需要根据多方面的信息进行判断。事实上，界定什么是心理异常并不是一件容易的事，因为在不同的社会文化背景中正常心理和异常心理之间常常缺乏通用的划分标准，需要结合心理和行为表现进行具体分析。

一、认识心理障碍

（一）心理异常与心理障碍

苦恼的小李

高中阶段的小李不但学习优秀，还是乐于助人的热心肠，与同学相处也很愉快。进入大学以后，她积极地参加学生活动，每天忙里忙外，在社团中担任骨干成员。谁知期中考试一过，自己两门课成绩都不及格，其他课程也不理想，与室友差了一大截。感觉学习不像高中那么轻松，小李有点慌了。但社团的事越来越多，又不得不忙于各种事情，常常又不顺利，自己经常熬夜与社员沟通。每天上课也没有精神，感觉越来越学不明白，学习状态更差了。到了期末眼看社团重要活动和考试临近，自己却越来越不想做事；小李觉得自己脾气也越来越差，还因为作息问题与室友大吵了一架。社团的事务、人际关系问题、复习和考试压力一起累加起来，小李觉得特别心里烦闷、焦虑，勉强自己应付着社团的事，学习只有听天由命。不久，社团活动虽然举办了，但效果似乎不尽如人意，小李更加苦恼、郁闷了。考试周开始了，小李一门考试也没参加，整天一个人躲在寝室躺在床上默默哭泣，不想吃饭，也不想出门。室友发现她好像变了个人一样，但却不知怎么劝她。

从小李同学近来心理、行为的表现来看，她与往常乐观积极的自己不大一样，消极的内心体验，回避的行为，都对她继续正常的学习和生活产生了非常不良的影响。显然任由这种心理状态和行为方式持续下去，对于她将有害无利。这就是心理异常的一种体现。

对于心理异常这一概念比较受到认可的观点是：

我们所说的心理异常，常包含着消极、病态的意义，即这种消极的心理状态或行为表现会破坏个体内心的平静与稳定，损害个体的心理健康，造成个体无法适应学校和社会。当这种心理异常表现、影响轻微，引人不快时，我们会觉得它是一个需要解决的"心理问题"；当这种心理异常已经不可忽视并长期存在，造成了我们在学习、生活上的困扰和混乱时，我们称之为心理障碍；当一个人的心理障碍变得严重，需要心理和医学上的多方关注时，我们常又将心理障碍进一步称为心理疾病、精神疾病或精神障碍以强调其严重性。

大学生特别是大一新生群体，仍处在健全人格的发展和完善阶段，在学习上、人际上可能存在诸多的适应问题，加之人生观、世界观尚未完全成熟，容易产生挫折感、失落感、迷茫感，如不及时求助出现心理异常并发展为心理障碍的并不少见。为了识别、预防心理障碍的出现，首先需要大家能够识别心理异常。

"神经病"与"精神病"是一个意思吗？

日常生活中我们常在网络、新闻报道里接触过一些与心理异常有关的俗称和名词，其中不乏一些词的误用。这些词语的使用常常有误导性或污名化的意味。作为一个富有社会责任感的当代大学生，我们应当了解这些名词真正的含义，拒绝在不当场合使用这些词语，给他人造成伤害。

首先是误用最多的"神经病"。神经病本意实际指的是神经系统的疾病，包括的疾病有癫痫、偏头疼、帕金森病等，对应的为医院的常见科室神经科（如神经内科、神经外科）。这个名词本身不具有指代心理异常的含义，更与表示内心冲突导致的心理异常所用名词"神经症"不同。

其次是误会较大的"精神病"。精神病这一词确实与心理异常有关，但使用语境和使用人常有不同的含义范围。通俗意义上狭义的精神病，常常指的是比较严重的心理异常，如精神分裂症、双相障碍等精神障碍。广义的精神病则是心理障碍、精神障碍的同义词。医生更常用精神障碍一词（如临床使用的《精神障碍诊断与统计手册》），心理咨询师、心理治疗师则习惯用心理障碍来泛指一切达到诊断标准的心理异常。因此，医院进行与心理相关诊疗的科室，一般是精神科或心理科。

（二）心理正常与异常的区分标准

一个人的一生中难免会出现一些明显和平时不同的消极心理体验和行为，那么这些心理状态和行为是不是心理异常的表现呢，主要可以从以下几个方面进行判断。

1. 主观世界是否与客观世界相统一

马克思主义认为，人的意识是客观存在脑中的反映。无论是谁要适应环境进行生活，其心理必然需要正确地反映客观世界，即主观世界要与客观世界相一致。一旦对于客观世界的主观认识出现严重偏差和错误，就属于异常的范畴。例如，一个人常听到不存在的话语，坚信他人对自己进行侮辱、贬低、迫害，进而愤怒、恐惧，甚至躲避人群，这就可以评定为异常。

2. 心理活动是否协调，是否存在内心痛苦

心理活动是一个完整的统一体，所有心理过程各司其职，相互协调，如认知过程使我们认识优美的环境，情感过程给予我们愉悦的情绪体验，意志过程则驱动着我们实现目标的每一步行动。但如果在喜悦的情境下个体无故哭泣，在悲伤时又放声大笑，或是行为怪异，不可理解，那可能就是异常的表现。另外，这些心理过程的强度和持续时间也需要调节在合理范围内，如极喜极悲、持续的低落情绪都会给个体造成困扰，严重时使得内心长期痛苦，这也属于心理异常。

3. 社会功能是否正常，社会适应是否良好

心理是否偏离正常还可以通过社会功能是否良好来衡量。如果一个人心理正常，无论内向外向，他都应当可以顺利地进行社会交往，面对面与人交谈，进行协作。而如果一个人回避与人进行常规接触，与人交谈时无法注视他人目光，甚至害怕在任何场合表达自己

的观点，这就可能存在一定程度的异常。

4. 行为是否明显违反社会规范

心理是否异常还可以从行为是否违反所在社会文化背景下人们的一般预期和基本社会规范来评价。例如，如果一个人长时间无故骚扰他人，严重干扰他人生活，或是行为不可自控，鲁莽危险，侵犯他人，有伤害自己或他人的可能性，这显然不是一个心理正常的个体会做出的行为。

对上述四个方面的综合评价，我们能够大致识别出是否出现了心理异常。也就是说，符合这些评价标准的条数越多，对于个体学习、生活、社会交往等的影响越大，时间越长，就越可能是异常的状况。接下来，我们就大学生常见的心理障碍进行逐一介绍。

二、大学生常见心理障碍

从上述内容中我们可以了解，心理障碍是心理异常严重到一定程度的产物。这些异常的种类和表现往往多而复杂，但是相似的异常往往导致类似的障碍类型，并且有其特征性的心理和行为表现。在医学领域，心理/精神医学对其进行了具体划分，以帮助人们更好地识别相似异常所导致的障碍。这些特征性的心理和行为表现，在医学领域被称为症状；障碍类型的识别判定被称为诊断。虽然我们不是专业人士，但如果能够对这些障碍有一定科学的认识，就易于及时发现并预防这些障碍。

国际上一般通用的诊断标准有美国精神病学会（APA）制定的《精神障碍诊断与统计手册（第五版）》（DSM-5）和世界卫生组织的《国际疾病和相关健康问题分类系统（第十版）》（ICD-10）。我国则有《中国精神障碍分类与诊断标准（第三版）》（CCMD-3）。通过参考这些专业权威的手册，我们将大学生最常见的五大类心理障碍进行介绍，具体如下。

（一）精神分裂症及相关障碍

被"追杀"的室友

小张发现这段时间室友小王"出事了"，但要说是什么事，他也说不清。起初小张发现室友经常不去上课，在寝室计算机前紧张地忙活什么，一听到响动就立刻关机警惕地朝门口张望。想去关心一下，室友小王却总是闪烁其词，眼神闪躲。本来不以为意，但小张昨晚夜里醒来，发现小王穿着整齐趴在门口盯着门缝观察，不由吓了一跳。细问下，小王这才爆出一个"惊天秘密"——自己的脑子被国外间谍安装了遥控装置收集数据，这两天他们要来绑架自己带回去做实验。小张第一反应是小王在开玩笑，但看他认真的样子不由收起了笑容。小王向他展示了网上具有相似经历群体的讨论，"被遥控""凭空听到别人说话、命令、发报""被路人监视""被下毒身体不舒服""自己想的事情全都被知道了""窗外麻雀有摄像机""电视新闻里有暗示"等内容"骇人听闻",让小张难以置信。看小张不信,小王眼神警惕了起来,抱起计算机一声不响地离开了。

小王的经历你相信吗?他听到的、看到的是被间谍遥控控制的吗?为什么他会对荒谬至极的想法坚信不疑呢?并不是因为他"脑洞"大,而是因为他患上了一种比较严重的心理障碍。他会凭空听到他人话语,感受到被非我的想法控制,甚至坚持用自己的主观世界完全代替客观世界,这都是精神分裂症的典型表现。

精神分裂症(Schizophrenia)是一种常发病于青壮年时期,严重影响个体认知与社会功能,需要医学关注的重性心理/精神障碍。罹患的个体表现出明显的主客观背离,内在的心理活动不协调甚至脱节,即出现心理结构和功能上的破坏与"分裂",导致人的所有心理过程无法正常运行。严重时,个体对于世界的认识能力出现明显障碍,思维的内容荒诞,逻辑错误,情感不协调,行为怪异难以理解,社会功能受损明显。这类障碍最易识别的典型症状主要有以下三个方面。

1. 幻觉

幻觉指的是不存在任何客观事实而产生的感知体验。最常见的是"幻听",还有幻视、幻嗅、幻触和内脏性幻觉等多种表现。与正常人偶尔出现的"错听""错看"不同,个体的幻觉几乎没有任何外在事物对应,但在其主观世界中是非常真切且持续的。例如,患者会听到耳边或大脑中长时间的他人评论、对话;闻到根本不存在的强烈气味;受到如电影一样的虚幻影响。这些都是由于其大脑生理功能失常所导致的,与外界无关。

2. 妄想

妄想在描述精神分裂症患者症状时专指一种脱离现实的病理性思维或想法。患者完全脱离客观世界,设定完全不合理的推理前提,经过不合逻辑的思考过程,得到荒诞的结论。在患者主观看来,其想法是经过独立思考和推究而来的,无须任何验证,也不可反驳、质疑。妄想的内容常比较丰富,常见的如相信任何外界事物,包括路上陌生人的谈话、新闻播报的内容都是与自己有关系的,是在对自己暗示,或是在针对自己(关系妄想);相信自己具有极大的才能、财富等,已经是某国的首脑或重大发明的持有者(夸大妄想);相信有人或组织要通过下毒、绑架等手段暗害自己(被害妄想);相信某位认识的异性一定是喜欢自己的,其屡次的明确拒绝也是爱自己的一种表达(钟情妄想)等。妄想也常和幻觉一同出现,形成患者更为怪诞的妄想内容,如认为自己被国外组织甚至外星人"脑控"等。

3. 思维与行为紊乱

在精神分裂症发病过程中,患者还可能出现思维的明显混乱。思维逻辑受到破坏,导致自身无法表达任何有意义的内容。严重时其话语支离破碎,前后颠倒,使人无法理解。行为也会表现怪异,不符合社会预期。其学习、生活、社交都会受到严重影响。

此外,随着病程进展,在一些患者身上还会出现意志力下降,社交退缩,情感淡漠,注意力、问题解决能力受损等改变。因而，及时发现精神分裂症的病征，进行医学治疗，特别是长期药物治疗干预是十分必要的。

（二）抑郁障碍

抑郁的小何

大三刚开学，小何就发现似乎越来越管不住自己的情绪了。一个人剪辑社团视频、完成课程作业时会突然冲自己发火、摔东西，继而大哭。晚上躺在床上盯着天花板，一看就是一整夜。慢慢地小何开始很讨厌自己，不愿见人，刻意疏远周围老师同学……连续的失眠和繁重的学业交织，让小何觉得自己每天都无精打采、疲惫不堪，情绪极端低落、抑郁。连续一个多月，吃不下，睡不好，体重下降得厉害，生活也完全"乱了套"。有时他甚至觉得生活毫无乐趣。小何尝试了很多方法进行自我调节，如情绪低落或睡不着的时候就不停地做事情来麻痹自己，或是一个人安静地坐下来读一本书。然而，这些努力还是没能让他完全摆脱抑郁和痛苦感受的缠绕。小何最终在老师的建议下向学校心理健康中心求助，并被转到了医院进行诊疗。在药物治疗和心理治疗的综合干预下，经过一段时间的治疗与休整，小何终于一扫阴霾，恢复了往日的状态。

抑郁自评量表

我们每个人可能都曾或多或少有过受挫、情绪低落的经历，但是大多数人并不会像小何这样进入一种长时间的悲伤、自我否定、茶饭不思、丧失兴趣和动力的严重抑郁状态。显然小何身上所表现的"抑郁"与我们普通的抑郁、悲伤情绪是不同的。当这种严重的、影响个人方方面面的"抑郁"出现时，我们就认为个体已经出现了明显的异常，产生了抑郁障碍。其中最为大家所知的就是抑郁症，更加专业的叫法是重度抑郁障碍（Major Depressive Disorder）。

重度抑郁障碍（抑郁症）是一种以情绪低落、心境抑郁为主要表现的心境障碍。患者情绪长时间极其低落，严重时思维迟缓，注意力不集中，记忆力受损，没有精神，学习和生活均受到很大影响。受抑郁障碍影响，患者自信、自尊都较低，不愿意参加社交活动；意志消沉，缺乏动力，以至于有些人整日卧床。消极的情绪体验还会伴随着生理上的紊乱，患者睡眠质量差，甚至难以入睡。如果重度抑郁障碍发展到一定程度不进行治疗，个人内心会感到十分痛苦，对自身的评价不合理地降低，甚至会反复出现自杀的念头。

需要说明的是，在经历较大挫折或丧失亲人时，人也会有抑郁和哀伤的正常情绪；女性在生理周期激素变化时，也容易出现一定程度的消极情绪反应；每个人伴随着心理和生理状况，如夜间欣赏忧伤的音乐时，都会有情绪的波动与变化，这些一般都不是抑郁症。另外，抑郁障碍的患者也并非任何时间都处于严重的症状当中。但只要发现抑郁的状态较为严重，持续时间超出两周以上，已经影响了个体的生活和学习，那就应及时求助专业人员。通过遵医嘱服药和心理治疗，能够有效地改变个体的抑郁状态。

（三）双相障碍

雄心壮志的"天才"小高

最近，同学们发现小高变得与平时不大一样。平时做事低调的他，今天班会他主动上台发表一通热情洋溢的"演说"，向大家宣告了自己的创业计划。虽然大家对他所说的通过吸引社会投资，成立校园企业，从大二开始创业，毕业上市并出国留学游说国际投资的"宏大"计划并不认可；但谁都不否认，小高滔滔不绝、妙语连珠、充满自信的演说确实很具有感染力。演说结束，小高对大家没有对计划报以预期的支持并不在意，在门口大声宣告自己马上就将获得国内多家企业、公司的支持后，跑出了教室。之后几天，室友发现小高早出晚归，每天只睡几个小时但似乎毫不疲倦。不时跟大家说自己的各种计划：准备申请出国南极考察，正在设计航天飞船，准备开办跨国公司，计划购买非洲小国，甚至想要竞选美国总统职位。大家听了这些雄心壮志的计划都哭笑不得，只看他自信满满，整天忙个不停，劝他注意休息。不想又过了几天后，小高似乎变了个人一样。整日躺在床上，一脸苦闷、阴沉，说什么也不理会。室友一起好不容易拉着他出了门，他却像个木头人一样，低头沉默不语，让大家都觉得挺压抑。但一时不知道发生了什么，也不知该怎么劝他。

我们每个人都会经历心情愉悦，充满雄心壮志的时刻，但像小高如此的热情洋溢，滔滔不绝，精力充沛似乎不太容易。而小高突然又阴沉的表现，让我们看到了一些抑郁障碍的影子。这种心境时而高涨，时而低落的心理障碍有时会被误认为是抑郁症，但其实它有两个"相位"——抑郁相和躁狂相，称为双相障碍。

双相障碍（Bipolar Disorder）也是一种重性的心理/精神障碍，它区别于单相的抑郁障碍，以躁狂（或轻躁狂）发作和重性抑郁发作交替出现为主要表现，也有些人把它叫作躁狂抑郁症或躁狂症。由于存在重性抑郁发作和躁狂（或轻躁狂）发作在不同时间的交替，如果只观察到患者重性抑郁发作时的表现，会被误认为是单相的抑郁障碍。但是只要观察到其躁狂发作的表现，就相对容易发现这类障碍。"躁"主要体现行为增多，十分躁动，甚至易被激怒；"狂"则体现了患者自信满满，乐观到不切实际。

躁狂发作时，患者有明显异常且高涨的心境，兴高采烈，充满过分自信与热情。患者思维的速度加快，具有强烈说话的欲望，常滔滔不绝，联想丰富，短时间内给人一种幽默风趣、热情善于交往的假象。一旦症状表现严重时，则往往言语快速跳转，使人不明就里，情感高涨到与环境不协调，忽视危险，行为鲁莽。躁狂发作状态下患者精力非常旺盛，甚至每天只需要睡几个小时却不知疲倦，持续性地"谋划"各种活动，但常常都是虎头蛇尾，草草收场。

上述躁狂发作（或轻躁狂发作）与抑郁发作不断交替，严重扰乱了个体正常的心境状态，导致患者时而躁动，行为不切实际甚至危险；时而抑郁，充满着抑郁情绪甚至自杀想法。这种干扰有时还会使个体表现出类似精神分裂症的与现实脱离的状态。如果能尽早发现双相障碍，进行及时药物治疗，配合心理治疗，就能够稳定心境，并减少该种障碍的复发可能。

（四）焦虑障碍

难以入眠的小林

小林从小比较内向，但学习认真、对人友善，经常受到同学赞许和老师表扬。但到了大三下半学期，专业课学习压力比较大，加上大一大二成绩也不是特别理想，小林一想到眼前的考试，就觉得紧张；有时想到接下来就要毕业走向社会，又犹豫是该考研还是找工作，不知道自己要做什么。慢慢地，小林无论做什么事都有点瞻前顾后，内心的焦虑感也越来越强烈。晚上噩梦连连，又容易受室友轻微动静的影响，睡眠很差，常常彻夜难眠。白天也是精神紧绷，但上课时又经常走神。一想到未来就脑子里一片空白。这种状态维持了一个多月，小林因胃痛、消化不良等身体不适在同学的陪同下到学校医务室就诊，在医生建议下到学校心理中心进行心理评估和咨询。

在面对具有挑战性的重要事情，或是靠近危险的事物时，我们都曾体验过心跳加速、害怕、紧张的不舒服感觉。当引起我们这种感受的事物近在眼前，我们一般会形容这种感受为恐惧；当引起我们这种感受的事物是未来将要发生的，我们则一般称为焦虑。二者引起的生理变化和内心感受是类似的。故而我们能够理解小林所说的焦虑感是什么，但我们却不大能够想象如果整日无缘由地处于这种状态是怎样的一种体验。焦虑障碍（Anxiety Disorder）就是一大类以过分的焦虑或恐惧情绪体验及其伴随的行为、生理紊乱为特征的心理障碍，具体又会根据其具体指向、强度、持续时间等分为广泛性焦虑（无具体指向的焦虑体验）、特定恐惧（对于具体事物、情境的过分恐惧）、广场恐惧（对于"自身失控"的恐惧）、社交恐惧（对于负性社交评价的恐惧）、惊恐障碍（极端的发作性恐惧体验）等。

焦虑自评量表

下面介绍一下其中具有代表性的两种焦虑障碍。

1. 广泛性焦虑障碍

广泛性焦虑障碍（Generalized Anxiety Disorder）是以长期且过分的、与环境不相称的持续性焦虑为主要症状，患者一直处于精神紧绷的状态，心神不宁，坐立不安，做任何事都担惊受怕难以缓解。患者时刻紧张，注意力难以集中，晚上也难以入睡或易于惊醒，常常疲惫不堪。焦虑情绪所伴随的生理反应还会影响到心血管系统、消化系统、呼吸系统等多方面，经常出现肌肉紧张、心慌心悸、食欲不振、消化不良、胸闷气短等生理症状。患者睡不好，吃不香，对外界刺激又非常敏感，焦虑易怒也常造成人际关系问题，正常的学习生活都会受到很大影响。只有通过放松疗法等心理、行为治疗，配合抗焦虑的药物，才能够有效缓解这一障碍。

2. 惊恐障碍

惊恐障碍（Panic Disorder）是一种急性发作的焦虑障碍，表现为强烈的恐惧情绪及其伴随的一系列生理反应和体验。存在这种障碍的患者，常常突然惊恐发作，在极端强烈的恐惧情绪支配下，患者呼吸急促、浑身颤抖、大汗淋漓、头晕心悸、手脚麻木，严重者甚至出现失控和濒死感，仿佛大难临头。在经过一段时间的发作后，可自行缓解，一般不会造成患者预期的严重后果。

惊恐障碍中惊恐发作可由外界某些刺激引发，也可以由患者自身正常范围的生理感受所引起。这些正常范围的刺激或生理感受，常被患者错误地认为是自己将要失控、濒死的预兆，而恐惧情绪又会不断放大这些信号，再次使患者确认自己的想法，从而引起更加强烈的恐惧，并引发一连串的生理反应。然而患者常常忽视了，正是由于自己的恐惧才引起自己诸如心跳加速、呼吸急促的生理反应，自己的异常体验其实来源于对于"恐惧情绪的生理反应的恐惧"。药物治疗和心理、行为疗法，如对于生理感受进行正确认识、放松疗法等，对惊恐障碍有效。

（五）强迫障碍

不可控制的清洁

2020年，一场史无前例的新冠疫情在党和国家的正确决策，医疗卫生工作者和全国人民的努力与无私奉献下，得到了有效控制。但正常返校后，小黄发现自己越发控制不住自己了。每天去教室、食堂，只要触摸过任何东西，小黄就觉得自己手不干净，回到寝室就要反复地洗手，一遍、两遍、三遍……一洗就是半个小时。后来发展到，只要附近有人大声说话或咳嗽，小黄就要赶紧回寝室拿出洗手液不停地搓洗双手，直到双手被洗得红肿，胳膊酸痛也难以停止。几大瓶洗手液摆在卫生间，一周就用得干干净净，手也洗得脱皮干裂。小黄知道这不应该，但是就是控制不住自己。因为一停下来就会觉得"脏"，就会觉得难受。

在防范新冠疫情进入常态化阶段，注意个人卫生，仔细洗手，显然应是广为赞许的行为。但像小黄这样，反复一遍又一遍不可控制地洗手，直到筋疲力尽为止，显然已经完全与现实需求无关了。也能看出，这与我们常说的严谨仔细、精益求精不同，这些想法和行为是个体自己产生并非强加的，但个体却无法控制，因为一旦不做就会难受、焦虑。这就是在心理障碍中我们常说的强迫障碍，又称强迫症。

强迫症（Obsessive-compulsive Disorder）是一种常见的慢性心理障碍，其主要症状是反复出现的强迫性思维和/或强迫性行为。"强迫"代表了一种侵入性，如强迫思维指的是一些患者努力避免让想的内容"侵入"脑海里。为了遏制这些患者自己极端讨厌的想法或画面，患者又常产生强迫行为以转移注意力，如上例中小黄讨厌被弄脏，为了避免"脏"这一想法，强迫自己进行了反复的清洁，但是"脏"的想法反复侵入挥之不去，行为也就反复进行了下去。

大部分患者身上既包含强迫思维也包括强迫行为；在同一患者身上，有时可以同时存在几种内容不同的强迫症状。常见的强迫思维包括：强迫联想、强迫回忆、强迫怀疑、强迫性穷思竭虑等；常见强迫行为则有：强迫清洁、强迫计数、强迫检查等。无论是强迫思维还是强迫行为，大部分患者均能意识到它们不合实际，没有必要，却无法控制，因为强迫和反强迫而长期焦虑、痛苦。对于强迫障碍，通过药物治疗配合暴露和行为阻止法等心理疗法，经过一定疗程，能够起到治疗作用。

三、大学生心理障碍的成因

与我们常见的生理疾病不同，心理障碍的成因更加复杂，这常常导致非专业人士以偏概全地理解这些障碍。应该说，所有的心理障碍都不存在单一的原因，任何只强调先天或后天因素，只关注生理而忽视心理，脱离社会文化影响的说法一般都是片面、错误的。学界现在比较一致的共识是，不同的心理障碍的成因不同，各方面因素影响的大小和方式也各不相同。解释任何一种障碍的成因，都需要从生物、心理、社会各个层面进行综合系统考虑，即以生物—心理—社会模型来探讨心理障碍成因。

（一）生物因素的影响

世界是物质的，人脑是一切心理现象的基础。正常的心理需要与运行正常的机体生理相配合，特别是大脑中生理过程的正常、协调运转。躯体的生理异常表现为我们的躯体疾病，同样地，一旦大脑的某些生理功能出现了异常，一定会以某种程度的心理异常或心理障碍表现出来。决定生理功能是否能保持正常的因素有很多，最常被提到的是遗传因素。

遗传因素包含了基因和染色体的突变和修饰等。除了同卵双胞胎，每个人的遗传物质均不相同，其中某些变异在特定条件下就可能造成蛋白质分子、细胞构成和代谢等的变化。这些变化有的直接就能够影响大脑正常功能；有的则通过影响大脑的发育过程，使得大脑在生命某些时期出现一些功能缺陷；有的则减弱个体的压力应对和心理修复能力，使得心理障碍更容易出现。而上述的这些影响往往又通过大脑结构、神经细胞、神经递质、激素水平等因素的异常改变表现出来。像精神分裂症、双相障碍等重性心理障碍，就会受到这些因素较大比重的影响，因而求助医学和药物治疗是非常必要的。

（二）心理因素的影响

心理因素包含的范围也十分广泛，常被提到的主要有心理素质和心理压力。心理素质一部分建立在生物学因素之上，反映了一种先天倾向；另一部分则和后天的发展与学习、自我的完善与努力有关。我们常从人格的角度对个体的心理素质予以描述，如有些人天生更易于焦虑，容易体验到消极的情绪，那么其对于抑郁和焦虑类障碍的预防就应更加关注。心理压力又称为心理应激，其代表了环境中引发心理障碍的诱因，一些对个体有不利影响的事件、情境都会给我们带来压力。当这种压力遇到了某些心理素质，就容易造成心理的危机甚至创伤，从而出现心理障碍。

（三）社会因素的影响

大学是大学生走入社会的第一步，也是一个人心理发展，价值观、世界观、人生观养成的重要时期。由于学习和生活环境发生重大改变，大学新生进入大学时容易出现对学习、生活和社会交往的不适应，伴随着学习意义、个人价值、人生目标的诸多困惑，形成了一种不稳定心理状态。未来的目标看似遥远，面前的学习目标也不明确。如果未能意识到自己作为新时代的大学生对于国家、社会应当肩负的责任，他们往往会茫然无措，失去积极向上的动机，沉浸于游乐消遣。马克思主义认为人是在学习与劳动中进行自我塑造的，缺失了学习、实践，缺少了对于社会现实的认识与参与，个人没有办法得到积极的发展，也就无法完善自我，提升自身心理素质。最终学习、生活、就业各方面的心理压力不断积累，就更容易催生心理障碍。

另外，在社会加速发展日趋复杂多元，网络和智能技术快速进步的背景下，大学生以网络为媒介关注局部事件，作为了解社会的主要渠道，难免形成认识偏差。大学生在各种观点剧烈碰撞的网络环境里，由于缺乏实际的社会经验，也更容易受到各种错误认识和价值观念的侵蚀。利己主义、极端个人主义、享乐主义等西方价值观的错误引导，加之受到理想主义与所接触到社会现实的落差产生的虚无主义影响，或是加剧个体在价值观念上的混乱、不适及行为规范上的冲突，或是催生漫无目标、不愿承担责任，麻木而毫不在乎的"空心病"。这些思想和心理状态都容易成为心理障碍的潜在因素。

四、心理障碍的应对

（一）正确认识，拒绝污名偏见

社会上对于心理障碍由于缺乏了解，又因为很多心理障碍会导致患者出现无法控制的异常行为表现，无法预测甚至明显违反社会规则，很多人对于心理障碍的患者存在着不合理也不公正的消极评价。一些人更是使用"神经病""疯子""变态"等既不正确又包含侮辱意味的词语来称呼心理障碍患者。还有一些人拒绝承认心理障碍存在，往往将这类心理上的疾病视为性格的缺陷或是人品低劣，这都是极端错误的。

正如对待躯体疾病一样，首先，我们应当承认心理障碍的客观存在，了解这些障碍的症状表现，这样就不会形成对某种障碍的错误认识和偏见。其次，不应将心理障碍的原因简单归于患者本人，正如虽然每个人都有维护自己健康的责任，但得病却不是个人的过错。最后，如果自身对于心理/精神障碍一知半解，应求助专业认识，不应不假思索，盲目对号入座或是给他人贴上心理障碍的标签。最重要的，作为新时代的大学生，我们应当主动拒绝社会上对心理障碍的污名化现象，对于他人的心理问题、心理障碍给予力所能及的帮助，并鼓励他人积极寻求帮助和治疗；对于自己可能存在的心理问题及障碍也要及时寻求专业解决，不能讳疾忌医、视而不见。

与心理障碍相伴的名人们

约翰·纳什（John Nash），著名数学家、经济学家、电影《美丽心灵》男主角原型。1958 年左右，纳什罹患精神分裂症。经过与精神分裂症三十年的斗争，1994 年纳什因与另外两位数学家在非合作博弈的均衡分析理论方面做出了开创性的贡献，对博弈论和经济学产生了重大影响，获得诺贝尔经济学奖。

欧内斯特·米勒尔·海明威（Ernest Miller Hemingway）世界著名作家，其自身与家族中多人罹患双相障碍。但这没有妨碍海明威以不向命运低头，永不服输的斗士精神和积极向上的乐观人生态度生活。1953 年他凭借《老人与海》一书获得普利策奖，并于 1954 年获得诺贝尔文学奖。2001 年，海明威的《太阳照样升起》与《永别了，武器》两部作品被美国现代图书馆列入"20 世纪中的 100 部最佳英文小说"中。

（二）科学看待，尽早发现障碍

由于普遍缺乏对于心理障碍的认识，并且受广为传播的通俗错误观点影响，部分人可能认为心理/精神障碍就是疯疯癫癫、行为失常、不通人情的"异类"，自己既然不是这样那么就不会有心理障碍。但事实上，不同心理障碍的症状和轻重程度各异，每个人身上具体表现也不完全相同，特别是有些心理障碍在发生早期并不会严重影响学习和生活。所以我们如果已经发现自己或他人可能存在轻度的心理异常或行为异常，即便对生活的影响比较轻微也应及时予以重视。如果此时能求助专业人士及时识别，将极大有利于障碍的预防与控制。

具体来说，作为自身心理健康维护的第一责任人，大学生应积极响应学校的心理健康活动。对于学校定期开展的对于心理/精神障碍方面的宣传教育，应更多地去深入了解，消除自身对于心理/精神障碍的恐惧偏见与错误认识，并将识别这些障碍的知识作为基本常识加以掌握，提升自身科学预防和应对心理障碍的能力。在此基础上，一旦发现自身或周围人存在心理异常或障碍，就应予以足够重视，尽快报告或咨询学校心理老师、心理咨询机构或专业医疗结构，交由专业人员进行判断和处理，争取尽早发现心理问题和心理障碍。

（三）及时求助，遵从专业指导

心理障碍发展到一定阶段，必然会对人的正常心理功能、行为适应、社会功能产生困扰和损害。个体一般难以通过自己非专业的简单心理和行为调整予以克服，最终常常会引发学习、生活、工作上的严重混乱和失能，影响个人、家庭、社会的幸福与和谐。可见，当心理障碍被识别后，进行专业求助和专业治疗非常重要。

在此过程中，首先，我们在认识到心理障碍可能导致的后果的同时，不应过度恐惧和悲观失望。有人错误地认为，心理障碍是跟随人一辈子的顽疾，一旦患病人就不正常了、不好了、什么也做不了了，前途灰暗。但事实是，每个人都非十全十美，一生中总会出现或多或少的心理问题，那些通过努力获得成功的人当中，也不乏曾罹患心理障碍的经历。其次，我们应当像认识躯体疾病一样客观看待心理障碍。就如任何疾病一样，心理障碍通过积极的治疗也是可以治愈的，即便是其中最严重的精神障碍也可以有效控制。关注自身的心理障碍，并抱着积极的态度地去爱护和修复心理健康，是时代对每个大学生的要求，也是每个人的责任。最后，我们应当及时前往正规的专业心理和医疗机构诊治，向包括各高校心理健康中心、医院心理或精神科门诊等寻求专业帮助，并对专业人士给予足够的信任。积极配合心理治疗师和医生，与专业人员一同做好自己心理障碍的治疗。听从专业指导与医嘱，不可擅作主张停药、减药或中止治疗，以免造成复发风险或疗效受损。特别是对于较严重的精神障碍，一定要足量完成治疗疗程并定期复查，继续巩固治疗效果，以达到有效提升康复效果直至完全治愈的目的。

药物治疗的重要性

感冒、发烧、拉肚子你会找医生开药吗？任何一个人应该都有过服药的经历，也知道一些从小就比较熟悉的药名。与躯体疾病的治疗类似，心理/精神障碍的治疗过程中，也少不了药物的参与。

药物主要通过生物学途径对心理障碍施加影响，调整紊乱的大脑生理功能，达到治疗作用。对于大多数，特别是较严重的心理障碍，药物治疗不可或缺，能起到快速减轻症状，控制障碍发展的作用。这常是心理咨询和心理治疗难以做到的。比如，对于精神分裂症，药物可以帮助控制、消除妄想、幻觉，让人恢复理智，正确理解世界；对于抑郁症，药物可以帮助较快而有效地减轻抑郁情绪，提高睡眠质量，改变消极的精神状态；对于双相障碍，可以有效稳定心境，防止症状发作；对于焦虑障碍则可以缓解焦虑情绪，改善睡眠问题，舒缓身心紧绷的状态。

可见，药物治疗除了效果确切，对于很多心理障碍立竿见影以外，还为个体接受心理与行为治疗提供了更加理想的身心条件。药物治疗配合心理治疗，能达到更好的治疗效果，有效提升个体痊愈的速度和概率。但要记住，用药必遵医嘱。

第二节　克服心理危机，预防心理障碍

人的一生中，困难和挫折是难免的。当代大学生处在物质生活极大丰富、科学技术不断发展的年代，生活普遍较为优渥，也很少经历较大挫折。进入大学后，逐渐感受到学习、就业、人际等多方面的压力，有些人积极面对，不断接受历练，越挫越勇；有些人则屡屡受挫，难免烦恼郁闷，犹豫不决；有些人选择回避，停滞不前，迷茫空虚。在未能有效面对压力和挫折之时，就可以认为人陷入了心理危机之中。但究其根本原因，之所以有些人面对压力、挫折的反应逐渐变得消极，常常是未能意识到压力和挫折是因人的不断成长而产生的。如习近平总书记对青年人的寄语所说，这种危机逆境恰恰是人的向上发展所带来的新挑战，其中既存在可能失败的风险，也蕴含着人生的财富。

一、什么是心理危机

陷入"危机"的小唐

小唐还记得刚进入大学时的欣喜和新鲜感：结束了高中枯燥单一的生活学习，突然获得了自由，每天都有大量时间可以随意安排，不用再被老师、家长盯着学习，甚至可以和室友在网吧玩到天明。但好景不长，大学课程进度飞快，小唐学习上投入的时间太少，由于落后进度太多，很快上课就完全听不懂了。小唐觉得是课堂学习没什么效果，想着自己高中学习能力还不错，期末突击学习一下应该没问题，直接旷课回寝室打起了游戏。期中考试成绩出来，每门课都不到60分，小唐很懊悔。但第二天开始，小唐拿起手机不由得又玩了几天。在班委的督促下，小唐才开始参与自习，但打开书从头翻起，看着有那么多知识要学，不免心情烦躁、毫无动力。勉强看了两天书，小唐就又和好友相约玩了一整晚。临近期末，小唐一学期的课几乎什么也没学，虽然表面上并不在乎，但越复习心里越慌乱，也更加学不进去。小唐开始到处找课程学习资料、视频课程资源，但还是不能耐着性子看下去。考试前几天，小唐看着桌面未学的书目堆积如山，看着同学们复习、讨论，内心既焦急又自责。虽然觉得自己该做些什么，但自己深陷焦虑、内疚的负面情绪难以自拔，没有任何做事的动力，更别说集中精力复习了。小唐开始试图说服自己，自己这么做只是对所学的东西没有兴趣，没有必要逼迫自己学习，但仍是感到郁闷、无助。考试当天，小唐和室友一起出门却没有去考场，一个人在校园里失落地游荡。

小唐的案例是很多遭遇心理危机大学生的一个缩影，虽然每个人遭遇的具体事件不同，压力和挫折的来源不同，但显然这些经历都对个体形成了无形的心理压力。当这种压力超出了我们现有的应对能力，引起心理状态的失衡时，心理危机就产生了。

（一）心理危机概述

"危机"蕴含着艰难、痛苦、不知所措与混乱，常常也伴随着担忧、沮丧甚至绝望的色彩。美国心理学家卡普兰将心理危机界定为"当个体面对困难情境，他先前处理问题的方式及惯常的支持系统不足以应对眼前的处境，即必须面对的困难情境超过了个体的应对能力时，个体就会产生暂时的心理失衡，这种暂时性的心理失调状态就是心理危机"。简单来说，心理危机就是因新的压力挑战超出了现有的个体应对能力的范围，导致个体内心平静被打破，进而出现的一种暂时的认知、情绪、行为紊乱的状态。心理的危机所指并非外在事物或情境，而是个体在应对此情况时自身的一种混乱、失能状态。如果这种状态持续较长时间且没有得到有效的解决，个体的身心健康将会受到损害，甚至会产生心理障碍。

（二）心理危机的一般过程

造成每个人心理压力的境遇不同，心理危机的具体内容也存在差异。但无论是何种心理危机，都有着非常相似的发展过程。一般认为，心理危机中的个体会经历以下四个阶段。

1. 冲击阶段

冲击阶段是危机的初始阶段，当一个人感受到生活突然发生变化或即将出现变化时，其内心的平静和平衡被打破，会表现为警觉性提高。主观上开始感到紧张、焦虑。为了重新回到内心的平衡和稳定状态，当事人会在这个阶段试图用其现有的也是惯常的方式做出应对。可以说，此时当事人还未完全了解所遇到压力和挑战的性质不同以往，一般不会向他人求助。

2. 防御阶段

在最初接触压力和挑战之后，经过一段时间的努力，当事人逐渐发现惯常的方式未能解决问题，于是焦虑水平开始上升，产生慌张、焦急的体验。同时，当事人也会开始尝试各种其他解决问题的办法。但不良的情绪反应常常会妨碍当事人客观、冷静思考的能力，并进一步影响其采取行动的有效性。这就会导致问题持续得不到解决，陷入僵局。

3. 求解阶段

如经过上一阶段尝试各种方法，未能有效解决问题，当事人内心的紧张程度就会持续增加，就会挖空心思、想方设法寻求和尝试新的解决方法。此阶段，当事人具有很强的求助动机，常常不顾一切发出求助信号，甚至尝试自己曾认为荒唐的方式。此时，当事人也最容易受到他人暗示和影响。但如果只是求助于同学、朋友等非专业人士，往往不能获得足够的帮助来解决问题。

4. 危机末期/成长阶段

如果在前面的阶段获得了足够专业帮助与支持，当事人最终经历危机，拨云见日，获得了新的应对危机的能力与资源，自我也获得了显著发展，会变得更趋成熟完善，心理健康水平反而得到提升。如果当事人经过前三个阶段仍未能有效解决问题，久而久之就很容易产生习惯性无助，对自己失去信心和希望，甚至将现有局限问题扩大、泛化，对自己整个生命意义发生怀疑和动摇。在此基础上，原有的应对能力也受到极大削弱，心理进一步失衡，强大压力可能会触发内心深层冲突，使得个体出现心理异常、精神崩溃或自杀的倾向。在这种情况下，当事人特别需要通过外界他人的帮助和支持，才可能渡过危机。

（三）如何看待心理危机

从心理危机的案例中我们可以发现，危机常源于我们在日常生活中遭遇的处境或事件，并非都是重大的灾难与创伤。然而无论何种心理危机，单纯凭借个人原先惯用的努力往往难以解决。面对危机时完全放弃抗争是错误的，但默默忍受坚持或是麻木以对也无助于危机的解决。那么我们该如何正确看待心理危机呢？至少要做到以下两点。

1. 承认心理危机存在，不否认危机体验

当我们听到危机这个词，常将其与严重的天灾人祸联系起来，忽视了心理危机离我们每个人并不遥远，是我们每个人成长不可或缺的一部分。每个人在一生中总会也总要经历挫折，一时的失败会产生无助、绝望的感觉，这是即便心理健康的个体也会体验到的正常反应。心理危机可以发生在任何人的身上，古今中外概莫能外；从未有一生事事顺利，没有失败的人。心理危机也不是心理异常，是个体迎接挑战、应对困难时暂时的一种心理状态。所以对于已经到来的危机或危机的征兆，我们一定要坦然面对，勇于承认危机的存在并充分理解自己现在的心理状态。这并非不够坚强、积极，任何因恐惧焦虑而本能地抗拒、否认都不可能解决危机。天真地以为随着时间的推移危机会自动过去，或是装作不在乎，放任危机发展，恰恰是不够坚强勇敢的表现，只可能引起新的甚至更严重的危机出现。

2. 客观辩证地看待"危"与"机"

古语说得好，"祸兮福所倚，福兮祸所伏""宝剑锋从磨砺出，梅花香自苦寒来"。灾祸、苦难的背后往往是真正的幸福所在。正如"危机"的词语构成，其既包含了"危险""危急"等充满挑战的意义；也暗含了"机会""机遇""机缘"等充满希望的含义。在初遇危机时，人们常常被具有压力的情境压倒，只关注到了危险与挑战。但经历了危机最初的手足无措与混乱之后，克服危机的人往往能快速习得新的技能，增长不同的见识，"浴火重生"，自我获得极大成长。虽然经过了"危"的考验，自我和生活常无法再回到与过去一模一样的状态，但"柳暗花明又一村"，新的成长与机遇近在眼前。这时很多人会发现，自己不但以前的危机已经完全克服，还获得了更强的自尊和自信，在各方面也都变成了更好的自己。

二、大学生心理危机的成因和表现

（一）大学生心理危机的主要类型

由于对心理健康知识了解不足，加上心理发展未完全成熟，在各种学习、生活、人际压力下，大学生易于出现各种不同心理危机，大体可以总结为以下几大类。

1. 发展性危机

发展性危机也称成长性危机。马克思主义认为，人是一切社会关系的总和。青少年的发展也是其不断走向社会、适应社会的成长过程。在这一过程中受人的生理、心理和社会属性的影响，人生在不同的发展阶段都有着与文化背景相关的特定任务。经历这一系列阶段，处理这一系列人生课题，人才能发展成熟。当一个人从一个阶段发展转入下一个阶段时，如果缺乏相关知识和技能，缺少社会支持系统或存在物质条件和机遇的匮乏，即其未能完全做好准备，原有行为和能力不足以完成新课题，而新的行为和能力又尚未发展起来时，个体就会处于行为、情绪的混乱无序状态。这就是发展性危机的成因。在大学生身上常有升学、就业问题，人际、恋爱关系问题，均是因理想现实差距问题等引起的。

2. 境遇性危机

境遇性危机又称环境性危机或适应性危机，常是由无法预测和控制的超常规的重要事件引发的。境遇性危机一般产生突然、不可预测，强度较为剧烈、震撼，常具有灾难性质，如地震、火灾、车祸、人身伤害、重病或亲友离世等。在大学生身上，可能会出现的原因主要是亲人重病、离世，重要考试失利，遭遇诈骗和暴力伤害等。

3. 存在性危机

人的发展也包含思维、想法、观点的成熟，对于自身的认识是亘古不变的主题，也是我们每个人都会自觉或不自觉地对自我进行思考总结的。每个人都会对"做什么人""怎样做人""有何意义"等问题形成一定的认识。如果受到错误人生观、价值观的影响，必然产生对生命意义乃至自己存在意义的迷茫、困惑，甚至形成偏激或庸俗的理解。这些困惑如果得不到解决，或是误解加深，都会在人生目标、责任、独立、自由和承诺等人生关键问题上产生出深切的内外部冲突和焦虑，构成心理危机的来源。大学生中的"空心病""丧文化"等麻木、颓废、缺乏意义的思想也常从中产生，危害个人身心健康。

（二）大学生心理危机的常见表现

大学阶段是大学生进一步思考自身未来前途和独立指导自我发展的特殊时期。自身发展的压力、社会的压力不断显现，加之突然被赋予的自由和责任使得每个大学生在各个阶段都会不断感受到心理压力，因此大学生是心理危机的高发群体。发生心理危机时，其主要表现集中在生理、情绪、认知和行为四个方面。

1. 生理方面

处于心理危机的个体因内心冲突、焦虑水平不断提升，与平时相比，其在生理方面常表现为：心跳加快、血压升高、头痛头晕、眼花疲乏；也常有肌肉紧张抽搐、出汗，夜间难以入眠、噩梦连连；存在胃肠道不适或消化不良，食欲低下，还可能存在胸闷憋气、胸痛不适等感受。虽然这些并非由身体疾病导致，但是若危机不解决一般难以缓解。

2. 情绪方面

处于心理危机的个体一般会存在各种负性情绪，如焦虑、郁闷、害怕、怀疑、沮丧、无助、自责、绝望；有时又易怒、怀疑、否认、烦躁不安、过分警觉难以放松；或者表现出麻木、孤僻，缺少快乐情感体验。

3. 认知方面

受到危机本身和情绪影响，个体难以将注意力从危机及其体验上转移开，常出现上课注意力不集中，并伴随着记忆困难、思维低效、理解困难、犹豫不决。更可能发展到对学习能力丧失信心，对学习丧失兴趣甚至厌学，对自己的能力产生怀疑，对未来失去希望、讨厌周围的人甚至自己，自尊和自信心受到伤害。

4. 行为方面

由于受到以上几点的共同影响，心理危机中的个体在行为上常表现出社交退缩与沉默，易于冲动，无故发怒或情绪、行为失控。可能会导致人际关系差，不信任、责怪他人，逃避与疏离老师同学。更容易出现旷课，沉溺于网络或游戏等适应不良行为。发展到一定时期，对周围事物失去兴趣，过分自责，甚至出现自杀倾向。

应对心理危机首先要做到的就是要对已存在的危机进行觉察。根据上述四个方面的征兆，只要我们具有一定对于危机的敏感性，就能够及时发现自己或他人正处于危机状态。这时及早求助专业资源，合理应对方为上策。

三、心理危机的应对与心理韧性的培养

"故天将降大任于是人也，必先苦其心志，劳其筋骨，饿其体肤，空乏其身，行拂乱其所为，所以动心忍性，曾益其所不能。"

——孟子

中国传统文化中蕴含的智慧对于危机应对有着深刻的认识。古往今来无数的例子都向

我们证实，心理危机的成功应对对个人来说无不"曾益其所不能"。但是在心理危机发生的过程中，个体难免"行拂乱其所为"，行为出现混乱，应对能力降低，单凭自己常常难以克服危机。那么该如何正确应对心理危机呢？

（一）心理危机的应对方法

如前面所述，在心理危机的各个阶段，个体应对危机挑战的能力或是不足或是出现了明显降低。在这个阶段，个体受到危机情境、生理、认知、情绪等多方面的影响，分析、思考和决策能力受到很大限制。现有资源、信息不足，思维有一定的固化趋势，难以做出正确结论和决策，常常因顾此失彼，而南辕北辙。这时当事人自己应避免做出重大的决定。

因而，应对心理危机的最主要原则就是要从可靠的外界获取新的应对资源和辅助，特别是寻求专业人士的帮助。受过专业训练的心理老师、心理咨询与治疗师及医生均能够提供有效的帮助、指导，能够快速帮助个人在应对危机时占据上风。这是一般亲属、老师、同学或朋友难以做到的。

求助不是依赖于他人，也不代表我们对应对危机放弃责任。我们可以通过做如下事情，来帮助我们自身的功能快速恢复到危机前的水平。

1. 保持生活的基本规律，适度运动

尽量保持正常的饮食、作息，规划好每天的安排，进行适度运动来缓解压力。不因生理、情绪稍微不适就选择不健康的生活方式和习惯。这有助于我们重新获取生活的控制感，在逐步改善生理不适，同时也能更有效地调节心情，这至关重要。

2. 积极调整情绪，合理宣泄

心理危机时的情绪反应不仅带给个体较强烈的不适感，还会影响思维、决策，使得危机恶化，而更严重的事态又往往引起更强烈的负性情绪体验。在此过程中如果能把握自身情绪，主动进行情绪的调节，如在专业人士的帮助下通过诉说、哭泣等方式宣泄情绪和想法，则将打破恶性循环，为心理平衡的恢复创造条件。

3. 现实应对，寻求各方支持

对情绪的调节应对是必要的，现实问题解决导向的应对也是必需的。特别是在危机的后期，个体常会因前期应对效果欠佳而出现无助的心态，产生对现实问题的退缩、否认或歪曲。但这时恰恰应是利用外界各种资源，来实现问题解决的关键时期。个体应该在专业指导下，重新评估并正视问题所在，发挥自身未被认识到的潜能，动员包括专业资源在内的一切资源，在外部的辅助下取得危机的解决方法。

4. 保持良好的人际关系

在心理危机中，个体向他人求助必不可少。一个人应对任何危机也不可能凭借单打独斗，在孤立无援的情况下解决问题。作为社会成员，个体只有与周围人保持良好的人际关系，才能在应对危机的过程中更好地恢复情绪和行为的稳定与适应。与家人、朋友进行简单的散步、交谈、倾诉，都可帮助我们更好地缓解危机带来的压力。

（二）心理危机与心理韧性的培养

前已提及，每个人有着不同的心理素质，决定着遭遇心理压力时个体的反应。在遭遇与心理危机有关的情境和事件时，每个人的危机反应强度和形式也会有所差异。有的人镇定自若，善于应对，也比较容易从重大危机中恢复常态；有的人则无所适从，危机难以解决，并可能发展为心理障碍。

1. 心理危机易感的人格特征

如果从人格的角度来看，我们会发现有些人格特点和行为方式在应对压力时更容易出现心理危机，需要大学生在成长过程中通过自我的调节与修正予以避免。主要总结为如下几个方面。

（1）注意力明显缺乏，日常生活中不善于审时度势。看问题肤浅只注意表面，缺乏思考，懒于发现也看不到问题的本质。所以常出现对问题的应对和处理不当；同时缺乏回顾与反思，或是思考片面。

（2）存在与自卑、低自尊相伴随的过分内向，沉默寡言，低效的思考多而实践少。遇到危机瞻前顾后，总联想到不良后果，行动能力差。

（3）对于负性情绪过于敏感，情绪不稳定，自信心不足，独立处理问题的能力比较差，常常"等""靠""要"，惯于依赖他人。

（4）解决问题时缺乏合理尝试与创新，行动冲动欠思考，经常出现毫无效果且重复的反应性行为。

可见这些特点大多也是个人人格发展不够成熟的表现。

2. 心理韧性的培养

对于在危机中更积极，表现出更好应对的人，我们将其人格特点概括为具有心理韧性。心理韧性反映了心理危机中个体有效应对、恢复健康的一种能力。

心理弹性量表

高水平的心理韧性常伴随着更积极的情绪及更具现实导向的应对方式。具体来说，能够更好应对危机的个体存在以下特点。

（1）自信乐观，积极尝试。相信自己能够控制自身周围的事件进程，并且全力以赴，使其走向更好的结果。

（2）主动参与社交活动，富有责任感。信守与他人的承诺，乐于为他人服务、奉献。

（3）能够清楚认识危机的含义，将危机、挑战更多地视作机会，不进行灾难化的思维。辩证思考，承认挫折的同时，发现背后的积极可能。将危机的威胁性降低并将其转变成获得成长的一种途径,即采取转换应对策略。

(4) 思维具有灵活性,平时勇于尝试和创新地去解决问题。培养心理韧性,提升自己应对心理危机的能力,能够有效预防心理异常和心理障碍的出现,同时能使个人获得更好的成长与发展。这不但应是每个人维护身心健康的基本要求,也是在国际国内社会环境发生深刻变化的时代背景下,每个人都将承担建设国家重任的历史责任下,当代大学生准备夺取全面建成小康社会决胜阶段新胜利,实现自我超越的必备心理素质。

【自检自测】

症状自评量表 SCL90

《症状自评量表 SCL90》是世界上最著名的心理健康测试量表之一,是当前使用最为广泛的精神障碍和心理疾病门诊检查量表,将协助你从十个方面来了解自己的心理健康程度。症状自评量表 SCL90 的每一个问题均采用 5 级评分制。请仔细地阅读每一条,然后根据最近一星期以内你的实际感觉进行评分。具体对应如下。

1——没有:自觉无该项问题。

2——很轻:自觉有该项症状,但并无实际影响,或者影响轻微。

3——中度:自觉有该项症状,有一定影响。

4——偏重:自觉有该项症状,有相当程度的影响。

5——严重:自觉该症状的频度和强度都十分严重,影响严重。

题号	问题/症状	评分
1	头痛	
2	神经过敏,心中不踏实	
3	头脑中有不必要的想法或字句盘旋	
4	头晕或晕倒	
5	对异性的兴趣减退	
6	对旁人责备求全	
7	感到别人能控制您的思想	
8	责怪别人制造麻烦	
9	忘性大	
10	担心自己的衣饰不整齐及仪态不端正	
11	容易烦恼和激动	
12	胸痛	
13	害怕空旷的场所或街道	
14	感到自己的精力下降,活动减慢	
15	想结束自己的生命	

续表

题号	问题/症状	评分
16	听到旁人听不到的声音	
17	发抖	
18	感到大多数人都不可信任	
19	胃口不好	
20	容易哭泣	
21	同异性相处时感到害羞、不自在	
22	感到受骗，中了圈套或有人想抓住您	
23	无缘无故地突然感到害怕	
24	自己不能控制地大发脾气	
25	怕单独出门	
26	经常责怪自己	
27	腰痛	
28	感到难以完成任务	
29	感到孤独	
30	感到苦闷	
31	过分担忧	
32	对事物不感兴趣	
33	感到害怕	
34	您的感情容易受到伤害	
35	旁人能知道您的私下想法	
36	感到别人不理解您、不同情您	
37	感到人们对您不友好，不喜欢您	
38	做事必须做得很慢以保证做得正确	
39	心跳得很厉害	
40	恶心或胃部不舒服	
41	认为比不上他人	
42	肌肉酸痛	
43	感到有人在监视您、谈论您	
44	难以入睡	
45	做事必须反复检查	
46	难以做出决定	
47	怕乘电车、公共汽车、地铁或火车	
48	呼吸有困难	
49	一阵阵发冷或发热	
50	因为感到害怕而避开某些东西、场合或活动	
51	脑子变空了	

续表

题号	问题/症状	评分
52	身体发麻或刺痛	
53	喉咙有梗塞感	
54	感到前途没有希望	
55	不能集中注意力	
56	感到身体的某一部位软弱无力	
57	感到紧张或容易紧张	
58	感到手或脚发重	
59	想到死亡的事	
60	吃得太多	
61	当别人看着您或谈论您时感到不自在	
62	有一些不属于您自己的想法	
63	有想打人或伤害他人的冲动	
64	醒得太早	
65	必须反复洗手	
66	睡得不稳、不深	
67	有想摔坏或破坏东西的想法	
68	有一些别人没有的想法	
69	感到对别人神经过敏	
70	在商店或电影院等人多的地方感到不自在	
71	感到任何事情都很困难	
72	一阵阵恐惧或惊恐	
73	在公共场合吃东西感到很不舒服	
74	经常与人争论	
75	单独一人时神经很紧张	
76	别人对您的成绩没有做出恰当的评价	
77	即使和别人在一起也感到孤单	
78	感到坐立不安、心神不定	
79	感到自己没有什么价值	
80	感到熟悉的东西变成陌生或不像是真的	
81	大叫或摔东西	
82	害怕会在公共场合晕倒	
83	感到别人想占您的便宜	
84	为一些有关性的想法而很苦恼	
85	您认为应该为自己的过错而受到惩罚	
86	感到要很快把事情做完	
87	感到自己的身体有严重问题	

续表

题号	问题/症状	评分
88	从未感到和其他人很亲近	
89	感到自己有罪	
90	感到自己的脑子有毛病	

【量表评分】

共9个分量表指标，即躯体化、强迫症状、人际关系敏感、抑郁、焦虑、敌对、恐怖、偏执和精神病性；1个其他类量表。

（1）躯体化：包括第1、4、12、27、40、42、48、49、52、53、56和58项，共12项。该指标主要反映主观的身体不适感。

（2）强迫症状：包括第3、9、10、28、38、45、46、51、55和65项，共10项，反映临床上的强迫症状群。

（3）人际关系敏感：包括第6、21、34、36、37、41、61、69和73项，共9项。主要指某些个人的不自在感和自卑感，尤其是在与其他人相比较时更突出。

（4）抑郁：包括第5、14、15、20、22、26、29、30、31、32、54、71和79项，共13项。反映与临床上抑郁症状群相联系的广泛的概念。

（5）焦虑：包括第2、17、23、33、39、57、72、78、80和86项，共10个项目。指在临床上明显与焦虑症状群相联系的精神症状及体验。

（6）敌对：包括第11、24、63、67、74和81项，共6项。主要从思维、情感及行为三方面来反映病人的敌对表现。

（7）恐怖：包括第13、25、47、50、70、75和82项，共7项。它与传统的恐怖状态或广场恐怖所反映的内容基本一致。

（8）偏执：包括第8、18、43、68、76和83项，共6项。主要是指猜疑和关系妄想等。

（9）精神病性：包括第7、16、35、62、77、84、85、87、88和90项，共10项。其中幻听，思维播散，被洞悉感等反映精神分裂样症状项目。

（10）第19、44、59、60、64、66及89项共7个项目，未能归入上述指标，它们主要反映睡眠及饮食情况。我们在有些资料分析中，将之归为指标10"其他"。

【评价指标】

总分——90个项目得分相加之和。

量表得分——该分量表对应题目评分之和/分量表题目数。

【评价标准】

总分超过160分，或阳性项目（单题评分≥2）数超过43项，或任一分量表分超过2分，需求助专业人士进一步检查。

【推荐阅读】

我有一只叫抑郁症的黑狗　　作者：（澳）马修·约翰斯通，安斯利·约翰斯通，康太一译　　出版社：广西科学技术出版社　　出版时间：2017年1月

本书作者马修·约翰斯通是插画家、设计师，曾先后在悉尼、旧金山及纽约从事广告工作15年，数次获得行业大奖。自二十岁左右起，马修便身患抑郁症，看抑郁症这只"黑狗"在生命中时来时往。面对被"黑狗"充斥的生活，凭着抗争的意志，他寻求专业的帮助和指导，正视"黑狗"并逐渐获得治愈。在多年对抗抑郁症的过程中，马修学会了许多驯服"黑狗"的方法，他和夫人一起创作本书，旨在为大众提供帮助和指导，让更多人了解抑郁症，以帮助抑郁症患者康复。

异常心理学　　作者：杰弗里·S.尼维德等著．唐苏勤，李秋霞，陈淑芳，高宜译　　出版社：人民邮电出版社　　出版时间：2018年8月

这是一本了解和认识异常心理和行为的百科全书，由长期研究心理障碍和异常行为的临床心理学家编写。该书内容全面，案例丰富，客观科学，对于异常心理和行为的阐述深入浅出，能够帮助当代大学生更好地理解心理障碍的类型、症状、病因与治疗。

【主要参考文献】

[1]张冬梅，谷丹．大学生心理健康教育[M]．北京：北京邮电大学出版社，2018．

[2]戴维·迈尔斯．社会心理学[M]．北京：人民邮电出版社，2006．

[3]王金凤，柴义江．大学生心理健康教程[M]．北京：人民邮电出版社，2019．

[4]王慧芳．大学生心理健康实用教程[M]．北京：中国林业出版社，2008．

[5]雷雳．鼠标上的青春舞蹈：青少年互联网心理学[M]．上海：华东师范大学出版社，2011．

[6]刘丛，谢耘耕，万旋傲．微博情绪与微博传播力的关系研究——基于24起公共事件相关微博的实证分析[J]．新闻与传播研究，2015，（09）：92-106．

[7]伊梦璐．网络人际交往：虚拟社区用户使用行为与关系构建研究[D]．河北大学，2018．

[8]中国互联网络信息中心．中国互联网络发展状况统计报告，2021．

[9]中华人民共和国国务院．关于进一步加强和改进大学生思想政治教育的意见，2004．

第九章 心理求助

青年在成长和奋斗中，会收获成功和喜悦，也会面临困难和压力。要正确对待一时的成败得失，处优而不养尊，受挫而不短志，使顺境逆境都成为人生的财富而不是人生的包袱。
——2017年5月3日，习近平在中国政法大学考察时的讲话

大学生的人生成长之路还很长，在未来前进途中，有缓流也有险滩，难免有陷入困境、绝望无助的时候，如何让自己走出心理困境，有很多种方式，心理求助就是其中一种选择。

心理求助是一个陌生而又熟悉的名词。陌生是因为很多时候当心理求助行为发生时，我们并不会这样称呼它，熟悉是因为它的确经常出现在我们的生活里。本章主要关注三个问题：

（1）认识求助与心理求助行为；
（2）专业心理求助之心理咨询；
（3）如何较好地完成心理咨询。

通过本章的学习，你可以更清楚地了解求助行为、专业心理求助行为、心理咨询及三者之间的关系，还可以更清楚地了解到如何更好地保护自己的心理健康，完成心理咨询。都说心理健康也是一种社会责任，我们要从社会责任感的高度去维护自己的身心健康，因此，如何更好地实现心理求助是我们每一个大学生的必修内容之一。

第一节 认识求助与心理求助行为

你是否曾经有遇到困难自己无法解决而寻求帮助的经历？是否曾经有心事无法排解，向好友倾诉以缓解内心痛苦的经历？是否有陌生人向你问路请求指引方向的经历？相信这些行为大家都不陌生，其实它们都是求助行为，只不过日常没有这样给它们命名而已。

一、成长中的求助行为

青年人面临困难在所难免，正确对待一时的得失，通过求助脱离困境，实现理想人生。

求助是人们在特定情境下为解决当前困境而主动向外寻求援助、建议或支持的行为。虽然对于很多人来说，遇到困难时，往往"求助"不是首选项，但它在人类成长过程中却是一项必备的生存技能。

（一）婴幼儿阶段

婴儿通过大声啼哭向大人发送求助信号，以获得果腹的食物和悉心的照顾。在幼儿园里，幼儿通过向周围的老师寻求帮助，是其解决困难的常用方式之一。

鹏鹏的求助

某幼儿园中班自由活动时间，鹏鹏看到贝贝正在玩一个小狗灰灰的玩偶，这是他最近很喜欢的动画片《汪汪队立大功》里的人物。他很想玩，但是他在玩具箱里翻了半天都没找到，于是他就冲到贝贝面前抢："把灰灰给我玩一下。"贝贝不肯放手，并把鹏鹏推倒在地上。鹏鹏爬起来去找老师。老师了解到情况后，安慰了鹏鹏，找出另一个灰灰给他，并劝说贝贝和鹏鹏一起玩，贝贝答应了。他们在老师的指导下轮流扮演灰灰，比赛谁扮演得好。

从这个案例我们看到，鹏鹏最初不适宜的求助行为惹恼了贝贝，导致了失败的求助结果，但鹏鹏很快调整自己的行为策略，去向老师寻求帮助，最终获得了满意的结果。可见，求助行为推动幼儿与他人的交往，成功的求助行为会强化幼儿继续使用类似的方式，失败的求助会促进幼儿调整求助的方式，有助于提高幼儿的交往技能，学会坚持和妥协，促进幼儿社会性和个性的发展。

（二）中小学阶段

根据著名心理学家埃里克森的心理社会发展理论，小学生们正处于"勤奋与自卑冲突"的学龄期。在这个时期他们的主要任务是获得勤奋感，避免自卑感。他们需要学会适应学校生活，在学习和各项活动中排除各种困难，达到一定标准。适当的求助行为有利于儿童顺利解决困难，体验到成功感。如果儿童在学校里体验到的成功多于失败，他们就会养成勤奋进取的性格，如果相反，则可能形成自卑的性格。可见，求助行为对于小学生来说也是非常重要的。

对于身心正快速发展的中学生来说，很多人正处于"同一性混乱"的青春叛逆期。一方面青少年本能冲动的高涨会带来问题，另一方面随着年龄的增长，社会对他们会有新的要求和期许，这会让他们感到困扰和混乱。无论是学习还是感情方面，青少年们都有许多需要求助的问题。

纠结的小王

小王是个文静的帅小伙，是高一（3）班的学习委员。他成绩优异，是师长眼中的"好学生"。近来他总是控制不住地关注隔壁班女生小静的一举一动。小静是他初中班级的班长。她开朗、率直，在同学中很有威信。小王觉察到自己对小静的好感与日俱增，但"好学生不能早恋"的校规又时刻提醒着他，到底是冲动一把勇敢表白，还是继续维持"好学生"的形象把这份情愫暂存内心？他很纠结，也不敢告诉周围同学，怕一不小心被老师认定为早恋告知家长。他该怎么办？

从这则案例我们可以看到，青春期有很多"成长的烦恼"，但由于内心的纠结和众多顾虑，导致了很多人不愿意求助，也不善于求助。

（三）大学阶段

到了大学期间，学习方面无论是知识的广度还是深度都比中学期间更进一步，对于不同学习基础的大学生们来说，难度是不同的，如有的人幼儿园就开始接触英语学习，有的人到中学才认识ABC，英语学习对于他们来说是完全不同的。因此，在学业上，最终体验到成就感还是受挫感会因人而异。生活方面，无论是内容还是形式都非常丰富。很多人不需要再像中学那样，为了奋战高考而"两耳不闻窗外事，一心只读圣贤书"。人际交往的对象随着社团活动等的开展进一步拓展，不会仅局限于某个班级或某个学院。人与人之间的关系也变得更为复杂，竞争、互利、共赢等不同类型的关系让人应接不暇。

忙碌的小沈

小沈来自浙江省南部的一个小县城。中学期间他多次拒绝了担任班干部的机会，埋头苦读，终于考上理想的大学。大学期间他下定决心要全面提升自己，尤其是社会工作和人际交往技能方面。于是他报名参加了校学生会、学院团学会、三个学生社团，每天的生活异常忙碌。随着期中考试的临近，他发现自己这半个学期以来把大部分精力都花在了团学工作上，甚至上课时还想着如何完成部长布置的任务，对课堂所学内容一知半解，还拖欠了大量的课后作业，他该怎么办？他首先想到向室友借阅课堂笔记进行复习，并请其帮忙讲解难题，完成课后作业，尽快跟上课程进度。同时，他向一个自己特别钦佩的部长求助，计划保留1～2个适合自己岗位，其他的请辞，以保证学习和学生工作之间的平衡。虽然，小沈亡羊补牢，但毕竟期中考试离得太近，他还是很焦虑，怕考不好，甚至失眠了。他跟好友提起现状，好友安慰他后建议他去学校的心理中心寻求帮助。他会去吗？

从这则案例我们可以看到，大学生活对于很多人来说是全然一新的，以往的经验根本不够用，各种麻烦和困扰并不少，很多时候需要我们不断地根据情况及时调整，因此，这时候借助他人的经验和资源，及时向外求助是一个不错的选择。他们可以向师长寻求学习和工作的经验以保证它们更好地被完成，可以向周围同学寻求帮助以解决日常生活问题和获得暖心的陪伴。

可见，求助行为是一种不可避免的常见行为，贯穿于人们成长的过程中，同时在成长过程中不知不觉地发挥着相应的作用。子曰："君子成人之美，不成人之恶。小人反是。"从求助的过程和结果或许也可以帮助我们来甄别哪些人是我们真正的朋友。

📖【实践与思考】

请列出你记忆中曾经求助成功的 5 个经历。

（1）我向＿＿＿＿求助，是因为＿＿＿＿，结果＿＿＿＿。

（2）我向＿＿＿＿求助，是因为＿＿＿＿，结果＿＿＿＿。

（3）我向＿＿＿＿求助，是因为＿＿＿＿，结果＿＿＿＿。

（4）我向＿＿＿＿求助，是因为＿＿＿＿，结果＿＿＿＿。

（5）我向＿＿＿＿求助，是因为＿＿＿＿，结果＿＿＿＿。

二、了解心理求助

（一）心理求助的定义及构成要素

心理求助是求助行为中的一种类型，并非新生事物。其实根据解决问题的目标类型，研究者把求助行为分为解决现实困难和解决心理困扰这两大类。心理求助行为就是后者。姚莹颖等学者将心理求助定义为个体在遇到心理或情绪方面的困难时，主动向外在社会资源寻求包括理解、支持、信息、建议、治疗方法等帮助以达到解决心理困扰、促进自我心理成长的过程。从以上定义可以看到心理求助的两个关键要素。

（1）心理求助的目标是心理困扰而非现实困难。也就是说心理求助的目的是解决心理痛苦，而非提供经济援助等直接的现实帮助。比如，一个大学生如果因为家庭经济贫困而感到自卑来寻求心理帮助，那心理助人的工作重点是放在如何帮助其正确地看待当前的经济困境，激发其内心的力量，让其成为一个有担当、有责任感、愿意为国家为社会做贡献的有为青年，而非仅仅给予物质资助。

（2）心理求助的对象是自己以外的社会资源。也就是说心理求助行为是向外寻求帮助的行为，现实中会存在具体的可以寻求帮助的对象。

（二）心理求助行为的分类

有研究者将心理求助行为分为两类：一类是专业心理求助，指在专业场所向专业人员求助。这些专业人员接受过相对系统和严格的专业训练，遵守工作伦理和行规，取得了一定的专业资格认证，如精神科医生、心理治疗师、心理咨询师、社会工作者等。专业场所也是根据工作环境的需要有专门的设计和布置，让人感觉安心、舒适，如医院的诊室、心

药不能停，你敢吃吗？——心理咨询师看精神科用药

理咨询室等。形式也相对比较固定，以一对一或小组团体的形式定期开展。

另一类是非专业心理求助，指在非特定场所向非专业人员求助。这些非专业人员包括家人、室友、闺密、师长等，场所也比较随意，可能是教室、咖啡厅、宿舍等，甚至还可以通过网络、论坛、邮件、视频等途径开展。形式不拘一格，可以是聊天、听讲座、有针对性地参加一些实践活动等。

（三）心理求助的过程

有学者认为心理求助行为是一个分阶段的内部决策过程。多数心理求助者并不会遇到困扰就立即付诸求助行动，而是经历了自己的不断探索尝试，内心反复地思考、权衡和决策。

自卑的小张

小张是一名来自小县城的大一新生。他发现周围很多同学都多才多艺，有的口才好，有的会乐器，有的文笔好，只有自己似乎一无是处。中学时因为成绩好而被老师和同学看重，现在成绩在班里中等，去应聘学生组织和班委都没有成功，他觉得自己在同学心中可有可无，内心失落。他尝试报名吉他班，想让自己拥有一技之长，但发现乐器学起来也并不容易。他想向外地的好友倾诉，但说多了就这么点事，自己都不好意思多讲。他想和室友商量，但他们也都有自己的安排，无暇顾及，而且同在一个屋檐下，很多事情他也不太方便透露，因此，他心里似乎总有某个东西压着，让他的大学生活开心不起来。有人建议他去找学校心理中心，但他又很犹豫，怕被不了解情况的人看成有病而被嘲笑。在和好友商量后，最终鼓起勇气预约了学校心理咨询。

江光荣等提出了心理求助的"阶段—决策"模型，将心理求助行为分为问题自觉、自助评估和他助评估这三个连续的阶段。

（1）问题自觉阶段，即有些人开始意识到自己可能存在心理问题，产生"我这是怎么了""我是不是哪里出问题了"等自我认知和体验。有些人可能通过心理问题躯体化，以头痛、胃疼、失眠等生理症状表现出来，去医院检查后才被告知自己出现了心理问题。还有些人在觉察到自己真的可能存在心理问题后，变得更焦虑抑郁，甚至自我责备、自我贬低，怪自己无能，导致心理问题进一步恶化。当人们开始正视自身问题，觉察到自己的确存在一定心理问题后，会转入第二个阶段。

（2）自助评估阶段，即开始评估自己是否有能力和相应的资源、方法来妥善处理当前的心理困扰。一般来说，人们会先利用过往的经验自行尝试调整自己当前的心理状态，有时还会通过网络、书籍等对自己当前心理问题的性质和严重程度做出一个判断,如果觉得问题严重且这些心理自助的方法无效,会加速进入第三阶段。

(3)他助评估阶段,即个体评估并寻求他人帮助的阶段。当人们面对困境觉得自己已经无能为力时,会开始着手向他人求助。人们将求助行为付诸行动前,会事先进行一系列的评估。比如,自己有哪些可以借助的人脉和资源?哪些人是相对比较可靠的?哪些人是有能力来帮助自己的?一般来说,人们会评估帮助者的助人意愿、助人能力及助人方式的可接受性和可获得性。比如,当一个人遇到恋爱问题时,虽然他知道父母是愿意帮助自己的,但他可能不会选择向父母求助,而是首先想到向好友求助,因为他可能会评估父母虽然有帮助自己的心意(有助人意愿),但他们的确不懂(无助人能力)。请回想一下自己某次的心理求助行为,是否也经历了这三个过程呢?

三、大学生心理求助的特点

(一)大学生心理求助的特点

虽然我国自古就有"出入相友,守望相助"的互助传统,但对于很多人来说,遇到这些心理问题,首先想到的还是自助,其次是非专业心理求助,最后才是专业心理求助或直接放弃求助。

(1)先求己,后求人的求助倾向。很多调查研究都已经证实了这一点。对于大部分人来说,求助他人之前必定已经有过自助的经历。"独立自主"向来是人类成长及被主流文化所认可的优秀品质。无论是作为独立个体的需要,不断强调"自己的事情自己做",还是一贯能力的培养过程中对自己解决问题的赞赏,都强化了先自助后他助的顺序。对于比普通大众更具备丰富知识和能力,拥有更多自助资源的大学生来说,更是如此。

(2)先友人,后专家的求助倾向。当我们下决心求助时,哪些人会是你第一个想到的求助对象?有研究者以上海地区1139名大学生为样本,调研了大学生心理求助的现状,发现除了在人生发展、就业选择和突发重大事件上,他们会更多选择求助父母和家人以外,其他都更多地选择求助朋友,而求助于心理咨询师、精神科医生的比例最低。这与我们日常的感知是一致的。大学生求助他人首选对象的百分比如下表所示。

大学生求助他人首选对象的百分比

问题类型	性别	朋友	老师	父母或家人	心理咨询师	精神科医生	其他人
焦虑和抑郁等情绪不稳	男	62.7	2.9	21.6	5.1	1.6	6.2
	女	69.8	2.6	22.6	1.7	0.6	2.6
记忆力和注意力	男	48.7	13.1	18.4	4.2	3.8	11.8
	女	49.6	13.4	23.7	3.9	2.0	7.4

续表

问题类型	性别	朋友	老师	父母或家人	心理咨询师	精神科医生	其他人
睡眠困难	男	48.2	4.2	26.7	5.6	4.2	11.1
睡眠困难	女	44.6	2.8	34.3	4.6	4.2	9.6
人际关系（恋爱）	男	62.9	3.8	19.3	2.4	1.1	10.4
人际关系（恋爱）	女	66	3.9	25	2.0	1.0	2.9
人生发展与就业选择	男	23.3	22.2	43.1	2.2	2.0	7.1
人生发展与就业选择	女	14.4	27.9	53.4	1.5	0.3	2.9
突发重大事件	男	23.1	4.2	56.9	4.2	2.9	8.7
突发重大事件	女	23.8	3.3	64.6	3.8	0.6	3.9

男=450，女=689，N=1139，以上数值皆为百分比

资料来源：引自秦向荣和马莹于 2014 年 4 月发表在《高校辅导员学刊》上的《大学生专业性心理求助的现状及思考——基于上海市 1139 名大学生的实证研究》一文。

一般来说当个体面临严重心理问题或个体求助非专业力量无效时，就应该转向于专业求助。但是有些人因为对心理健康知识了解有限，自身情况已经很严重了还不自知，仍坚持自我调整。当自助无效，本该选择专业求助时，却因为对它的陌生感，宁可选择忍受或逃避，也没有把专业求助作为一个可选项，一再贻误病情。

（3）因事而异的求助倾向。根据问题的风险性和可控性，大学生们会根据程度的不同向不同的人求助。风险性越高越不可控的问题，他们会寻求专业的心理帮助，如感觉到自己有一些明显的洗手、检查等强迫症状，或者近期痛苦感强烈以致仿佛要失控时。其他普通的问题他们更倾向于身边的人寻求帮助，如在学业问题上，他们会更倾向于向同学和老师求助，但在是否考研、考公务员等关于就业和未来规划上，他们更倾向于寻求父母意见。

四、影响大学生心理求助的因素

正如上面所述，既然心理求助是一个决策的过程，那它难免会受到各种因素的干扰。了解这些影响因素，会帮助我们更好地明白自己在某个心理困境下的决定，减少不必要的干扰，让求助行为更容易实现。

（一）个人层面的影响因素

（1）性别：在是否要向外求助的问题上，研究表明无论是专业求助还是非专业求助，男生的求助率均低于女生，男大学生较女大学生更倾向于自己解决问题。这可能与社会对男性角色的刻板印象有关。正所谓"男儿有泪不轻弹""男子汉大丈夫要顶天立地"，男性意味着要坚强、勇敢，更有担当，不轻易哭泣、表露情感。如果寻求帮助就意味着自己是弱小的，这对很多人来说是不愿意接受的。但实际上，及时求助与自我是否弱小并没有直

接的关系，通过积极地求助，及时高效地解决问题才是正道。

在决定求助时，是否寻求专业求助的问题上，学者们发现男生比女生更多选择专业求助。这可能是因为日常女性比男性更愿意倾诉，会有更多的非专业心理求助行为，这无形中就减少了心理困扰的程度，难以达到需要向专业心理咨询师寻求帮助的程度；而男性更倾向于理性思考，如果问题困扰程度比较大，他们会在自助无效后，直接选择专业的心理帮助。你觉得自己的性别对你的心理求助行为有影响吗？

（2）家庭氛围、家庭支持、亲子交流方式等：研究表明，和睦、民主的家庭氛围，及时的家庭支持都有利于强化大学生们的求助行为。在和睦民主的家庭里，求助行为是被鼓励的，不但不会被打压，而且求助的诉求会被及时得到支持，这些经验会有利于大学生将此泛化到心理求助行为上，促进求助行为的发生。另外，王海萍等的研究表明，母亲通常是青少年首选的求助对象，通过和母亲的有效交流可以减少求助专业心理人员的必要。而与父亲的良好沟通则更能够促进青少年去求助于专业人士。这可能跟母亲更侧重于情感的交流，父亲更侧重于理性的思考有关。因此，你可以评估一下你的家庭因素是否影响到了你的心理求助。

（3）心理健康知识的了解：对心理问题的症状表现、严重程度及可能产生的危害了解得越多，想要解决心理问题的动机就会越强，心理求助的意愿也就越大。另外，对专业心理助人行为的相关信息了解得越全面，专业心理机构、人员的相关信息了解得越多，熟悉度越高，可获得性越高，认同感也会越强，也会促进心理求助。秦向荣等人的调查发现近70%的大学生对本校的心理咨询机构不熟悉，对预约的方式不了解。当你打算放弃专业心理求助前，不妨扪心自问：我对自己目前的症状了解全面吗？对学校的心理中心了解吗？如果答案是否定的，请对以上两个问题的答案先行处理。

（4）人格因素（自我效能感和自我隐瞒）：自我效能感是指个体对自己是否有能力完成某一行为所进行的推测与判断。班杜拉认为"自我效能感是人们对能否利用自身技能去完成某项工作行为的自信程度"。可见，一个人如果对自己解决问题的自我效能感越强，那么寻求心理求助的动机就越低。同时，一个人如果对自己能否成为一个很好的来访者的自我效能感越低，那么他寻求心理求助的动机也越低。自我隐瞒是指个体主动向对别人隐瞒一些在他看来是负面或痛苦的个人信息的心理倾向。有些人习惯把自己光鲜亮丽的一面呈现给别人，把自己的弱点隐藏起来。有这样心理倾向的人，会抵触向外求助，更不会把自己内心最真实的想法、情感流露出来，他们的心理求助意愿会很低。

（5）歪曲的认知：如果一个人坚持抱着类似"我是全世界最糟糕的人""我的情况好不了，谁也帮不了我"这样的绝对化观念，抱着"周围这些人都是不可信的，他们凭什么帮我，专业人士都是虚伪的"这样的歪曲认知，那么他们的心理求助意愿也会很低。

（二）社会层面的影响

（1）心理求助污名化：有研究表明心理求助污名是阻碍个体进行心理求助的主要障碍。

心理污名有两种：一种是对心理疾病的污名，即对心理疾病的病耻感，另一种是对心理求助行为的污名，即求助者是弱者的刻板印象。这些公众心理污名被个体内化和认同，阻碍了个体的求助行为。当个体能够以慈悲的态度看待自己，科学地看待心理疾病，面对痛苦和失败，减少自责，同时，能够看到其他人也可能会经历各种困难，都有需要被帮助的时候，那他就会多一份自我怜悯，认同求助并不一定意味着是弱者的行径。这能够促进更积极的心理求助态度和行为。

（2）对心理服务的预期比较负面：大学生对心理专业服务的效果预期不高，不太相信心理咨询等能对自己的心理问题有帮助。他们对于学校心理咨询师的双重身份存在一定的担忧，对于保密原则等是否可以彻底被遵守存在一定疑虑，而社会上的咨询机构良莠不齐，收费昂贵，这些都导致一些大学生不太愿意走进咨询室。但实际上，如果对高校心理工作有比较全面客观了解，这些担忧其实完全没有必要，学校的咨询服务对广大学生来说是一项特别好的、值得珍惜的资源。

（三）其他因素

（1）先前的求助经历：如果一个人先前有过比较积极体验的求助经历，这一结果可以强化日后的求助行为，促进人们在遇到心理问题时进行心理求助。如果在先前的求助过程中，人们受到了打击和嘲笑等负面行为，这会阻碍日后的心理求助行为。

（2）求助问题本身的特性：如果求助问题本身属于比较普遍的大众问题，大学生们会更倾向于向周围有经验的人求助，除非是一些涉及隐私，让他们无法向周围人启齿的主题，他们可能会更倾向于寻求专业帮助。

古人云"人生不如意事十有八九，不可能事事顺心"。大学生们在自助无效时，要学会积极寻求他助，在遇到心理困扰时，要鼓励自己进行心理求助，及时解决内心困扰，让自我更健康地成长，不负祖国对青年们需要刚健勇毅、迎难而上、不断奋起、永不气馁、勇担时代使命的期望。

第二节　专业心理求助之心理咨询

"你能知道我此刻正在想什么吗""你是否可以一眼看穿人心""催眠中的人真的可以被完全控制，甚至杀人吗"这些是很多影视作品传递给大众的关于专业心理工作的印象，神秘而高级。专业的心理工作到底是怎样的呢？

无助的小李

小李是大一新生，因为寝室矛盾来找辅导员想要换寝室。辅导员蒋老师耐心地听完了小李当前的困扰，发现她的寝室矛盾激化是由于沟通不畅导致的，经过多次的谈心谈话和耐心指导，小李顺利地解决了寝室矛盾，寝室关系更融洽了。随着对蒋老师信任的增加，小李向蒋老师透露了自己从未向他人提及的儿时创伤。蒋老师觉得小李的这些过往如果能有心理咨询师的专业介入可能会得到更好的帮助。在征得小李同意后，蒋老师帮其预约了学校的心理咨询。在咨询师的陪伴下，经过一段时间的定期咨询后，小李的精神状态焕然一新，她变得更自信、更坦然、更积极。她在最后一次咨询时说："谢谢老师！是心理咨询让我重拾了自信！"

对应上一节所述的心理求助行为，心理助人行为也可以分为非专业心理助人和专业心理助人两大类。提供相应服务的两类助人者在工作中各有侧重，各有所长。辅导员与班主任是高校里最常见的非专业心理助人者。当学生遇到任何困难包括心理困扰，辅导员和班主任等所有相关人士都会提供力所能及的帮助，尤其是在现今提倡"全员育人"的大背景下，心理育人也是全过程、全方位的。

高校心理中心的心理咨询师们是专业心理助人者。他们提供的专业心理服务不同于日常师生之间经验的分享，同学之间的聊天，朋友之间的情绪安抚等，而是建立在一整套心理咨询理论基础上，利用若干个成熟的心理技术为求助者处理情绪困扰，解决心理问题的服务。

由于心理咨询是目前高校最常见的专业心理服务方式之一，也是最容易获得的一种心理求助方式，因此，接下来让我们进一步了解心理咨询的相关讯息。

一、心理咨询的"是"与"不是"

（一）什么是心理咨询

心理咨询是指运用心理学的方法，对心理适应方面出现问题并企求解决问题的来访者提供心理援助的过程。也有学者认为专业的心理咨询是一种助人活动，心理咨询师依据一定的理论，运用一定的技术和方法来影响来访者，实现咨询目标。

也有人把它看成一种人际过程。咨询师尊重、理解、真诚的陪伴是咨询起效的前提。咨询过程中，咨询师和来访者之间建立某种专业的关系，来访者在咨询师的陪伴下进行"心理探险"的过程。因为有了这份陪伴，来访者才有勇气去面对自己过去所回避的感受和困境，去触碰内心潜意识下那个未知的"险情"。其间，咨询师不断为来访者加油打气，帮助他们重新面对、解释、加工那些内心深处的想法、体验，来访者可能会获得新的发现："原来是这样""我明白我在纠结什么了""我可以换一个方法试试"，帮助他们实现自我成长。

（二）心理咨询有哪些误区

（1）心理咨询不是日常聊天。虽然心理咨询也以谈话为主要形式，但它与日常毫无目的的漫谈式聊天不同，它非常聚焦来访者个人，试图通过了解他的"前世今生"理解来访者当前心理困扰形成的原因，找出不合理的思维模式或关系模式。本着"一切以来访者的利益优先"为准则，咨询师营造出安全的人际关系以巩固良好的工作同盟，谈话有目标、有方向、有计划，谈话态度真诚、温暖，偶尔犀利的对质也是为了让来访者更好地领悟到问题所在，绝不会把话题聚焦在咨询师身上以满足咨询师的需要。咨询师在语音语调等非言语信息上努力和来访者保持同频，让来访者感觉仿佛经历了一次"心理按摩"。

（2）心理咨询不是"治病"。有人可能认为一旦进行心理咨询就说明这个人心理有病，它是一件很令人羞耻的事。实际上这是对心理咨询最大的误解。2013年5月1日国家颁布实施的《中华人民共和国精神卫生法》第23条第2款规定："心理咨询人员不得从事心理治疗或者精神障碍的诊断、治疗。"如果做一个简单的对应解读，心理咨询师应该是为健康人群和发生一般或严重心理问题的人群提供专业服务的，因此，发展性或适应性问题更适合心理咨询。而心理治疗师和精神科医生面对的主要是神经症或有心理障碍的人群。那什么是发展性或适应性问题呢？它们是指日常人们在正常心理发展阶段和社会适应方面存在的困扰，如学业、人际、恋爱、就业、自我成长等问题及它们带来的焦虑、抑郁等情绪失调。

（3）心理咨询不是"给建议"。心理咨询师一般不会直接给来访者建议，让来访者遵照执行。事实上，咨询师更多是一个陪伴者和引路人，来访者才是了解自己问题的"专家"。咨询的过程就是在咨询师的引导下，激发来访者找到自己的资源和内在力量，引发顿悟，解决当前困扰的过程。就算咨询师提供一些资料和方法，也是在和来访者反复讨论和练习后，经过来访者的内化、吸收才能真正起作用的。

（4）心理咨询不是"魔法"。如果有人告诉你心理咨询什么都能解决，而且一次搞定，那基本可以肯定你遇到了骗子。曾经还有无良公司打出广告：恋爱心理咨询套餐，提供一条龙服务，包括如何吸引男生注意、如果稳定双方关系、如何帮助劝退"小三"，24小时服务，随叫随到，一个套餐少则几千元，多则十几万元。这也可以肯定，这不是专业的心理咨询。心理咨询师不是魔法师。心理咨询起作用需要一个过程，这个时间要根据来访者

神经生物学视觉下的心理咨询作用

的问题情况来决定，不是我们想要一次搞定就可以完成的。心理咨询的工作时间有固定的规律，一般一周一次，特殊情况可以一周多次，但也不会是随叫随到。心理咨询工作的范围只能是心理问题而非现实问题。比如，一个来访者如果因为恋爱问题而苦恼，咨询师不能代替来访者决定是否放弃一段感情或者越过来访者直接和其恋人开展工作，也就是说咨询的目标是缓解来访者因感情问题带来的苦恼，而不是现实问题。

二、心理咨询的方式和过程是怎样的

（一）咨询方式

心理咨询有很多种方式。

（1）个体咨询：个体咨询是咨询中最常见、最重要的一种方式。咨询师和来访者一对一地进行工作。它的优点是针对性强、保密性好，因为是一对一的工作，方便咨询师更细致地观察来访者，来访者也可以更放松、更投入。它的缺点就是比较费时费力，一次面谈50分钟，一个咨询师一天最多只能接待5~6个来访者，很容易出现预约排队的情况，因此，有心理求助意愿的同学，需要尽早预约。

（2）团体咨询或辅导：它由一名咨询师和助手面对多名有相似心理困扰的来访者开展工作。一般团体成员人数为6~12人。团体成员除可以和咨询师发生互动有所收获外，还可以实现团体成员之间的相互学习，观察他人如何进行人际互动，听到其他人对问题的多视角理解，提高咨询的效率。特别是对于一些存在人际交往问题的来访者，团体所构建的天然"小社会"，还可以为他们提供现实演练的机会。而且团体咨询参与人多、面广，成本相对低廉，对解决大学生的心理问题效果较好，因而，这几年在高校中应用比较广泛，如交友小组、人际训练等。而且从它的形式中演变出来的团体心理辅导活动，也被广泛应用于大学心理健康教育中，如侧重于团队训练的新生班级团体建设等，人数可以扩展到20~60人不等。团体咨询的缺点是保密性不强，由于人数较多，咨询师有时候很难兼顾到每个人的需求，咨询深度受到限制，也难以兼顾个体的特殊性。团体咨询更多用于一般性心理问题，一些深层的心理问题还是个体咨询效果更好。

（3）电话咨询：顾名思义，就是通过电话进行的一对一咨询。电话咨询目前更多用于危机干预，为那些处于紧急情绪崩溃状态的来访者提供倾诉和援助的平台。因此，很多电话咨询都是24小时的危机干预热线。负责接线的咨询师经过危机干预的系统训练，应用稳定化等技术帮助来电者平复情绪，暂时脱离危机，因此，它在挽救生命、防止恶性事件方面有很好的效果。而且电话咨询使用时比较方便，有时候也作为个体咨询特殊情境下的一种补充，如学校寒暑假期间，再如某一来访者因为特殊原因，无法实现面对面咨询，但又不想延期，经过双方协商，临时通过电话咨询来保持咨询的稳定性。它的缺点就是由于电话咨询不是面对面的，缺少视觉的观察，会错过很多非言语信息。在有条件的情况下，建议还是尽可能保持面对面咨询。

（4）书信咨询：通过书信或邮件的形式进行，它主要用于那些路途较远或不愿意暴露身份的来访者。咨询师根据来信的内容了解来访者的心理问题，开展咨询工作。优点是书信咨询对来访者来说比较自由，缺点是由于信息量有限，咨询师不能全面地了解情况，只能根据经验给出一般性的指导原则。而且有些来信杂乱无章，信息混乱，咨询目标不清晰，这对咨询工作提出了挑战，因此，一般严重的心理问题还是会通过信件邀请对方接受面对面咨询。

（5）网络咨询：网络咨询可以分为视频咨询和文字咨询。随着互联网技术和视频技术的发展，咨询师和来访者可以通过网络实现即时沟通和信息互动。网络咨询的优点是空间等不再成为限制咨询的条件，特别是在一些心理咨询师资源缺乏的小城镇，人们也可以通过网络咨询享受到大城市里咨询师的优质服务。来访者和咨询师也可以省掉去咨询时路上通勤的时间和成本。比如，2020年新冠疫情期间，很多咨询师没法深入一线，各大心理援助平台推出的网络咨询对当时的求助者提供了较好的帮助。而且网络咨询有很好的匿名性，使得来访者可以更直接地表述和放松。但网络咨询对网络硬件设备等有一定的要求，不然容易出现咨询中断的情况，而且网络上文字和图像等资料的安全也成为新的挑战。

【实践与思考】

体验电话谈心和面对面谈心的不同

虽然心理咨询和谈心谈话有着本质的不同，但因为咨询也是通过谈话的形式来进行的，而且大多数同学没有咨询的经验，因此，为了方便体验，本活动以谈心代替咨询来进行练习。两人一组，分为A（倾诉者）和B（回应者）两个角色。

第一轮：

情境一：电话谈心。

A和B背对而坐，彼此不能看到面孔，然后模拟电话谈心；A向B倾诉近期发生的一件让自己困扰的事情，B根据自己的经验予以回应。

情境二：面对面谈心。

A和B面对面而坐，A向B倾诉刚才情境一里同样的困扰，B予以回应。

第二轮：

A和B角色互换，分别体验两个不同情境。

最后，比较电话谈心和面对面谈心的不同感受。

（二）咨询过程

很多人可能会好奇，既然心理咨询不是一次性的工作，那总体来说它都有哪些步骤和阶段？一般来说，心理咨询可以概括为以下五个阶段：进入与定向阶段、问题-个人探索阶段、目标与方案探讨阶段、行动/转变阶段、评估/结束阶段。

（1）进入与定向阶段：在这个阶段，咨询师和来访者相互了解，建立良好的咨访关系，搜集来访者的相关资料，列出可能存在的多个咨询问题并排序。比如，最近学习让你心烦，与父母的争吵让你心烦，和好友的关系又出现裂痕，总之糟糕透了，哪个问题是当前最困扰你的？我们要优先处理哪个问题？这些问题的背后有没有共同的核心因素？这些都是咨询师和来访者关注的内容。另外，这个阶段咨询师还会和来访者协商固定的咨询时间和费用，签订咨询协议。

（2）问题-个人探索阶段：进一步搜集来访者的资料，了解来访者的主诉，帮助来访者明晰咨询方向，明确咨询范围，协助来访者在当前这些问题上进行自我探索，找出这些心理问题或症状出现的前后经过及可能原因。

（3）目标与方案探讨阶段：激发来访者的改变动机，咨询师更全面准确地理解来访者心理问题形成的原因和影响因素，根据一些理论，形成对来访者心理问题的个案概念化，处理好来访者期望和目标的关系，确定咨询的短期和长期目标，与来访者讨论咨询的计划和方案。

（4）行动/转变阶段：借助各种咨询技术，帮助来访者在安全的内心空间里不断探索，更深入地理解自己的心理问题，在行为上和心理上逐步实现改变。

（5）评估/结束阶段：评估咨询目标完成情况，处理分离焦虑，为日后行为迁移做准备。

三、心理咨询有哪些伦理规定

俗话说："没有规矩不成方圆。"心理咨询有其伦理规则，也就是每个咨询师必须遵循的工作规范。2018 年颁布的《中国心理学会临床与咨询心理学工作伦理守则（第二版）》和《中国心理学会临床与咨询心理学专业机构和专业人员注册标准（第二版）》就是我国目前临床心理工作者和心理咨询师的工作规范，善行、责任、诚信、公正、尊重是伦理的总则。当咨询工作存在违反伦理的情形时，如果咨询师是注册系统的心理师或助理心理师，大家可以直接向注册系统的伦理委员会投诉，如果该咨询师不是注册系统的成员，大家可以向所在机构的行政部门投诉。以下是心理咨询工作中两条重要的伦理原则。

（一）知情同意

伦理守则中明确规定"寻求专业服务者可以自由选择是否开始或维持一段专业关系，且有权充分了解关于专业工作的过程和心理师的专业资质及理论取向"。因此，在咨询最开始，作为来访者的你有权要求咨询师介绍他的资质和相关背景，了解即将接受的咨询过程，并有权利决定是否继续咨询。知情同意的内容还包括：咨询的一般目标、咨询师对来访者的责任、保密原则的局限性和例外情况、治疗关系中的法律和伦理因素、相关的费用、来访者可以要求的服务及整个咨询大概的时间。

（二）保密原则

伦理守则规定："心理师有责任保护寻求专业服务者的隐私权，同时明确认识到隐私权在内容和范围上受到国家法律和专业伦理规范的保护和约束。"一般来说咨询师在咨询最开始的时候就会向来访者强调保密原则及保密例外的情况。高校里的心理咨询同样遵守保密原则，尊重每一位来访大学生的个人隐私权。咨询师有责任采取适当的措施为来访者保守秘密，明确告知来访者以下几点保密例外的情况：

（1）发现来访者有伤害自身或伤害他人的严重危险时；

（2）来访者有致命的传染性疾病且可能危及他人时；

（3）未成年人在受到性侵犯或虐待时；

（4）法律规定需要披露时。

遇到前3种的情况时，心理咨询师有向对方合法监护人预警的责任。心理咨询师只有在获得来访者书面同意的情况下，才可以对咨询过程进行录音、录像或用以演示、案例研讨。可见，在没有达到保密例外的情况下，咨询中的所有咨询和信息都是绝对保密的。

四、心理咨询技术的常见流派有哪几种

美国临床心理学家杰拉德·科里在《心理咨询与治疗的理论及实践》一书中对十一种常见的心理治疗流派进行了介绍和总结。这里挑选其中最常见的5种疗法向大家介绍一下它们的创始人、主要特点和治疗技术。

（一）精神分析疗法

创始人是西格蒙德·弗洛伊德。这是一个有关人格发展、潜意识等的理论，是一种聚焦于行为背后的无意识动机的心理疗法。该疗法关注的是童年生活事件对个体后来人格发展的影响。其核心技术有解释、释梦、自由联想、对阻抗的分析和解释、对移情的分析与解释、对反移情和防御机制的理解等。这些技术主要帮助来访者理解自己无意识冲突，而这将帮助个体获得领悟并帮助其自我内化吸收新的内容，常给来访者很深刻的体验。精神分析咨询师经常给人权威、深刻的感觉。

（二）以人为中心疗法

创始人是卡尔·罗杰斯。和精神分析疗法不同，这是一个非指导性的理论。该理论根植于个体的主观经历，尊重并信任来访者自身对于处理其问题的能力和责任。该疗法的技术不多，但强调咨询师的态度及"人本主义"原则。咨询师会努力进行积极倾听、明晰过程，并让自己卷入此时此地的、与来访者的互动过程中。该理论强调自我价值和自我实现，常给来访者非常温暖的感觉。该流派的咨询师经常给人温暖、亲和的感觉。

（三）行为主义疗法

创始人是 B.F.斯金纳、阿诺德·拉扎勒斯、阿尔伯特·班杜拉。这一理论的原则是通过学习找到解决特定行为问题的办法。该疗法的技术主要有强化、塑造、示范、系统脱敏、放松训练、眼动脱敏与再加工、认知重建、果断训练和社交技能训练、自我管理方案、基于认知行为疗法的正念技术及接纳性的方法、行为排练，以及多模式疗法等。咨询师会在咨询开始时就进行评估和诊断的过程，并根据这种结果来设计咨询计划。咨询师的问题主要集中在"什么""怎样"，以及"何时"上（但不包括"为什么"）。咨询师还时常会使用行为契约和家庭作业技术。该流派的咨询师经常给人干练、高效的感觉。

（四）认知行为疗法

创始人是阿尔伯特·艾利斯。他创建了理性情绪行为疗法，这是一种教育色彩浓厚的、以认知行为为定向的理论，它认为个体的问题根源于思维和信念系统。A.T.贝克创建了认知疗法，该疗法认为思维是对行为起影响作用的最关键因素。这是一种积极的、指导性的、有时限的、以当前为导向的、结构化的心理教育模型。该疗法的主要技术有苏格拉底式对话、合作经验法、驳斥非理性信念、完成家庭作业、收集关于个体假设的信息、对行为进行记录、形成新的解释、学习新的应对技巧、改变个体的语言及思维模式、角色扮演、想象、对错误的信念进行对质、自我引导训练，以及压力免疫训练等。该流派的咨询师经常给人逻辑清晰、深入浅出的感觉。

（五）家庭系统疗法

该疗法的代表人物有很多，其中萨尔瓦多·米纽琴和萨提亚在中国比较为人熟知。该理论的假设是个体改变的核心因素在于理解其所处的家庭状况并和其家庭成员一起努力帮助个体做出改变。该疗法的主要技术有家谱图、行动促发、创设边界、进入并适应整个家庭、追踪、反移情的使用、提问、教导、指导、重构、制作家庭地图等。从性质上看，家庭系统疗法经常采用经验性的、认知的或是行为方面的干预技术。大部分的技术都旨在帮助来访者在短时间内发生改变。该流派的咨询师经常给人系统全面、四两拨千斤的感觉。

以上几种常见的心理疗法和适用人群如下表所示。

几种常见的心理疗法和适用人群

心理疗法	适用人群
精神分析疗法	适用于那些对自己充满好奇，希望深度探索内心世界，获得人格成长的同学。该疗法强调无意识的重要性，防御机制在心理功能中的作用及童年成长经历在人格塑造方面的重要性。它需要来访者有比较好的洞察力和自我反思能力
以人为中心疗法	适用于那些自我概念僵化，对自我评价过低，不敢正视内在体验，忽略自身潜能，对于权威和指导性教育比较排斥，喜欢温暖、平等交流的同学

续表

心理疗法	适用人群
行为主义疗法	适用于那些希望通过学习或训练快速缓解不良情绪，改善当前症状，提高社会功能的同学，特别是存在明显焦虑、恐惧、强迫等症状的同学
认知行为疗法	适用于那些因不合理信念导致情绪、行为偏差，出现抑郁、焦虑、进食、强迫、人际等心理问题的同学。该疗法是目前世界公认的最有效的心理干预方法之一，具有较大适用面
家庭系统疗法	适用于那些想要改善与家庭成员间的沟通问题、权力斗争、家庭中的危机干预、帮助个体提升潜力及提升整个家庭的机能水平等的同学

【实践与思考】

倾听练习

倾听是心理咨询参与性技术的一种，也是心理咨询的第一步，是建立良好咨询关系，理解来访者的基本要求。倾听即表达了对来访者的尊重，也使对方在轻松的环境下畅所欲言。能否听懂来访者所言之意及言下之意，是能否实现有效共情的关键。不光咨询中倾听很重要，在日常生活中它同样重要。让我们来看看自己的倾听能力如何吧？

两人一组，分A、B两个角色，A听B抱怨三分钟全程不打断，之后A将B的抱怨用一句话简要概括，再从B的抱怨中总结出三件想赞美B的事情。听完A的总结和赞美，B再分享一下自己的感受。

第三节　心理咨询的注意事项

人的一生难免会有自身难以解决的心理困扰。这就像我们的身体会代谢垃圾一样，我们的心理也会不断产生心理垃圾，只不过因为在日常生活中取得了某种平衡，人们的内心可以保持某种平稳。当某一天这种动态的平衡被打破，自身不能消化，如这些心理垃圾太多，原有的防御机制或应对方式无法将其排解时，心理就会出现异常。而心理咨询师会创造出一种涵容的空间，帮助来访者消化这些心理垃圾，因此，心理咨询是一个可以帮助人们倾倒内心垃圾，促进自我成长的过程。

当我们有了寻求心理咨询的意愿，接下来要注意哪些事项呢？要想最终更好地完成心理咨询，让心理咨询发挥最大的效果，作为来访者，需要注意以下三个阶段。

一、心理咨询前

（一）识别线索

当你正处于某个心理困扰，在犹豫是否要进行心理求助时，请先尝试着自我评估一下当前的心理状态是处于正常，还是已经严重到心理疾病的程度？我们可以借助上一章有关心理障碍的相关内容进行自我评估。

如果你自我评估的结果属于有精神疾病范畴，那请立刻到正规医疗机构，着手就医问诊，请精神科医生提供专门的药物或心理治疗方案，早诊断、早治疗、早康复。如果自我评估的结果不是心理障碍，那就请进一步评估自己的心理状态是否健康？是属于一般心理问题还是严重心理问题？

心理健康是指心理的各个方面及活动过程处于一种良好或正常的状态。当你们自觉近期的心理状态处于亚健康状态时可以对照以下的症状学标准试着评估一下目前自己到底是属于一般心理问题还是严重心理问题？

（1）严重程度方面：一般心理问题是由现实生活、工作压力等因素而产生的内心冲突，引起的不良情绪反应，有现实意义且带有明显的道德色彩；严重心理问题是较强烈的、对个体威胁较大的现实刺激引起的心理障碍，体验着痛苦情绪。

（2）时长方面：一般心理问题的来访者痛苦情绪体验的持续时间未超过2个月；严重心理问题来访者超过2个月，但未超过半年而不能自行化解。

（3）情绪控制方面：当人们的不良情绪尚能在理智控制下，行为不失常态，能基本维持正常学习、生活、社交，虽然效率下降，但没有对社会功能造成较大影响，不良情绪的激发因素仅局限于最初事件，并未泛化时，这基本可以判断是一般心理问题；当人们遭受到较为强烈的、对个体威胁较大的现实刺激，体验到强烈的痛苦情绪，多数情况下会短暂失去理智控制，单纯靠自然发展或非专业性干预难以解脱，对生活、工作和社会交往有一定程度的影响，这可以判断为严重心理问题。

（4）泛化方面：产生一般心理问题时，人们的情绪反应内容没有泛化，不良情绪的激发因素仅仅局限于最初的事件；产生严重心理问题时，人们痛苦情绪不但能被最初的刺激引起，而且与最初刺激相类似、相关联的刺激也可以引发类似痛苦，即情绪反应对象被泛化了。

如果对照以上的条目，你自己的判断是一般心理问题则可以先自行调整，如果调整无效可以预约心理咨询，如果是严重心理问题，请及时预约心理咨询。

（二）下定决心

改变总会面临一定的阻力，需要来访者鼓足勇气，坚定想法。因为一个改变往往涉及一系列的行为，因而比较困难，需要下定决心。你可以用纸笔列出想要改变的理由，告诉自己这一步是必须要做的，不要后退。

（三）搜索信息

如果你对心理咨询的相关信息不是特别了解，手头也没有特别熟悉的心理咨询师的资源,那就需要进行一定的信息搜索,做好知识储备,有利于我们挑选到合适的咨询师。首先,学校心理中心的咨询师千万不要错过,他们一般都是心理学科班出身,接受过系统培训,遵循咨询伦理规范。你可以通过心理中心网站或公众号的信息查看咨询师的资质或直接打电话询问心理助理关于咨询师的情况,或者可以从去过心理中心咨询的同学那里或校园论坛了解咨询师的口碑。其次,如果你不想接受校内咨询,想要寻求校外咨询的帮助,可以通过网络、亲友、师长等渠道推荐,再仔细研究网站上某些咨询师的情况介绍、阅读这些咨询师发表过的文章、询问做过咨询的朋友的亲身体验来找到目标咨询师。再次,如果没有这些信息渠道,那可以去心理机构现场感受和了解情况,先找到一家口碑不错的咨询机构,再请机构帮忙推荐和匹配合适的咨询师。如果实在不知道去哪里找,也可以从互联网上规模较大,有知名度的心理咨询机构入手。最后,你可以看看自己当前的心理困扰及对解决困扰的期待更适合哪种心理疗法。

在确定自己更适合哪个疗法后,再比对咨询师的简介,看看他们的专业背景哪个更匹配。然后再结合咨询师的一些个人因素(如性别、年龄、资质等)进行最终的选择。其实咨询师的性别对咨询效果没有显著的差别,但如果你遇到的问题与性别有关,或者你对不同性别的咨询师的接受度不同,你完全可以根据自己的喜好来选择。对于年龄,很多人可能会觉得咨询师年龄越大经验越丰富,可能咨询效果就越好。其实不一定。更多的经验并不一定适合你当前的困难。尤其是现在心理技术越来越细分的当下,一些咨询师虽然年轻,但他们接受过的临床训练可能比年长的咨询师更系统,精力更充沛,思想更开放,感知更敏锐,共情更准确,这些因素可能比年龄更重要。

(四)完成预约

当咨询师选好后,就可以拨打预约电话或通过网络预约、邮件预约、现场预约完成自己个人基本信息的登记,填写《咨询首访登记表》,然后等待咨询机构的预约确认(确定咨询师和咨询时间),签署《心理咨询协议》及《心理咨询知情同意书》。如果是收费咨询,还需要缴纳咨询费用,最好在咨询预约前,先了解咨询的费用及缴费的方式等。

二、心理咨询中

(一)怎么配合

如果你现在已经预约好了咨询师,并且已经开始进入正式的咨询,还需要注意哪些事情呢?

(1)遵守规范:作为来访者的你需要能够遵守咨询的约定,每次咨询准时到达。如果因突发情况不能前来,需要提前一天取消咨询。

（2）端正态度：要积极探索、不回避困难，真实地表达内心所思所想，放下思想包袱，在咨询中只有最真实地呈现你自己，才能让咨询师更全面地了解你；如果咨询师留有家庭作业，要努力完成。

（3）整理思路：咨询前可以把自己当前的心理困扰先大致梳理一遍，包括心理困扰是怎么出现、发展的等。

（4）及时总结：一般来说每次咨询只有 50 分钟，一周一次，咨询结束后，要及时将咨询的内容进行回顾和总结，下一次咨询之前能够积极练习和应用。

（二）是否联合精神科治疗

（1）一般来说心理咨询的对象主要是一般心理问题，需要用药的情况不多，但对于那些精神疾病康复期的来访者，或者有些来访者特别适合药物治疗加心理咨询时，需要根据精神科医生的医嘱来操作。同时，咨询师也会善意地提醒来访者按时复诊。

（2）如果你的咨询师在初次接待你后，建议你去医院评估，那请不要犹豫，及时去医院。因为一般来说，咨询师只有在评估疑似心理疾病的情况下，才会有此建议，一定要高度重视。

（3）如果你存在明显的严重自伤、自杀倾向，本着安全第一的原则，一般咨询师也会建议联合精神科治疗。

（三）如何应对反复和复发

（1）如何看待咨询中的反复：由于咨询是一个缓慢改变的过程，过程中症状有反复甚至有更糟糕的体验属于正常现象。但请一定要将这些情况及时告知咨询师，不要轻易放弃咨询或者更换咨询师，也许那就是你转变的开始。

（2）如何看待咨询后复发：心理咨询虽然能有效地缓解来访者内心的痛苦，但不是所有人都有一样的效度，就像药物治疗一样，也会有症状复发的情况。一旦周围的环境或者压力过大，也容易再次出现问题。

（四）是否中断咨询

（1）如果你在咨询中认为咨询师的工作并没有很好地遵循咨询的伦理守则，让你很没有安全感，你可以果断地中断咨询。

（2）如果你觉得虽然面前的咨询师让人感到非常亲切，但他所用的技术和方法并没有很好地解决你的问题，你可以把真实的感觉告诉咨询师，和他讨论，看看问题出在哪里，是不是因为你们之间不匹配导致的？如果是这样，建议转介其他咨询师。

（3）如果你面前的咨询师显得特别权威和武断，不容你反驳和表达不同的观点，也没有耐心对你的"异议"展开有意义的讨论，建议你可以换个咨询师。

三、心理咨询后

在咨询师和来访者的共同努力下，一段时间后，来访者的心理困扰逐渐缓解，咨询目标基本达成，咨询进入尾声。此时，咨询师会回顾整个咨询历程、处理分离焦虑并带领来访者对咨询中所总结的经验和领悟的内容进行总结，对未来如何更好地运用这些咨询中所获得的"瑰宝"提前进行演练，然后，咨询正式结束。咨询结束了，作为来访者的你是否就可以停止内心的探索了呢？答案明显是否定的。如果想要更好地巩固咨询效果，做好以下三项"课后功课"还是很有必要的。

（一）反思成长

虽然咨询告一段落，但从咨询中学会的思维方式、自我探索的努力不能停止。而且类似的反思总结可能成为你生活的一部分，不断促使自己提高和完善。

（二）活学活用

咨询中学习到和领悟到的道理要学会灵活使用。不能只局限于当时的情境，学会举一反三，融会贯通，将会促进你全面提升。

（三）助人自助

把自己在咨询中学会的方法，总结的经验适时地和有需要的人分享，让自己成为他人的非专业求助对象，给他们提供帮助。在帮助他人的过程中，可以再一次加深自己对这些领悟的理解，"赠人玫瑰，手有余香"。把自己内心的进步也带给周围的人，影响周围人，体现祖国新青年的担当。

如果咨询结束时，你的心理困扰还没有被很好地解决，请不要气馁，可以静下心来找找原因，也可以和你的咨询师讨论一下咨询效果不佳的原因可能是什么？是否因为你和这个咨询师不太匹配？还是你的内心其实还没有真正做好准备，对咨询还存在一定的阻抗？抑或你的问题可能需要更长程的咨询？相信通过不断的探索和尝试，我们可以在专业心理求助这条路上越走越远，受益匪浅。

📖 **【自检自测】**

供来访者使用的心理咨询师评估量表

（1）和他/她相处我很自在。

（2）和我相处时他/她很自在。

（3）他/她比较随兴，不拘小节，不会拘泥形式、不知变通。

（4）他/她不把我当病人看，不会像对精神病人那样待我，也不会觉得我要崩溃。

（5）他/她很有弹性，很包容意见不同的新想法，不会特别坚持某一种观点。

（6）他/她很幽默，看起来很愉快。

（7）他/她愿意和我沟通他/她对我的想法和感觉。

（8）他/她对自己不擅长的领域很诚实，不会装出一副什么都懂的样子。

（9）他/她愿意承认自己的错误，也会为犯错或不够体贴而道歉，不会狡辩。

（10）他/她会直接而明确地回答我的问题，而不会只是反问我怎么想。

（11）他/她会谈有关他/她自己的事，但不会自夸，或对不相关的事情喋喋不休。

（12）他/她鼓励我，希望我能觉得我跟他/她一样正常、一样好。

（13）他/她表示其只是顾问，不会自以为是地想管理和左右我的生活。

（14）他/她鼓励我提出不同意见，而非一旦意见相左就说我拒绝改变。

（15）他/她想要了解和我生活有交集或重要的人，至少表现出愿意如此。

（16）我觉得这位咨询师说的话很有道理。

（17）大体来说接触他/她后，我更能接受自己，也比较乐观了。

评分标准：

每题以0～4评分，从不＝0；很少＝1；有时＝2；大多时间＝3；总是＝4。

总分超过45：不错的选择；35～44：有待考虑；总分低于35：最好换一个咨询师。

资料来源：量表及评分标准皆转引自乔尔·布拉克著《谁偷了你的信任与自信》。

📖【推荐阅读】

登天的感觉　　作者：岳晓东　　出版社：民主与建设出版社　　出版时间：2018年11月

　　书中记述了作者在哈佛大学心理咨询中心经手的10个心理咨询个案，涉及爱情、婚姻、职业选择、新生适应不良、同性恋等一般心理困惑的咨询，也涉及人格缺陷的矫正及潜意识作用的解析等特殊心理障碍的治疗，可以清晰地看到咨询的大致过程和一些常见的技术。同时，该书还记录了作者与其督导之间相处的10个故事，咨询工作的规范性可见一斑。该书曾入选豆瓣大学生心理健康康教育必读书单、新手心理咨询师书目，入选2016年"Kindle上最值得读的100本书"。

高明的心理助人者：处理问题并发展机会的助人途径（第8版）　　作者：（美）伊根著，郑维廉译　　出版社：上海教育出版社　　出版时间：2008年9月

　　这本书是世界最流行的心理咨询教科书之一，已经被译成8种文字。书中提供的助人

模式是心理咨询的基本导向图，它使心理咨询成为适应每位当事人需要的、灵活的、完整的过程。它提供了心理咨询的基本工作框架，可以帮助我们发掘和整合各种心理咨询的流派与实用方法。它提供的助人模式是解决问题的普遍的基本的方法，可以广泛地应用于解决各种生活中遇到的问题。

【主要参考文献】

[1] 魏蕾.3～6岁幼儿求助行为的功能[J].幼儿教育（教育科学版），2007，5（367）：37-39.

[2] 江光荣，夏勉.心理求助行为：研究现状及阶段—决策模型[J].心理科学进展，2006，14（6）：888-894.

[3] 王海萍，王玉芹，吴超荣，等.大学生专业及非专业心理求助现状及相关因素研究[J].青年研究，2015，5：51-58.

[4] 秦向荣，马莹.大学生专业性心理求助的现状及思考——基于上海市1139名大学生的实证研究[J].高校辅导员学刊，2014，4（2）：92-96.

[5] 姚莹颖，陈精锋.我国大学生心理求助的研究现状及教育对策[J].校园心理，2017，15（2）：109-111.

第十章　生命意义

吾十有五而志于学，三十而立，四十而不惑，五十而知天命，六十而耳顺，七十而从心所欲，不逾矩。

——孔子《论语·为政》

古往今来，无数先贤对"生命意义"这个命题进行过深入的思考，儒家看重世俗社会道德的追求，提倡用"立德""立功""立言"来实现生命的意义和价值；道家强调生命本性的自由发展，关注生命和自然的和谐统一；古希腊的苏格拉底则把对于"善"的实现作为生命的价值。在现代社会，我们对这个问题的探讨也从未停止。习近平总书记曾说，"正确的世界观、人生观、价值观"是打开人生的"总钥匙"，"掌握了这把总钥匙，再来看人生历程……自然就洞若观火、清澈明了，自然就能做出正确判断、做出正确选择"。

可见，如何认识生命，如何活出生命的意义，是我们从未停止过的生命思索，这一章，让我们一起来探讨这个亘古弥新的话题。

本章主要关注三个问题：

（1）认识生命；
（2）大学生的生命困惑；
（3）大学生生命意义的实现。

通过本章的学习，你会进一步认识生命及生命的特征，了解在大学阶段常见的生命困惑，探究追求生命价值和意义的方法，让你对自己的生命有更多的思考，从而珍惜和热爱自己的生命，也更关注和关心他人的生命。

第一节　生命概述

生命是什么？从古至今，人类的思考从未停止过。生命内涵一直是研究的重要课题，不同学科对生命的诠释也在不断发展和深化。

一、认识生命

在原始社会，人们对自然现象充满了好奇和恐惧，相信有一种超自然的力量主宰着世界，神创论得到普遍认同，认为生命是由上帝或神创造的。我国有女娲造人的神话故事，西方宗教中有上帝创造万物的章节。神创论的观点在科学不发达的蒙昧时期，长期占据着主导地位。

17世纪、18世纪以来，随着自然科学的发展和人类认知能力的提高，人类对生命有了更深的认识。各种关于生命起源的推论学说均一致认为，生命的起源遵循了从低级到高级，从简单到复杂的发展规律，人类的生命起源经历了由无生命体渐变形成蛋白质，再渐变形成生命的过程。

生命的内涵也一直是哲学思考的热门话题，生命哲学认为"生命是世界的绝对的、无限的本源。生命不能借助于感觉或逻辑思维来认识，只能直接体验来把握"。马克思认为"人使自己的生命活动本身变成自己意志的和自己意识的对象"，而这种自由的有意识的生命活动并不是直接与人融为一体的那种规定性，因此，马克思说："有意识的生命活动把人同动物的生命活动直接区别了开来。"

二、生命的特征

（一）生命的有限性

物质生命存在有限性，死亡是不可避免的结局。从时间角度看，人类的寿命是有限的。在2016年，中国人口整体预期寿命在76.4岁，我们每一天都在不可避免地走向死亡；从物质角度来看，人类生命极其脆弱，疾病和灾难等原因都可造成人类肉体的损伤和消亡。庄子曾叹息人生短促："吾生也有涯。"孔子也曾站在岸上，看见奔腾而去的河水说"逝者如斯夫，不舍昼夜"，感慨时间的流淌和生命的流逝。正因为生命的有限，更体现出生命的可贵，更应珍惜生活，为有限的生命赋予意义。

（二）生命的独特性

每个生命都是独一无二的。遗传学上的差异性决定了人先天具有的独特性，在后天的发展中，每个人又会发展出不同的爱好、个性、思维方式和心理特征。生命的独特性还体现在不能用规定的既成的框架来禁锢生命个体。心理学家弗兰克尔说："每个人都有他自己的特殊天职或使命，此使命是需要具体地去实现的，生命无法重复，也不可取代。所以每个人都是独特的。"每个人都有自己独特的生命力量，后现代心理治疗方式中的叙事疗法的核心观念即每个人都是自己问题的专家，面对自己的独特难题，相信每个人自己更有能力也更清楚解决困难的办法。

（三）生命的创造性

人的生命是不断成长、发展的过程。人类的生命是"未完成性"的，这要求人类需要不断发展和变化，来完善自我，解决问题。这是生命积极主动探索和创造的过程，通过创造实现对生命的认识和超越，赋予生命的意义。儒家看重人在社会奉献中实现生命的创造性，使个体由一个"小我"变成"大我"，从而在历史的长河中留下印迹，获得生命的不朽。心理学家阿德勒提出"创造性自我"这个概念，认为人具有开创命运的能力，并非环境或过去种种事件的被动继承者。人可以主动把握自己的命运，个体生命的意义是在个体存在和发展中创造出来的。

（四）生命的完整性

生命是一个复杂的、立体的、不同层面内容相互矛盾又相互联系的完整性的存在。心理学家埃里克森将人的心理发展分为八个阶段，持续了人的一生。八个阶段紧密相连，如果个体能顺利解决每一阶段所面临的矛盾与危机，将对个体心理发展产生积极影响，反之则会造成心理危机。无论在哪个学科的诠释中，生命都是一个复杂而完整的系统。马克思认为人的生命有三个维度，分别是自然生命、社会生命和精神生命，它们互相关联。自然生命是后两者的基础和前提，社会生命让人成为"社会人"，精神生命使人具有超越现实的精神世界，三者共同构成完整生命的存在。

【实践与思考】

在中国古诗词中有不少诗句体现着生命的特征，以下中国古诗词分别体现了上面提到的哪个生命特征？

"盛年不重来，一日难再晨。"_____

"别类分门，因材施教。"_____

"人间巧艺夺天工，炼药燃灯清昼同。"_____

"汨余若将不及兮，恐年岁之不吾与。"_____

"人生自古谁无死，留取丹心照汗青。"_____

第二节　大学生的生命困惑

现今的大学校园里，大部分学生热爱生活，珍惜生命，体现出旺盛的青春活力，积极追寻生命的意义，但有部分学生存在生命困顿，生命态度厌倦，生命目标功利，生命满意度低下，甚至出现极端的生命现象，迷失在了生命意义的迷宫中，找不到方向。

一、大学生的生命困惑

（一）生命态度厌倦

有媒体总结大学生群体的生活现状，当中的关键词就有"逃课普遍化""挂科无谓化""手机依赖化"等。既脱离了父母的监管和中学老师的约束，又没有对未来清晰的规划，部分大学生在面对全新的大学生活时，状态消极低迷，庸庸碌碌混日子。

"咸鱼"小为的故事

小为在高中时唯一的目标就是考上大学，至于考上大学是为了什么，要怎么做，从未认真考虑过，大学专业也是按父母的意愿选的。到了大学之后，没有了父母的监管约束，老师也不如高中时严厉，小为有一种松了口气的感觉。渐渐地，逃课、打游戏、上课睡觉成了小为的必修课，小为的日子过得浑浑噩噩，在宿舍玩一整天游戏是常态，甚至吃饭也不出门，直接外卖送到宿舍门口，有时微信运动步数还不足两百步。小为也不是不想重新开始好好学习，但是过惯了上课睡觉、作业抄抄、临时抱佛脚的佛系生活，再加上小为本身对所学专业没有兴趣，对毕业后的生活也毫无规划，即使强迫自己回到书桌前，小为也感觉很难静下心来读书，只好继续做"咸鱼"。

类似于小为的情况在大学校园中不是个例，学生们逃课、挂科、不交作业、考试作弊的现象在校园中并不罕见，甚至有同学认为"不逃课的大学是不完整的大学，不挂科就相当于没读过大学"。有的同学日夜奋战在计算机前，开口闭口都是"吃鸡""王者"，绝口不提人生理想，手机游戏好像成了部分大学生最好的朋友。有统计显示大多数大学生每天早上做的第一件事和晚上做的最后一件事都与手机有关，大学生们在微博上关注着各个明星的生活，却很少关注自己身边人的生活，整日宅居寝室。生活上作息混乱的现象也普遍存在，有女生自我调侃是"敷着最贵的面膜，熬着最长的夜"。有的学生在网上留言说："感觉在大学里感受不到自己价值的存在，没有充实感，没有意义感。"在这迷茫感、颓废感、空虚感和无意义感弥漫的大学生活中，越来越多的学生开始变得"佛系"或者做"咸鱼"。

（二）生命目标功利

在大学校园中，越来越多的学生在学习动机、内容和时间分配上呈现功利化倾向。

"聪明"小来的故事

小来当初在选大学专业上参考了很多学校的就业率、考研率之后选择了一个"好就业、高收入"的专业。入学后，小来给自己课表上的课程做了一次评估，凡是小来认为对以后考专业资格证和未来就业无直接帮助的课程一概被列为"无用课程"，如大学里的公共课、理论基础课等。每当上这些课时，小来就坐在教室最后一排，用上课时间写其他专业课的作业，用小来的话说这叫"时间用在刀刃上"。最近，一向不愿意参与班级事务的小来一反常态，竟然竞聘了学生干部，还报名参加了志愿者活动。同学们都感到很惊讶，其实小来是奔着学分去的，之前辅导员走访寝室的时候说过担任学生干部和参加志愿活动都可以加学分，小来一听，立马开始筹备竞选班委，又报名参加了不少集体活动。

2017年中国青年报社会调查中心对两千多名大学受访者进行一项调查，发现有76%的受访者表示身边大学生功利性选课情况普遍存在，好拿学分、实用性强、易得高分是大学生的选课主要依据。有学生表示虽然知道要考虑自身兴趣，但为了学分，还是倾向于选"容易过又给分高"的课程，学生们这样选课背后的逻辑是只有考试分数高，才能拿奖学金，才能找好工作。有心理学家通过实验发现，我们"喜欢"和"渴望"的感觉由大脑中不同的神经通道产生，很多物质上瘾者的兴奋反射区域主要在"渴望"区域，这表示他们"渴望"这些物质，但不一定"喜欢"。同样地，或许学生们追求的好就业的专业、高收入的工作也未必是真正的喜欢，但是只有追求内心真正在意的、珍视的东西，才能不迷茫，不困惑，看清人生的方向。当功利化的倾向渗透在学习上、生活中时，学生就容易迷失在价值观的选择中，看不清人生的方向，忽视了生命中其他积极的体验，也无法带来更多的幸福感。

（三）生命满意度低下

当代大学生看似身处独立自主、自由轻松的环境，其实要面临学业、人际交往、经济等多方面的压力，近几年多项心理调查显示大学生因焦虑与抑郁而寻求心理咨询的频率逐年增长，焦虑、抑郁似乎成了大学"流行病"。

"陀螺"小哉的故事

小哉从一进大学校门就开始感受到了一种难以言说的紧张感，小哉看到身边的同学学习都非常认真，自己也丝毫不敢怠慢。如果同学学5个小时，小哉就要咬牙学习5个半小时。小哉宿舍床上铺满了一摞摞的书，原来一天需要睡10小时的她，现在熄灯后还坚持在床上看书，而如果小哉第二天是寝室里起得最晚的那一个，她还会因此有深深的负罪感。小哉的目标是要保研，但是在小哉看来，竞争非常激烈，争取保研名额的压力让小哉感到筋疲力竭，好像进入了一种陀螺式的死循环，每天都忙忙碌碌不敢浪费一分钟，但成绩却并没有太多的提高，为此她非常苦恼。

大学生中有部分类似于案例中的小哉，长期处于焦虑状态中。有的学生的焦虑来自大学阶段突然的"独立"，"以前都靠家里，现在突然要靠自己了"；有的学生焦虑自己无法应付复杂的社会，担心自己无法成为一个"长袖善舞，八面玲珑"的社会人；有的学生焦虑于各种社团活动，"都说大学里要全面发展，光靠学习成绩不行，但每个社团都有那么多事务，根本忙不过来"。鉴于以上种种情形，"内卷"已被大学生们认为是校园中的普遍现象，有学生说："及时完成老师所有要求的情况下，也只能获得及格分。"还有学生说："只要看到室友早出晚归，而自己却在寝室里'消耗时间'就感到非常焦虑。"这种焦虑好像贯穿大学四年，有的大四学生说："同寝室的室友们都有了光明的未来，有的去985读研，有的国考成功'上岸'，有的在一线城市找到了高薪工作，和他们比起来，我是个失败者。"诸如此类的困扰，让大学生活压力重重，幸福感低下，生活满意度不高。

（四）生命极端现象

大学生的自杀现象是一个沉重的话题，是全社会高度关注的焦点。目前自杀已经成为大学生非正常死亡的一个重要原因。虽然目前中国高校大学生的自杀率相较于20世纪90年代，总体已大幅度下降，但有研究显示从2013年到2018年大学生自杀总人数呈现波浪式上升趋势，无论是本科院校还是职业院校自杀率总体都呈逐步上升趋势。频频曝光的大学生自杀事件让人惋惜和痛心。

一起大学生自杀案例

2020年10月13日凌晨2点，有网友在微博发布一篇约两千字的遗书，称自己为某大学化学工程研三学生，表达自己因课题实验长期受挫可能面临延期毕业后，准备结束自己的生命。此微博立即登上了热搜，评论三十多万，评论中有这位学生的室友、同学的留言，更多的是素未谋面的网友们从五湖四海涌来的关心，有的网友请他去自己家做客，有网友说要给他带最爱吃的圣女果，但这位男孩的时间永远定格在了那个凌晨，再也看不到这些关心他的人。

有研究显示，大学生自杀常见因素排名前几位的是心理障碍、家庭矛盾、学业与就业压力、感情因素、人际关系等。在本书的学习中，我们了解到当面临心理障碍或严重的现实压力时，个体有可能体验到强烈的痛苦情绪，在这种状态下，个体真正想要结束的是在这些困难情境下的痛苦和挣扎，而不是结束生命。人的生命是"我"的，却也不完全是"我"的，放弃自我的生命不属于个人的权利。有一位大学生曾留言："如果生命没有了，所有的一切都没有了，留下来的是什么呢？除了挚爱的人的愤怒和悲伤，什么也不会有了。"人的生命是一个丰富的多面体，生命每个方面的发展有长短之分，某一方面的不足，可以靠另一方面的发展，获得其他方面的成功和幸福，用生命的综合实力弥补某一方面的遗憾，而大学生容易因暂时的某一方面的不如意就全盘否定生命存在的意义，造成难以挽回的悲剧。大学阶段难有一帆风顺，在经历痛苦时，你可以运用本书中提到的心理求助方法主动发起求助；如看到身边人遭遇心理危机，也请给予他们关怀，如倾听他们的痛苦，鼓励他们寻求专业心理工作者的帮助，或许他们就不会踏上绝路，更不会失去未来生命中的美好。

📖【实践与思考】

请思考你或者你周围的同学在大学生活中遇到的生命困惑是什么？

二、大学生生命困惑的成因

（一）大学生心理发展因素

根据埃里克森的"心理社会性发展理论"，人的一生是一个生命周期，按照顺序分为八个阶段，大学生正处于第五个阶段，这个阶段的年轻人处于成人早期，身心迅速发展但思想尚未成熟。埃里克森认为人的心理发展贯穿个体发展的一生，在每个阶段都会遇到一些内心冲突，形成一种危机。这里的危机并不是一种可怕的巨大灾难，可以把它看作一种人生该阶段下的重要转折点。这种危机如被当事人积极解决，就会增加自我的力量，有利于自身心理素质的提高；如果危机没有被顺利解决，则会削弱自我的力量，阻碍个人的发展。

在大学生所处的第五阶段，主要任务是发展自我意识，认识自己在社会中的地位和作用。这是一个发展迅速的阶段，也是人格发展中比较困难的时期，将会遇到很多问题，其中"我是谁"是一个核心问题，如果可以得到成功的答案，就可以形成良好的自我认同感（获得角色同一性），即一个人可以理解自己是怎样的人，在社会上应占什么样的地位，将来准备成为什么样的人及要怎样努力成为理想中的人等一系列发展问题。

然而这个阶段并不顺利，极易产生心理冲突。在这个阶段自身内部的需要与外部的需要之间容易形成矛盾，容易感受到来自外部的压力，内心情感变化反复无常，使人在适应社会的过程中出现心理困难。在这一阶段中，青年人常会感到迷茫，缺乏稳定的自我概念，找不到自我，不知道自己是怎样的一个人，因而产生苦闷的情绪或体验到一种痛苦的孤独。在这一时期的具体表现有以下几点。

1. 主观自我与客观自我的冲突

自我意识是随着年龄的增长逐渐发展起来的，每个人既观察自己形成主观自我，如"我是谁"，又要被观察形成客观自我，如"别人眼中的我是怎样的"。主观自我和客观自我的统一是青年阶段要追求的发展目标。大学生的自我意识中，自我认识多停留在主观臆想的阶段，常对自己有过高的评价，如认为自己非常优秀、聪明，是个完美的青年，但在大学校园中看到了自己很多的缺点和不足，无法从他人那里得到理想的评价时，就面临着认识自我的矛盾,容易出现不接纳自我的心理冲突,导致生活动力不足,状态消极低迷,自暴自弃,丧失生命目标。

2. 理想自我与现实自我的冲突

理想自我和现实自我往往存在着差距,这在大学生群体中表现得更加突出。在入学前,大学生常把大学校园生活想象得过于浪漫和轻松,但现实的大学生活中学生常常要面对来自方方面面的压力,可能会让人感到无聊、烦躁。大学生理想中的未来也通常是一片光明,将来理所当然地考上硕士、博士,拥有良好的生活质量,而现实世界中无论是深造还是就业,竞争都非常激烈。当理想自我和现实自我差距太遥远,大学生容易产生对自己的失望感,进而产生对未来的无希望感,导致生活满意度低下,生活幸福感不高。

3. 自我开放与自我闭锁的冲突

大学生阶段,青年人的独立意识逐渐增强,不愿意再像中学时代那样依赖父母。他们渴望得到他人理解和支持,如同龄人的相互理解和接纳,在社团或班级群体中的归属感。但同时,大学生又非常敏感,存在着过度的心理防御机制,担心他人窥探出自己内心的秘密,不愿意对他人敞开心扉,有意无意地和他人保持一定的心理距离。这种既渴望和人建立情感联系,又对他人自我封闭的心理情绪,导致部分大学生缺乏社会支持,容易引发孤独、抑郁等负面情绪。

4. 自我独立与自我依附的冲突

大学阶段是青年人迅速成长的阶段,大学生们渴望摆脱父母、老师的管束,独立自主地面对生活中遇到的各种问题。然而由于大学生缺乏社会经验和生存技能,在面对纷繁复杂的现实生活环境时,大学生尚未能实现经济、生活、思想等各方面的独立,依旧无法摆脱对父母和老师的依赖。这种矛盾让大学生生活在渴望独立而不成的心理冲突中,从而会表现得过分独来独往、我行我素,或是优柔寡断、没有主见。

埃里克森心理
社会发展
八阶段理论

由此可见,大学生的心理具有矛盾和不稳定性,根据埃里克森的"心理社会性发展理论",在大学经历迷茫、徘徊、痛苦、抑郁等情绪是常见的,也是正常的。当这些负面情绪出现时,并不意味着"发疯了""失败了",这是一个人生必经的转折点,在这个时刻,大学生需要花时间来自我审视和自我整合,思考"我是谁""我的生命意义是什么""我该如何生活下去",在不断积极探索和学习中,逐步实现自己的人生观、世界观、价值观,并在此指导下做出正确的人生选择,发现人生的意义和自我生命的价值。

(二)社会文化因素

1. 社会转型期的价值问题

随着我国经济的快速发展,市场经济催生出的个人享乐主义和金钱至上主义的观念不断冲击着我国社会长期以来形成的普遍道德规范和价值观,造成一系列精神层面的心理问题。这些外界的变化影响人们对世界、对他人、对自己的价值认知,大学生群体同样浸淫在这种功利化价值观的影响之中,错误地以为一味追求高绩点可以给人带来更多的幸福感,社会大众过度地将学生的成绩看作衡量成功的唯一标准,思想价值观念的日益功利化,导致大学生在人生选择上迷失方向,缺少对自我内在价值的关注和生命层面个人意义的探索,从而产生更多的空虚感、无意义感。

2. 生命教育的缺失问题

学校教育受到功利化思潮的影响,重"教书",轻"育人",将教学内容偏重于实用性和功利性,缺少生命教育的内容,缺乏对学生人文精神培育的关注,使得教育在探索生命意义和提升人性方面的价值丧失。在这种形势下,教育也愈加呈现出单向灌输的特征。大学看重毕业率和就业率,因此学校老师往往只重视传授书本上的知识,忽视了教授学生做人的基本的道德素养,学生被动地学习文化知识和专业技能,缺乏自己对世界、对社会、对生命价值的主动思考,很少有探究生命本质、体验生命乐趣,培育自我价值感的机会,部分学生成为"高智商、低情商"的人,阻碍了学生全面发展的步伐。

3. 家庭教育的偏差问题

家庭教育对大学生的个体发展的影响强大而深远,在大学生的生命观念和行为模式的发展中起着重要作用。然而,现实中大学生的家庭教育存在诸多问题,使大学生迷失人生的方向。家长对子女的过度保护和溺爱现象严重,导致大学生以自我为中心,缺乏坚强的意志力,无法在离开父母后独立生活和学习,在没有了父母的管束后无法合理安排时间,难以适应大学生活,导致大学生活颓废,没有清晰的目标和未来发展方向。另外过分功利的家庭教育观念,过度控制孩子,忽视孩子的主观能动性和个性发展,学生进入大学后出现厌学心理,或缺乏对生活的兴趣和关注,让学生陷入没有方向的困境中,无法找到生命的价值。此外,不良的教育方式,如粗暴打骂式的教育,容易导致大学生孤僻、自卑的性格,导致学生的抗挫折能力差,不善于处理大学中的人际关系问题等,从而影响学生的生活幸福感。

【实践与思考】

小佳是一名大一女生,是班里的生活委员。小佳在大学生活中,工作表现得非常认真负责,学习努力刻苦,但据室友观察发现佳佳时常闷闷不乐,表现出较为严重的抑郁、悲观、焦虑的症状,于是向辅导员老师反映。

辅导员通过和小佳的谈话了解到,小佳原本高考目标是一所985大学,但是高考发挥不够理想,无缘985高校和理想专业。大学生活开始后,小佳对所学专业不感兴趣,对课程设置和内容也不太适应。临近期末考试,小佳开始担忧考试不过关,这种担心又加重了她的压力，造成恶性循环。巨大心理压力使她已经无法进行正常的学习，现实的落差使她极端痛苦。谈话中小佳时常流露出自我否定、自卑倾向并喜欢独处。小佳在父母心目中是优秀的孩子，是父母的骄傲，但进入大学后她认为自己达不到父母的期望，愧对父母的付出，在强烈的自责心理下，她备感痛苦。小佳曾在高三时因压力过大有过在当地精神科医院就诊的经历，当时医生诊断为中度抑郁症，但小佳由于担心药物有副作用，并未遵医嘱服药。

仔细阅读案例后，结合前面的内容讨论以下问题。

（1）哪些因素导致小佳出现严重的抑郁？

（2）如果你是小佳的朋友，结合本书所学知识，你会建议小佳采取哪些行为来帮助自己，缓解心理不适，走出抑郁的困扰？

第三节　大学生生命意义的实现

当代大学生群体整体上乐观、平和、向上，努力创造生命价值，积极寻求生命的意义，但在部分大学生的生活中却似乎充满了孤独、迷茫、空虚和无意义感。曾经为了成为"优秀学生"，他们牺牲了兴趣爱好，放弃了人际关系，失去了身心健康，终于来到了"自由轻松"的大学校园，才发现自己已经缺乏支撑生命的意义感和存在感，各种心理疾病患者越来越多，于是他们终于意识到这个问题，开始投入于追求意义的过程中。

一片叶子落下来

童话故事《一片叶子落下来》讲述了一片叶子的生命历程，故事中一片叶子疑惑地问："既然我们都要飘零落下，干吗还要生长在这里呢？"

另一片叶子回答："这是为了享受太阳和月亮。这是为了一起度过那么长一段快乐时光。这是为了把影子投给老人和孩子。这是为了让秋天变得五彩缤纷。这是为了看到四季。难道这些还不够吗？"

在人类的生命活动中，个体从未停止过对生命意义的探寻，寻求意义是人类生命的基本动机。柏拉图也曾说"人是追求意义的存在物"。人渴望知道自己想要什么和将要做什么。这也有助于理解人们为何不同于动物，总是试图超越现实障碍，掌控生活事件，追求生命的意义，实现生命的价值。

虽然心理学家弗兰克尔说"我们可以随时随地找到生活的意义"，但作为常人，我们依旧经常陷入生命意义的迷宫里，以下是心理学家归纳的三个简单可行的生命意义的追求准则。

（1）树立正确的人生目标。
（2）培养乐观的人生态度。
（3）建立积极的人际联系。

一、树立正确的人生目标

著名的媒体人亚当·莱比锡说他在耶鲁大学毕业25周年同学会上发现这些受过高等教育、有权势有地位的同学当中，竟然有80%的人并不满意他们目前的生活，他们说："我的人生已经过了一大半，但心里总觉得我是在浪费人生""我不知道我生命的意义"当亚当和那20%较快乐的人交谈时，亚当发现他们和其余人的不同在于他们每一个人都了解他们的生活目标。

青年时期是确定人生目标的关键时期，明确了人生目的，人生的道路也就有了方向。那么如何找到生命的目标？心理学家彭凯平认为有三个简单实用的准则，可以帮助我们确立自己的目标。

首先，发现你的热情，找到让自己激动和兴奋的事情，倾听心灵的呼唤，不要让周边的杂音干扰了你的选择。想一想是什么让你产生生命力旺盛的感觉？有什么事情会让你感兴趣？有什么事情是你热爱的？有什么事情会让你感到喜悦？有什么事情给了你希望？这一切都可能是你心灵的呼唤。

其次，创造价值，价值不在大小，而在于创造，创造是我们对生活的一种追求，一种前进的动力，人生价值需要在不断的实践活动中创造出来，我们对社会的贡献应同其能力及能力相对应的职责联系起来，即任何人只要在其岗位上尽心尽职，就应该对其创造的价值给予肯定。如大学生认真负责地做好班委工作，勤奋努力地准备专业资格证书考试等。

最后，设立的目标可回馈社会，是对社会有价值的事情。有研究显示乐于助人的青少年的心理更健康、更积极、更敢于迎接挑战，抑郁症患病率和自杀率也都比其他青少年更低。可见做对社会有贡献的事情，不仅可以帮助他人，对我们自身身心健康也有益处。艺术家巴勃罗·毕加索有一句名言，"生命的意义就是找到你的天赋。生命的目标就是把你的天赋送给别人"。大学生的人生追求要与国家前途、民族命运、人民幸福联系在一起，将自己的人生目标在利国利民的事业中实现。

立志做"第二个袁隆平"的"泥坑博士"

吕伟增是河南农业大学农学院作物学2015级博士生。出生于农村的他，从小学时就树立人生目标，立志成为"第二个袁隆平"。高考所有志愿全部填了农业大学农学专业。班主任和父母的一再反对，都没有影响他立志学农，实现目标的决心，他始终坚持"做一个农业科学家"，终于获得了家人的支持和理解。如今已是作物学博士的他积极投身精准扶贫战场，用莲藕种植技术为农户累计增加收入数千万元，被农民亲切地称为"泥坑博士"。2020年，吕伟增获评第十五届"中国大学生年度人物""出彩河南人"第三届最美大学生等荣誉称号。

资料来源：中国大学生在线官网

好的目标会给我们一种个人价值与社会价值合二为一的幸福感，确立了人生目标也就明确了我们要走什么样的道路。

📖【实践与思考】

请根据以上心理学家彭凯平提出的三个目标确定准则，认真思考，通过回答以下问题尝试找到你的生命目标。

（1）什么事是你真正热爱的，能让你产生生命力旺盛的感觉，带给你希望和喜悦？

（2）什么事让你体会到你在创造价值，让你有一种前进的动力？

（3）什么事是对社会有价值的？

二、培养乐观的人生态度

心理学家弗兰克尔认为我们永远都能够自由地选择我们对生活的态度，而对生活的态度也影响了我们生活的意义和质量。

电影《送你一朵小红花》讲述了两位年轻的癌症病人的故事，男主角韦一航乖戾孤僻又很沮丧，而同是癌症患者的女主角马小远则过着截然不同的另一种人生，她阳光积极，心态乐观，过着"正常人"的生活，做网络直播，组织线下活动，不畏惧癌症，每一天都认真地活，这份积极乐观态度收获了观众的泪水和赞美。

同样是讲述抗癌故事的电影《滚蛋吧！肿瘤君》中也有一个乐观积极的抗癌主人公。电影根据真人故事改编，在患病期间，熊顿用自己乐观的人生态度戏谑着病魔，反击随时可能恶化的病情及身心遭受的病痛折磨。她把与"肿瘤君"的斗争画成一幅幅可爱的漫画，为大家带来了满满的正能量。影片主人公在艰苦的抗癌斗争中依旧不向命运低头，在逆境中勇敢面对病魔，乐观坚强接受挑战的精神感染了无数观影观众。

"世界用痛吻我，我报之以歌！"

邹勇松，男，长沙理工大学2019级博士生，他2017年患尿毒症，在一年的时间里经历了上千次自我腹膜透析，每天四次透析、每次用4斤透析液，每月需要15箱。在最艰难的日子里，他没有抱怨命运的不公，而是以"世界用痛吻我，我报之以歌"的乐观生命态度勉励自己。长期的病痛折磨没有让他沉沦，而是使他更懂生命和梦想的意义，他以坚强的意志考取了优异的成绩，并获得多项软件著作权和发明专利。湖南省委书记称赞他"是当代大学生的楷模，自强不息，实现了个人价值"。邹勇松获评第十五届"中国大学生年度人物""全国优秀大学生"、全国大学生"自强之星""中国敬业奉献好人""湖南好人""向上向善湖南好青年"等荣誉称号。

资料来源：湘微教育

如以上案例中的主人公，我们无法选择生活抛给我们的难题，但乐观积极的态度更能让人感受到希望和对生活的幸福感，让人在遭受打击后能更快复原，在学业上、工作上、生活上都能表现得更好。其实乐观者的生活跟悲观者的一样，也会遇到挫折，不同的是乐观者把失败看作暂时的，他们会把困难看成一种挑战，不会轻易被打倒，而是更努力地去克服它。青年人应追求正确乐观的人生态度，这可以使人在生活中保持良好的精神状态，不断乘风破浪，开拓人生的新境界。马克思主义学说中强调人应要有乐观豁达的生命态度，相信生活的美好和前途的光明，用开拓进取的态度来迎接生活的各种挑战，并且乐观的人生态度是人生目标得以实现的基础。

三、建立积极的人际联系

幸福感是人生意义的敲门砖。哈佛大学有一项长达75年的研究，跟踪调查了724个人的一生，看看人们的幸福感到底从何而来。实验从1938年开始，团队选择了完全不同的两组人，第一组是哈佛的学生，另一组是波士顿贫民区的小男孩，他们来自20世纪30年代波士顿最困难、最贫穷的家庭。随着孩子们的成长，他们有的成了医生，有的成了律师，有的是农民，有的是泥瓦匠，甚至有一位成了总统。有的青云直上，有的一落千丈。75年过去了，724人中只有60人在世，但实验还在继续。研究结果显示构成美好生活的最重要因素并非富有、成功，而是良好的心身健康及温暖、和谐、亲密的人际关系。这项研究中得到的最清晰的信息是：良好的人际关系让我们保持健康和快乐。

哈佛大学的实验传递给我们一个清晰的信息，即真正对我们的健康和幸福起作用的是和谐友好的人际关系。一般人追求的"所谓"的生活目标，如高收入、高学历、美貌、物质等对我们生命幸福度的贡献都不如至爱亲朋的关怀体贴、温暖的社会支持。随着互联网的快速发展，我们和人面对面交流的时间在渐渐变少，有研究显示超过一半年轻人每天花在手机上的时间超过了和人打交道的时间，我们起床时看手机，睡觉前看手机，吃饭时也在看手机，然而人类并不会因为手机的产生而获得更多快乐，研究者发现手机成瘾已成为行为成瘾的一个重要组成部分，导致个体传统人际交往减少，社交技能发展受阻，手机成瘾情况与个体的抑郁和焦虑存在显著正相关。

人类本质上是一种社会动物，渴望交流和归属感，人际关系的和谐是我们快乐、充满意义感的幸福源泉。我们也需要在社会环境中学习与人相处、互相尊重、守望相助，承担相应的社会责任，最终实现与社会的和谐共生。

在社会奉献中书写青春答卷

麦麦提艾力江·阿卜杜艾尼，男，武汉理工大学土木工程与建筑学院2018级本科生。2020年年初，他在新冠肺炎疫情发生后坚定地选择坚守武汉，第一时间加入抗疫志愿服务队，为武汉各医院、机构等运送物资81天；疫情防控取得阶段性胜利之时，他继续在武汉奉献青春力量，主动报名接种重组新冠疫苗（腺病毒载体），成为全球首批进入Ⅱ期试验阶段新冠疫苗接种志愿者，继续与病毒斗争48天，陪伴武汉"痊愈"。疫情期间，他在武汉累计参与志愿服务681小时，服务9000余人。麦麦提艾力江·阿卜杜艾尼同学为抗击疫情做出了突出贡献，也用以实际行动在社会奉献中书写了奋斗筑梦的青春答卷，实现人生价值。麦麦提艾力江·阿卜杜艾尼获评第十五届"中国大学生年度人物""全国抗击新冠肺炎疫情青年志愿服务先进个人""中国大学生自强之星""湖北省大学生自强之星"等荣誉称号。

资料来源：新浪网

阅读、视频、工大青年榜样、浙江工业大学研究生支教团

人一直有互惠互利的天性，这是我们从原始社会保留下来的习惯，著名社会学家费孝通先生曾经提出做人做事的"十六字诀——各美其美，美人之美，美美与共，天下大同"。将自己的美展现出来，也帮助别人成全他们的美，做到互相体贴、互相帮助。马克思认为人生价值不单单包含自我价值，还有社会价值，两者既相互区别，又相互联系。大学生应当实现人生自我价值和社会价值的相统一，在服务人民、奉献社会的实践中创造有意义的人生。

📖【实践与思考】

假设现在发生了一场奇迹之旅，三十年后的你来到了现在和你会面，猜一猜未来的你会给现在上大学的你有哪些建议？请想象你们的会面过程，写下主要的交谈内容。

_____
_____
_____
_____

📖【自检自测】

生命意义感量表

生命意义感量表是中国学者在英文版生命意义感量表的基础上进行了汉化,形成的汉化版生命意义感量表,由 9 个条目组成,量表由存在生命意义(5 个条目)和寻找生命意义感(4 个条目)两个分量表组成。

请阅读下方条目,进行生命意义感自我测评。

生命意义感量表

序号	项目	完全同意	基本同意	有点同意	不确定	有点不同意	基本不同意	完全不同意
1	我正在寻觅我人生的一个目的或使命							
2	我的生活没有明确的目的							
3	我正在寻找自己生活的意义							
4	我明白自己生活的意义							
5	我正在寻觅让我感觉自己生活富有意义的东西							
6	我总是在尝试找寻自己生活的目的							
7	我的生活有一个清晰的方向							
8	我知道生命能使自己的生活有意义							
9	我已经发现一个让自己满意的生活目的							

得分计算:

量表得分范围为 9~63 分。

"完全同意"计 7 分。

"基本同意"计 6 分。

"有点同意"计 5 分。

"不确定"计 4 分。

"有点不同意"计 3 分。

"基本不同意"计 2 分。

"完全不同意"计 1 分。

其中,条目 2 为反向计分,其他条目均为正向计分。

量表结果:

总分越高代表生命意义感水平越高。

📖【推荐阅读】

少有人走的路：心智成熟的旅程　　作者：（美）斯科特·派克著，于海生，严冬冬译　　出版社：北京联合出版有限公司　　出版时间：**2020 年 10 月**

这是一本通俗的心理学读物，出自美国心理医生斯科特·派克，作者用平实的语言将多年的心理治疗工作经历中得到的感悟、看法向读者分享；作者擅长用生活中的琐事为例，讲述一个又一个心理学的道理。

书中的开篇就写道："人生苦难重重。"作者并不回避成长道路上会遇到的挫折和磨难，人生是一场艰辛之旅，心智成熟的旅程相当漫长。阅读的过程，如同是读者在作者的带领下，经历人生中的一系列艰难险阻，体验了生命中一连串的彷徨迷茫时刻，但读者并不会感到恐惧或痛苦，而是在作者的温柔笔触下到达对自我认知的更高境界和生命视角。

活出生命的意义　　作者：（美）维克多·弗兰克著，吕娜译　　出版社：华夏出版社　　出版年：**2018 年 1 月**

"生命的意义在哪里？"，这本书或许可以给你答案。这本书的作者著名心理学家维克多·弗兰克全家曾在纳粹时期被关进奥斯维辛集中营，只有他和妹妹幸存，这段炼狱般的苦难经历也被作者记录在了这本书中。这本书分为两个部分，前半部分讲作者在集中营体验到的生活和观察到的人们的状态，作者根据亲身经历得出希望可以使人在集中营中坚持下来。后半部分作者重点讲述意义治疗法，这是作者结合自身经验和学术研究创造的心理治疗方法，即着重引导来访者寻找和发现生命中的意义，树立明确目标和积极进取的人生态度，正如尼采的名言"知道为什么而活的人，便能生存"。

📖【主要参考文献】

[1] 王颖. 大学生生命观教育研究[D]. 辽宁大学，2017.

[2] 王晓刚等. 大学生心理健康与发展[M]. 北京：高等教育出版社，2016.

[3] 马克思，恩格斯等. 马克思恩格斯全集（第 3 卷）[M]. 北京：人民出版社，2002.

[4] 维克多·弗兰克尔. 活出生命的意义[M]. 北京：华夏出版社，2018.

[5] 彭凯平，闫伟等. 活出心花怒放的人生[M]. 北京：中信出版社，2020.

[6] 亚历克斯·佩塔克斯等. 思维的囚徒[M]. 北京：中信出版社，2019.

[7] 马丁·塞利格曼. 活出最乐观的自己[M]. 沈阳：万卷出版公司，2010.

[8] 夏兢. 埃里克森的自我同一性理论与大学生心理需求研究[D]. 北京工商大学，2010.

[9] 张荣伟，李丹. 如何过上有意义的生活？——基于生命意义理论模型的整合[J]. 心理科学进展，2018，26（4）：744-760.

[10] 本书编写组. 思想道德修养与法律基础[M]. 北京：高等教育出版社，2018.

[11] 郑晓江，张名源. 生命教育[M]. 北京：人民出版社，2010.